Administração em Publicidade

2ª EDIÇÃO

A Verdadeira Alma do Negócio

Dados Internacionais de Catalogação na Publicação (CIP)
(Câmara Brasileira do Livro, SP, Brasil)

Lupetti, Marcélia
  Administração em publicidade : a verdadeira alma do
negócio / Marcélia Lupetti. - 2. ed. - São Paulo :
Cengage Learning, 2017.

  3. reimpr. da 2. ed. de 2010.
  Bibliografia.
  ISBN 978-85-221-0781-0

  1. Administração de empresas 2. Publicidade I. Título.

09-04418   CDD-659.1

Índice para catálogo sistemático:

1. Publicidade : Administração   659.1

Administração em Publicidade

2ª EDIÇÃO

A Verdadeira Alma do Negócio

Marcélia Lupetti

CENGAGE

Austrália • Brasil • México • Cingapura • Reino Unido • Estados Unidos

CENGAGE

Administração em publicidade: A verdadeira alma do negócio – 2ª edição

Marcélia Lupetti

Gerente Editorial: Patricia La Rosa

Editora de Desenvolvimento: Danielle Sales

Supervisora de Produção Editorial: Fabiana Alencar Albuquerque

Produtora Editorial: Gisela Carnicelli

Pesquisa Iconográfica: Bruna Benezatto

Revisão: Adriane Peçanha

Diagramação: Megaart Design

Capa: Eduardo Bertolini

© 2010 Cengage Learning Edições Ltda.

Todos os direitos reservados. Nenhuma parte deste livro poderá ser reproduzida, sejam quais forem os meios empregados, sem a permissão por escrito da Editora.
Aos infratores aplicam-se as sanções previstas nos artigos 102, 104, 106, 107 da Lei nº 9.610, de 19 de fevereiro de 1998.

Esta Editora empenhou-se em contatar os responsáveis pelos direitos autorais de todas as imagens e de outros materiais utilizados neste livro. Se porventura for constatada a omissão involuntária na identificação de algum deles, dispomo-nos a efetuar, futuramente, os possíveis acertos.

Para informações sobre nossos produtos, entre em contato pelo telefone **0800 11 19 39**

Para permissão de uso de material desta obra, envie seu pedido para **direitosautorais@cengage.com**

© 2010 Cengage Learning. Todos os direitos reservados.

ISBN 13: 978-85-221-0781-0
ISBN 10: 85-221-0781-5

Cengage Learning
Condomínio E-Business Park
Rua Werner Siemens, 111 – Prédio 11 – Torre A – Conjunto 12
Lapa de Baixo – CEP 05069-900 – São Paulo – SP
Tel.: (11) 3665-9900 Fax: 3665-9901
SAC: 0800 11 19 39

Para suas soluções de curso e aprendizado, visite
www.cengage.com.br

Impresso no Brasil
Printed in Brazil
3. reimpr. – 2017

Dedicatória

A meu pai, Dino – in memoriam.

À minha mãe, De-Ir, por ter sido minha luz.

À Denise, minha irmã, que nas horas precisas me acarinha.

A Wilson Serra, por transformar minha luz em energia, os carinhos

em amor, e motivar ainda mais minha vida.

Agradecimentos

Foram muitos que tornaram possível a produção desta obra. Entre as inúmeras pessoas que ajudaram a tornar vivo os exemplos do livro, agradeço a secretárias, modelos, assessores, gerentes dos veículos de comunicação, das empresas anunciantes, atendimentos e aos diretores de criação das agências de comunicação e seus fornecedores.

Quero agradecer também aos empresários, que cederam suas fotos e parte de seu precioso tempo, contribuindo para o enriquecimento da obra. A Christina Carvalho Pinto, Júlio Ribeiro, Lincoln Seragini, Marcio Miranda, Roberto Justus e Silvio Santos, meu muito obrigada.

Agradecimentos especiais a meus alunos que, de várias formas, contribuíram para que *Administração em Publicidade* se concretizasse. Ao César Roberto Gomes Junior, Charles Lopes Resende, Felipe Nunes Martins da Costa, Fernando Augusto Martins, Guilherme Spartano Jelen, José Ribamar Rodrigues Magalhães, Marcelo Evangelista Maia, Renata Gomes Freitas, Renato Luiz Azedo, Robson Vieira, pelo esforço e dedicação com que trabalharam na campanha do projeto Pomar, que, embora não tenha sido veiculada, contribuiu de forma didática para ilustrar este livro. Ao Evandro Iwaszko, que criou o título, ao Bruno Daga, à Ednéia Venite Rosa, ao Marcos Santana.

Obrigada também a todos os colaboradores da Cengage, minha editora.

Prefácio

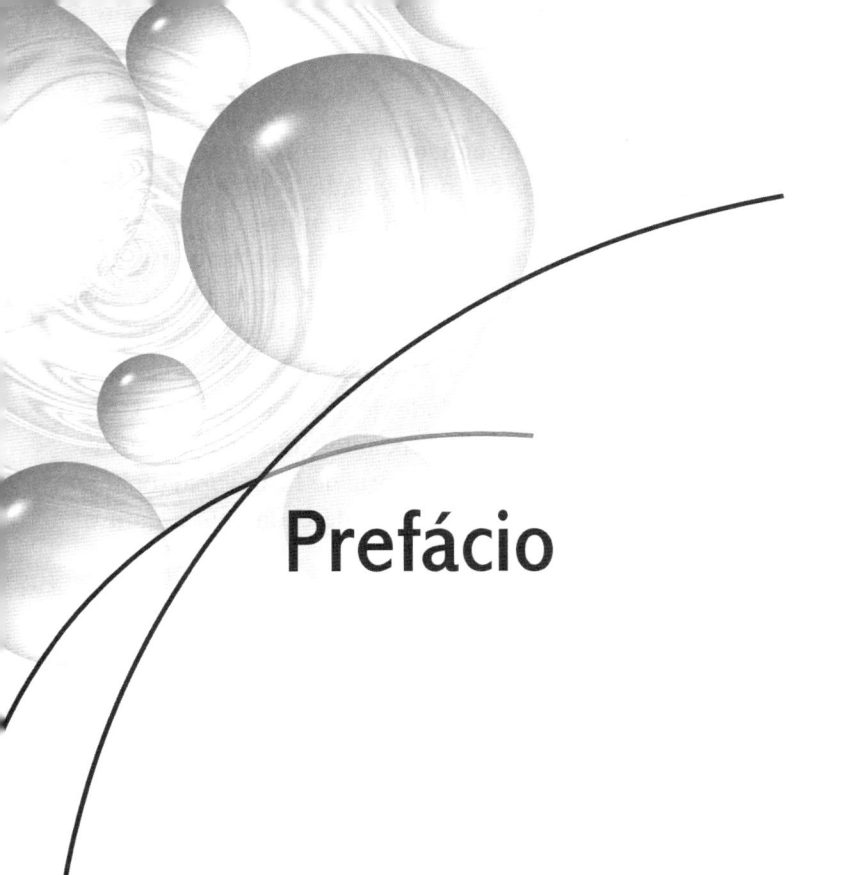

Cannes. Luzes. O prêmio/reconhecimento buscado por todos. O "grand finale". A comemoração dos publicitários, cidadãos do mundo, pelo grande evento da propaganda mundial. O brilho. A fama.

O cenário acima, paradigma mais aparente da publicidade, apresenta, resumida e fragmentadamente, ao grande público, um mundo brilhante, dos grandes criadores, das campanhas vitoriosas. Mas o que não está aparente é o trabalho das milhares de pessoas que deram o suporte necessário para esse ápice, daí a minha alegria em ser convidado pela autora para prefaciar este livro, tão cuidadosamente elaborado, sobre a arte de administrar uma agência de publicidade, e também por ter sido citado no trabalho.

Afinal, que é administrar uma empresa de comunicação? Que há de específico nesse negócio? *Administração em Publicidade* reúne didaticamente as informações básicas para todos os envolvidos no tema, de publicitários a clientes, fornecedores, estudantes, mostrando que, antes do brilho, vem o trabalho estratégico, o cotidiano sem aplausos, muitas vezes árido, contábil, o solo de onde brotam as campanhas.

Poderia dizer que administrar é uma equação da intuição, somada ao trabalho árduo e à clareza de propósitos, multiplicada pelo talento criativo, que resulta numa mudança da história dos clientes, das marcas, dos relacionamentos, do mercado.

Os sete capítulos que compõem o livro conseguem apresentar, ou mais, mostrar ao leitor, desde o perfil do empreendedor em publicidade, o funcionamento ideal da empresa – estrutura, serviços, anunciantes, verba, remuneração, princípios de negociação –, e, por fim, discute, sem disfarces, a busca pelo lucro, exigência natural para a continuidade e o crescimento. Além disso, um anexo atualizado sobre legislação, glossário dos principais termos, bibliografia, sites, associações, institutos, agências de comunicação, produtos de som e imagem, entre outros.

Marcélia Lupetti proporcionou-me a oportunidade de aprender de novo, relendo e revisitando minha empresa. E novamente me encantei com cada departamento, com as pessoas desenvolvendo seus ofícios, a maioria de forma apaixonada e urgente; de novo fortaleci minha crença na importância de cada célula para o resultado final.

Que cada leitor, especializado ou não, possa, se não ter o mesmo prazer, ao menos aprender com a autora que, para além do espetáculo, o que conta é o trabalho sério, planejado, consciente, apaixonado, sem se esquecer de que também nós, publicitários, somos eticamente responsáveis pelo que produzimos, e isto deve estar presente em cada atitude, em cada detalhe que administramos, em cada ponto de vista que defendemos.

Roberto Luiz Justus

Introdução

Decorridos seis anos da primeira edição, a obra *Administração em Publicidade* necessitava de uma atualização, não só dos exemplos oferecidos ao leitor, mas, e principalmente, das informações ocorridas no meio publicitário, evolução natural do mundo dos negócios. Outro motivo que me fez rever a obra foi a necessidade de incluir um plano de negócios básico, destinado aos estudantes principiantes e empreendedores.

O incentivo para esta nova edição partiu, em grande parte, de meus alunos, que sonham com a publicidade como uma profissão glamourosa, porém desconhecem, ainda, o árduo caminho que deverão percorrer para se tornar um grande profissional, e não um simples publicitário.

Ser publicitário não é uma missão fácil, e por muitos motivos. Primeiro, pelo estigma que lhe foi cunhado por ser uma profissão de loucos e irresponsáveis, que absolutamente não é verdade. Poucos conhecem os bastidores da área, acreditando ser a publicidade apenas algo que se cria para auxiliar as vendas de um produto. Acreditam na criação como um dom de poucos e privilégio daqueles que possuem um relacionamento mais íntimo com o criador do universo. Segundo, porque todos os outros profissionais, das mais diversas áreas do conhecimento, entendem de propaganda. O dedo indicador mostra-se ágil para impor: mude aqui, altere lá... Infelizmente, o achismo ainda predomina, deixando de lado o conhecimento empírico e científico. Terceiro, por ter que conhecer não só as técnicas da publicidade, como também as peculiaridades da área administrativa.

Embora publicidade e administração possam parecer áreas antagônicas, não o são. Melhor seria substituir o termo publicidade por comunicação, uma área mais abrangente que, quando bem administrada, resulta em dividendos para todos.

Administração em Publicidade propicia ao leitor a oportunidade de conhecer o que é necessário para uma boa administração de uma agência de comunicação, assim como as áreas que envolvem o mundo publicitário. Nele, há um roteiro de como agir para abrir sua agência. Cada capítulo identifica um profissional da área e no decorrer do texto será possível verificar não só a teoria, mas a prática de cada um deles.

Lincoln Seragini, um dos principais conhecedores de design de embalagem e posicionamento de marca no país, abre o primeiro capítulo: Criando uma Marca. Nele, o leitor poderá encontrar os passos para a criação de um logotipo, assim como os caminhos para registrá-la.

Roberto Justus, administrador de empresa e empreendedor, é considerado um dos nomes mais reconhecidos da publicidade no Brasil. Após estruturar a Fisher, Justus hoje preside o grupo NewcommBates. Ele ilustra o Capítulo 2, Estrutura de uma Agência, que aborda a estrutura organizacional, assim como o perfil dos cargos de cada departamento.

As empresas procuram por agências que resolvam seus problemas de comunicação e as auxiliem no cumprimento de seus objetivos. Partilha desse pensamento Júlio Ribeiro, considerado um dos mais completos profissionais de planejamento do Brasil e símbolo do planejamento eficiente na área da publicidade, que fez da Talent uma agência de comunicação capaz de suprir as necessidades dos anunciantes. Ele abre o Capítulo 3, Atividades da Agência, no qual o leitor encontrará algumas das muitas atividades de uma agência de comunicação.

A criatividade de Silvio Santos e seu espírito empreendedor permitiram que ele enveredasse pelo mundo da comunicação e se tornasse, ao mesmo tempo, um anunciante e um meio de comunicação. Ninguém melhor que Senor Abravanel para ilustrar o Capítulo 4: Os anunciantes, os Meios, os Fornecedores. O perfil dos anunciantes, dos meios de comunicação e dos fornecedores também é abordado neste capítulo.

Os capítulos seguintes tratam da questão financeira. O Capítulo 5, Verba de Comunicação, Remuneração da Agência e Negociação, é ilustrado por Márcio Miranda, conhecido no mercado por suas habilidades em negociar. Neste capítulo, o leitor terá a oportunidade de conhecer a origem da verba de comunicação da empresa anunciante, a origem da verba cooperada, as várias formas de remuneração de uma agência, a negociação com os veículos e as bonificações que envolvem o meio.

O sexto capítulo, Em Busca do Lucro, dará ao leitor uma noção das despesas e receitas de uma agência, que deverão ser planejadas antes mesmo da abertura do negócio. Uma dica sobre como buscar clientes também é um assunto abordado no texto. Este capítulo não é ilustrado por um personagem do mercado publicitário, mas pelas moedas que compõem qualquer mercado bem-sucedido.

Christina Carvalho Pinto foi a primeira mulher na América Latina a liderar um grupo multinacional de comunicação – o Young & Rubicam – do qual foi sócia. Hoje preside a Full Jazz. Ela abre o sétimo e último capítulo, Um negócio... Um empreendedor, que aborda o perfil de um empreendedor e os tipos de empresas do mercado, além de apontar os caminhos para a realização de um plano de negócios.

O leitor poderá, ainda, encontrar um anexo sobre a legislação publicitária, além de um glossário com os principais termos utilizados no meio.

Administração em Publicidade resume, portanto, os passos necessários para a abertura de uma agência de comunicação, assim como os procedimentos para uma boa administração.

Sumário

Capítulo 1   Criando uma Marca 1
   Criando uma marca 2
   Evolução da Marca 3
   O que é Marca? 4
      O que significa uma marca? 5
   Posicionamento da Marca 8
      Estilo em cinco sentidos 8
         Visão 8
         Audição 9
         Olfato, paladar e tato 9
      Foco 10
      Siga o Líder 10
      Slogan 10
   Identidade Visual 11
      Cores 13
      Positivo e Negativo 14
      Tipologia 14
      Reduções 15
   Leis da Marca 16
      Marca na Internet 17
   Registro de Marca 18
   Passos para a Criação de uma Marca 21
   Questões para Revisão e Discussão 22

Capítulo 2   Estrutura de uma Agência 25
   Estrutura de uma Agência 26
   A Estrutura Organizacional 26
   Perfil, Cargos e Funções 31
      Perfil do Planejamento e do Atendimento 31
         Funções do Planejamento 33
         Funções do Atendimento 33
      Perfil do Mídia 37
         Funções do Mídia 38
      Planejamento de Mídia 39

1. Informações Básicas 39
2. Objetivos, Estratégias e Táticas de Mídia 42
3. Execução, Controle e Avaliação 43
Perfil da Criação 44
    Funções do Redator 45
    Funções do Diretor de Arte 46
Perfil do Produtor Gráfico 47
    Funções do Produtor Gráfico 47
Perfil do Produtor de RTVC 48
    Funções do Produtor de RTVC 49
Outras Funções 49
Passos Para Organizar sua Agência 50
Questões para Revisões e Discussão 51

Capítulo 3   Atividades da Agência 53

Atividades da Agência 54
Agência 54
Serviços da Agência 55
    Merchandising 57
    Eventos 59
    Checklist de Eventos 62
        Planejamento 62
        Definição do Local do Evento 63
        Abertura de *Jobs* 63
        Estimativas de Custo 63
        Local do Evento 64
        Produção e Compra de Materiais 65
        Materiais (Produzir, adquirir, alugar, solicitar, emprestar) 65
        Mídia 66
        Assessoria de Imprensa 66
        Serviços de Apoio 66
        Pessoal Contratado 66
        Logística 66
        Show Artístico 67
        Ensaios 67
        Imprevistos e Prevenção 67
        Outros 68
    Campanhas 73
        Campanha institucional 73
        Campanha de propaganda 74
        Campanha guarda-chuva 75
        Campanha de promoção 75
        Campanha de promoção de vendas 76
        Campanha de incentivo 77
        Campanha cooperada 77
    Internet 78
    Patrocínio 79

Parcerias/Permutas 80
Comunicação Global 80
Critérios de Avaliação de Uma Agência.. 83
Serviços da Agência e a Comunicação Empresarial 85
Questões para Revisão e Discussão 86

Capítulo 4 Os Anunciantes, os Meios, os Fornecedores 87
Os Anunciantes, os Meios, os Fornecedores 88
Anunciantes 88
   Anunciantes de Bens de Consumo 89
   Anunciantes de Serviços 89
   Anunciantes de Bens Industriais ou *Business to Business* 90
   Anunciantes Intermediários 90
   Anunciantes de Entretenimento 91
   Associações 91
   Governo 91
   Meios de Comunicação 92
   Jornais 92
      Vantagens 94
      Desvantagens 94
   Revistas 94
      Vantagens 96
      Desvantagens 96
   Mídia Exterior 96
   Rádio 96
      Vantagens 98
      Desvantagens 99
   Televisão 100
      Vantagens 100
      Desvantagens 101
   Cinema 101
      Vantagens 101
      Desvantagens 101
   Internet 101
      Vantagens 102
      Desvantagens 102
   Outros Meios 103
Fornecedores 103
   Os Fornecedores Gráficos 103
   Fornecedores de Imagens 104
   As Produtoras de RTVC 104
   Os Institutos de Pesquisa 106
   Outros Fornecedores 107
Fluxograma 108
Fluxograma de uma Campanha 109
Questões para Revisão e Discussão 110
A Inter-relação Anunciamentos, Agências, Fornecedores e Meios 111

Capítulo 5 Verba de Comunicação, Remuneração da Agência e Negociação ... 113
Verba de Comunicação, Remuneração da Agência e Negociação ... 114
Origem da Verba de Comunicação da Empresa Anunciante ... 114
    Porcentagem de Vendas ... 115
    Prática Comercial Anterior ... 115
    Valor Fixo por Unidade ... 116
    Paridade com a Concorrência ... 116
    Disponibilidade de Recursos ... 116
    Objetivo/Tarefa ... 117
    Objetivo X Valor Fixo ... 117
Origem da Verba Cooperada ... 119
Negociando com os Clientes ... 119
Remuneração da Agência ... 120
    Comissões estabelecidas pela Lei nº 4680 ... 120
    Fee mensal fixo ... 122
    Remuneração por resultados ... 122
    Fee mensal fixo acrescido de um porcentual sobre os resultados ... 123
    Markup ... 123
    Honorários acrescidos de cláusula de resultados ... 123
    Comissões estabelecidas pela lei com descontos progressivos ... 124
    Contrato de participação ... 124
Negociando com os Veículos ... 124
Bonificação de Agência/Programas de Incentivo ... 124
Princípios de Negociação ... 126
    Planejamento ... 128
        Definições dos objetivos ... 128
    A Abertura da Reunião ... 129
    Proposta ... 129
    Barganha ... 129
    Fechamento do Contrato ... 130
Questões para Revisão e Discussão ... 130
Verba, Processo de Negociação, Remuneração ... 133

Capítulo 6 Em Busca do Lucro ... 135
Em Busca do Lucro ... 136
A Agência é Seu Patrimônio ... 137
Receitas e Despesas ... 140
Lucro ou Prejuízo ... 143
"Lei" 80/20 ... 146
Em Busca de Clientes ... 146
    Conhecimento ... 147
    Relacionamento ... 147
    Especialização ... 147
    Palestras ... 147
    Aparência ... 147
Alguns Passos Para a Busca do Lucro ... 149
Questões Para Revisão e Discussão ... 150

Capítulo 7   Um Negócio... Um Empreendedor 151

    Um Negócio... Um Empreendedor 152

    Perfil do Empreendedor 152

        Riscos e Tomada de Decisão 153

        Oportunidades 154

        Conhecimento do Mercado 155

        Saber Organizar 156

        Ser Líder 158

        Ter Talento 158

        Ser Independente 159

        Manter o Otimismo 159

    Tipos de Empresas 160

        Firma Individual 160

    Caminhos Para um Plano de Negócios 161

        Conceito do Negócio 161

        Organização e Estrutura 164

        Marketing 165

        Investimentos e Orçamentos 167

    Caminhos Para Realizar um Plano de Negócios 169

    Questões para Revisão e Discussão 170

Anexo I   Legislação 171

Glossário 183

Bibliografia 203

Capítulo 1

Criando uma Marca

Objetivos

Ao término do capítulo, o leitor deverá ser capaz de:

- Identificar os significados de uma marca.
- Entender a importância do posicionamento de uma marca.
- Conhecer os itens que compõem a identidade visual da marca.
- Conhecer a importância do registro de uma marca.
- Construir uma marca.

Esquema

O que é Marca?
O que significa uma Marca?
- Atributos
- Benefícios
- Cultura e Valores
- Personalidade

Posicionamento da Marca
Identidade Visual da Marca
- Cores
- Positivo e Negativo
- Tipologia
- Reduções

Slogan
Leis da Marca
Registro da Marca

Lincoln Seragini, um dos principais especialistas em marcas no país, é engenheiro químico, fez pós-graduação em tecnologia de polímeros e estudou administração de empresas. Passou por empresas como Colgate-Palmolive, Nestlé, Dixie-Toga e Johnson & Johnson. Em 1981, recebeu convite da agência norte-americana de comunicação Young & Rubicam para coordenar sua filial brasileira de *design*, que posteriormente adotou o nome Seragini, Young & Rubicam. Nessa empreitada, conheceu 15 países e o *design* internacional, o que o ajudou a implantar no Brasil um padrão mundial de *design*.

Lincoln enfatiza que a propaganda ideal de uma marca é aquela que atinge os sentimentos das pessoas e mexe com a percepção sensorial. Ela deve apontar soluções para a criação de um patrimônio visual da marca, tais como a memorização, que consiste no reconhecimento espontâneo de determinado produto, a notoriedade da marca e a sua morfologia, que agrega símbolos, cores, formas e tipografias.

http://www.embalagemmarca.com.br/17entrevista.htm
http://www.fea.usp.br/fia/portalmba/menu/diaadia/materias/m14.htm

Lincoln Seragini
Revista *EmbalagemMarca*, nº 17

CRIANDO UMA MARCA

Os 35 anos de profissão permitem a Lincoln Seragini criar uma marca, empregando técnicas e pesquisas que desenvolveu nesse tempo. Para ele, uma marca significa mais que agregar um símbolo a uma cor ou a uma tipografia. Significa criar uma identidade, diferenciando sua empresa ou seu produto.

Criar uma marca é uma das primeiras coisas que fazemos quando vamos abrir um negócio. Não se tem equipamentos, não se tem casa, não se tem clientes, mas já criamos uma marca. Por que será? Talvez porque uma marca criada para nossa empresa signifique um pouco de nós, como se fosse uma projeção, um sonho que gostaríamos de ver realizado, um reconhecimento.

Ao criar uma marca, é preciso pensar em um caminho que seja eficiente e que não necessite de grandes investimentos em sua divulgação, pelo menos não no início da empresa. A tendência das pessoas, embora desastrosa, é criar uma marca com as iniciais dos nomes dos proprietários. Uma sociedade é como um casamento e, como tal, pode ocorrer um divórcio. Cuidado! Um dos sócios pode deixar a sociedade e você terá de carregar seu nome para o resto da vida. Pense em uma marca como se fosse dar nome a um filho. Espelhe nesse nome todos os seus anseios, desejos, o futuro que você quer para sua empresa. Se solicitar que alguém crie um logotipo para sua empresa, conte o que quer, conte como deseja ver sua empresa dali a alguns anos, e mais, procure um profissional que entenda de marcas. Lembre-se de que a marca é para a vida toda. Neste capítulo o leitor encontrará orientações para a construção de uma marca, assim como os caminhos que deve percorrer para registrá-la.

EVOLUÇÃO DA MARCA

Em pleno século XXI, as empresas lutam para posicionar suas marcas e tirar disso o melhor proveito financeiro. As estratégias são concebidas para preservar o símbolo que ostenta o nome das organizações e não imaginam o quão rápido elas podem ser destruídas, apesar de todos os investimentos realizados. O cuidado e o acompanhamento das marcas se fazem necessários, como comprova a História.

Uma pesquisa mais aguçada revela que um dos símbolos mais antigos de que a humanidade tem conhecimento é a suástica. O nome suástica vem da palavra em sânscrito *svastika*, que significa bem-estar e boa fortuna. As mais antigas suásticas conhecidas datam de 2500 ou 3000 a.C., na Índia e na Ásia Central. Desde essa época estampavam-se símbolos para identificação.

Os símbolos como sinais de honra e nobreza, mais tarde denominados brasões, que passavam de pais para filhos, começaram a ser empregados em armas no fim do século X, tendo sido regularizado o seu uso e aperfeiçoadas suas regras nos três séculos seguintes. Mas as regras precisas da confecção dos brasões somente foram estabelecidas no fim do século XV.[1]

As marcas registradas surgiram no término do século XVI. Dois séculos mais tarde, o conceito de marca se ampliava e, além de identificar, diferenciava os produtos concorrentes. No princípio do século XX, a diversidade caracterizava a criação das marcas nos Estados Unidos. Algumas empresas associavam a marca à origem geográfica (American Tobacco), outras aos nomes de seus fundadores (Ford); havia ainda aquelas que ligavam suas marcas ao processo produtivo (Standard Oil) ou ao segmento de atuação (Allied Chemical & Dye). No Brasil, a criação de marca seguia a mesma linha dos Estados Unidos.[2]

Na segunda metade do século XX, as empresas adotavam marcas com um enfoque mais mercadológico, aliando suas marcas a benefícios e atributos que pudessem identificar seus produtos.

Constata-se, portanto, que a construção de marcas passou por diferentes estágios de evolução, buscando sempre a diferenciação de produtos e serviços. No século XXI, a preocupação dos empreendedores ganha grandes proporções em função da globalização e das tecnologias empregadas na produção de bens e serviços. Os produtos tendem a ter as mesmas características, não guardando quase diferenças entre si, e esse receio às *commodities* faz com que os empresários redobrem sua atenção à marca.

---

1   Ver *www.heraldica.com.br*
2   TAVARES, Mauro C. *A força da marca. Como construir e manter marcas fortes.* São Paulo: Harbra, 1998, p. 2-4.

Curiosidades

Marcas Famosas[3]

O estudo de marcas é bastante recente, data de menos de 50 anos e foi inspirado naquela que deram certo. Observe os atributos, a personalidade, enfim, o significado das marcas. Explore mais em: *http://carsale.uol.com.br/opapoecarro/variedades/variedades13.shtml*

Audi. As quatro argolas unidas representam as marcas alemãs que formaram a Auto Union, fundada em 1947. São elas: Horch, Audi, Wanderer e DKW. No dia 1º de janeiro de 1985, a Auto Union passou a se chamar Audi AG, com sede empresarial em Nekarsulm, na Alemanha.

Fiat. A sigla em letras brancas sobre fundo azul significa Fábrica Italiana de Automóveis de Turim.

Subaru. Na língua japonesa, Subaru significa plêiade (conjunto de estrelas). Isso explica a constelação adotada como logotipo da marca.

Mercedes-Benz. A estrela de três pontas representa a fabricação de motores para uso na terra, na água e no mar. Surgiu depois que Gottlieb Daimler enviou cartão postal para sua mulher dizendo que a estrela impressa no cartão brilharia sobre sua obra.

Mitsubishi. Um diamante de três pontas que remete à resistência e à preciosidade. O símbolo surgiu do nome da marca: "Mitsu" significa três em japonês; "Bishi", diamante.

Alfa Romeo. O símbolo é composto pela bandeira com a cruz vermelha (brasão da cidade de Milão) e pela serpente devorando um homem (símbolo da família real milanesa). O nome do fabricante italiano, fundado em 1910, é a combinação da sigla ALFA (Anonima Lombarda Fabbrica Automobili) com o sobrenome do engenheiro Nicola Romeo, criador da marca.

O QUE É MARCA?

Marca ou logotipo? Significam a mesma coisa? Essa é uma discussão existente entre duas correntes de autores. Uma das correntes afirma que marca é um símbolo cujo significado deriva de um antigo costume grego (*sumbolon*), que consistia

---

3 *http://carsale.uol.com.br/opapoecarro/variedades/variedades13.shtml*

em quebrar uma ardósia em pedaços e distribuí-los a cada membro de um grupo. Quando esse grupo se reencontrava, os pedaços poderiam ser montados novamente, como um quebra-cabeça, e a identidade do grupo poderia ser confirmada. Assim, o termo grego *sumbolon* transformou-se em marca de reconhecimento, no qual se desenvolveu a expressão latina *symbolum*.[4] O símbolo, então, caracteriza algo, nome, empresa ou produto. Essa mesma corrente define logotipo como o estudo morfológico da palavra: "logo" do grego *logos*, que significa "palavra" e "tipo" do grego *typos*, que pode ser interpretado como "caracteres". Daí a definição de logotipo como uma palavra. A outra corrente afirma que marca é o nome dado a algum produto ou empresa e, por ser um nome, sua representação se dá por meio das letras. A mesma corrente afirma que logotipo é o símbolo que representa essa marca.

> **Marca**
> É um nome, um sinal ou a combinação de ambos, cujo objetivo é identificar bens e serviços e diferenciá-los dos concorrentes.

A definição dada pela American Marketing Association[5] é a seguinte:

> Marca é um nome, designação, sinal, símbolo ou combinação deles, que tem o propósito de identificar bens e serviços de um vendedor ou grupo de vendedores e de diferenciá-los de concorrentes.

A mesma associação define logotipo como "... a parte da marca que é reconhecível, mas não é pronunciável, como um símbolo, desenho ou cores e formatos de letras distintas". Para o mundo dos negócios, essas definições não têm a menor importância, desde que a marca ou o logotipo lhes traga boa repercussão financeira. Neste texto usaremos indistintamente os termos marca e logotipo.

O QUE SIGNIFICA UMA MARCA?

Criar um bom nome não é tão fácil. Faça uma lista, mas tome alguns cuidados. As iniciais não são consideradas nomes e não significam absolutamente nada, salvo em raros casos. Há quem crie nomes a partir de iniciais. Vamos imaginar quatro sócios: um deles é conhecido desde criança pelo carinhoso apelido de Juca; o segundo chama-se Arthur; o terceiro, é conhecido como Zeus; e o último, Zacarias. A junção das quatro iniciais forma a palavra JAZZ. Em princípio, um bom nome, afinal "jazz" é um estilo de música que agrada a muitos. Mas é também um estilo musical que se caracteriza pelo improviso e aí começam os problemas de imagem de sua empresa. Outro problema surge quanto à pronúncia: "djés" ou "jaz"? O posicionamento que os clientes atribuirão à empresa pode ser jocoso e comprometer sua imagem, pois, além de ser uma empresa que trabalha no improviso, pode estar morta para o mercado.

---

[4] GIBSON, Clare. *Signs & symbols*: an illustrated guide to their meaning and origins. New York: Barnes & Noble, 1996, p. 7.

[5] American Marketing Association, Committee on Definition. *Marketing Definitions*: a Glossary of Marketing Terms. Chicago, 1960, p.8.

O nome da empresa será repetido várias vezes, por diversos tipos de pessoas, com sotaques ou não, e, por consequência, será ouvido, certo ou errado. Portanto, escolha um nome fácil de pronunciar, de memorizar e que agrade aos ouvidos.

Apesar de estar abrindo sua empresa agora, pense grande, reflita também sobre o futuro, imagine o nome em várias línguas. Segundo Jack Trout,[6] é preciso evitar que sua marca tenha problemas no nível internacional. Para isso, esse autor sugere quatro pontos de controle:

1. *Aceitabilidade:* seu nome deve ser avaliado por uma pessoa nativa, fluente na língua de cada país estrangeiro onde você pretende fazer negócio.

2. *Significados existentes*: o nome escolhido tem algum significado similar ou diferente daquele que você pretende? A Ford comercializou nos EUA, com muito sucesso, na década de 1970, um automóvel de porte pequeno, denominado Ford Pinto. Para os americanos, "pinto" significa cavalo malhado. Será que no Brasil um carro com esse nome faria sucesso?

3. *Conotação negativa*: com o que seu nome poderia ser confundido? A General Aniline & Film não era uma empresa muito conhecida. Quando o presidente da empresa aprovou a troca do nome para GAF, ninguém lhe explicou que o acrônimo é praticamente idêntico a "gaffe", palavra francesa que já entrou para o vocabulário americano e que significa tolice, disparate, mancada.[7] E GAF foi uma gafe tremenda nos EUA, e o seria também no Brasil.

4. *Pronunciabilidade*: o nome é difícil ou fácil de ser pronunciado? Exemplo: Schincariol.

> **Significados da marca**
> - Atributos
> - Benefícios
> - Cultura e Valores
> - Personalidade

Assim como o nome e o sobrenome identificam uma pessoa, uma marca identifica uma organização. Quando uma pessoa se identifica para outra, relata um conjunto de características tais como nome, sexo, idade, estado civil, filiação, estilo de vida etc. O mesmo acontece com as organizações, ou seja, identificar uma marca significa compreender um conjunto de características que estão presentes na empresa. Esse conjunto de características retrata o que a empresa pretende realizar e implica promessas aos clientes. Tudo isso pode ser entendido como significado da marca. São vários os significados da marca: atributos, benefícios, cultura e valores, e personalidade. Portanto, uma marca identifica e significa algo.

> **Os Atributos devem ser transformados em Benefícios.**

a) Atributos: quem não conhece o significado da frase: *"Ela é uma Brastemp"?* É um atributo dado ao produto, que sugere excelência, qualidade, durabilidade, *status*. A Talent, agência de publicidade da Brastemp, possui em seu nome um belo atributo: talento! No caso de uma agência de propaganda, o atributo pode sugerir confiança, sucesso, credibilidade e até mesmo *status*.

---

6 TROUT, Jack; RIVKIN, Steve. *O novo posicionamento*. São Paulo: Makron Books, 1996, p. 120.

7 RIES, Al; TROUT, Jack. *A batalha pela sua mente*. 6ª ed. São Paulo: Pioneira, 1996, p. 70-74.

b) Benefícios: a marca é um conjunto de atributos, mas seus clientes não compram atributos, nem talento, no caso da Talent. Seus clientes querem benefícios, sejam eles emocionais ou racionais. O atributo de *status* pode ser transformado em benefício emocional, assim como o de credibilidade pode ser transformado em um benefício racional, como, por exemplo, o bom desempenho das vendas de seu cliente ao utilizar seus serviços. No caso da Talent, o atributo de credibilidade foi transformado em benefício de *recall* da marca.

c) Cultura e valores: a marca pode representar uma cultura. A Talent, por exemplo, possui a cultura do planejamento e deixa muito clara essa sua postura. O planejamento é uma cultura da empresa e pode significar organização, previsão, estudo de estratégias etc. Veja o que ela descreve em seu site: *www.talent.com.br*.

> A cultura e os valores da empresa são transmitidos pela marca.

"Planejamento não é um ato dedutivo; é um ato criativo. Não é meramente justificar uma campanha; é explicar o sentido de se fazer comunicação. Não é fazer uma pesquisa; é pensar no que vale a pena descobrir. Na verdade, quem faz planejamento não está no negócio de responder; está no negócio de perguntar. Perguntas que ninguém faria. Quem tem que responder é o mercado."[8]

A marca também transmite os valores de sua empresa. Sua agência transmitirá seus valores, sejam eles conservadores, arrojados, irreverentes... Procure clientes que se identifiquem com esses valores e sua cultura.

d) Personalidade: como os seres humanos, as marcas também possuem personalidade. Os mesmos adjetivos usados para descrever uma pessoa podem ser usados para descrever a personalidade de uma marca. A constância dos atos e atitudes de sua agência é que formará os traços da personalidade de sua marca. Assuma as responsabilidades, tenha transparência, não banque o esperto, seja honesto... você e todos os que trabalham na sua agência. Para Aaker,[9] é no comportamento que a personalidade realmente emerge, ou seja, sua agência será aquilo que você e seus funcionários fizerem. Mas, lembre-se, você comanda a empresa.

> A personalidade expressa a constância de atos e atitudes da empresa.

De tempos em tempos, verifique como a personalidade da empresa é vista. Peça às pessoas para que descrevam a personalidade da agência, por meio de um animal. Que animal seria sua empresa? Ou por meio de uma figura humana. Seria homem ou mulher? Que idade ela teria? Como seria sua forma física? Como está vestida? Que estilo de vida tem sua empresa? Não pense como seu cliente gostaria de vê-la, mas, sim, como sua agência realmente é. Defina a personalidade de sua empresa e explique-a a seus fun-

---

8 Acesse *www.talent.com.br*
9 AAKER, David A. *Criando e administrando marcas de sucesso*. São Paulo: Futura, 1996, p. 182.

cionários. A personalidade pode ser definida no início do negócio e esse procedimento significa um bom partido para as empresas anunciantes.

Posicionamento da Marca

> **Posicionamento** é o que as pessoas pensam sobre seu produto ou empresa e cabe à empresa defini-lo e difundi-lo.

Os melhores nomes são aqueles que expressam a proposta de venda ou o benefício de um produto ou serviço e estão diretamente relacionados com o segmento de atuação. Quando se consegue juntar esses elementos, o processo de posicionamento se inicia.

Estilo em cinco sentidos

A forma a ser dada ao nome escolhido auxiliará a memorização de sua marca. É também um estilo, uma forma de diferenciação[10] e, portanto, um posicionamento. Schimitt, em seu livro *A estética do marketing,* propõe a adoção de um estilo para a criação de marcas. Segundo ele, o estilo é uma forma constante de se expressar e pode ser composto por elementos primários que correspondem aos sentidos básicos dominantes: visão, audição, olfato, paladar e tato. Nem sempre todos esses elementos podem ser adotados para diferenciar uma marca corporativa, mas com uma boa dose de criação é possível associá-los e criar um posicionamento.

Visão

Para Schimitt, os elementos primários de estilo que mais se destacam são os visuais. Eles podem ser retratados pelas formas. Quando retas, são captadas como masculinas, cortantes, abruptas e instáveis. Quando curvas, são captadas como femininas, suaves e contínuas. Formas simétricas criam equilíbrio, contudo, um traço assimétrico compondo o *design* pode dar um toque de estímulo ou movimento. As formas circulares podem parecer menos poderosas que as formas alongadas, ovais ou elípticas.

O tamanho da marca é outra forma a ser estudada. As formas compridas ou largas são interpretadas como poderosas ou fortes e as formas pequenas, curtas ou finas revelam fragilidade e delicadeza. Mas cuidado! Essa interpretação está associada a padrões culturais e regionais. No mundo ocidental, a forma pequena é vista como algo sem muita importância enquanto a grande demonstra força e poder. Por oposição, na cultura oriental, as formas grandes são vistas como estranhas e pesadas.

A cor e a tipologia também fazem parte dos elementos visuais, o que será abordado mais adiante.

---

10 SCHIMITT, Bernd; SIMONSON, Alex. *A estética do marketing.* São Paulo: Nobel, 2000, p. 101.

Audição

Com certeza você conhece o ditado popular: "Na casa do ferreiro o espeto é de pau". As agências criam campanhas publicitárias para outras empresas, mas não para si. As agências de propaganda existem para atender os clientes que necessitam comunicar algo, seja o produto ou apenas informar que a empresa existe e está à disposição de seus clientes. Mas e as agências? Você já viu um comercial ou *jingle* de uma agência de propaganda? Conhece alguma agência que tenha feito isso? Raríssimas são as agências que ousam criar uma campanha para si mesmas. A maioria delas trabalha com marketing direto e conquista seus clientes por indicação, concorrência ou ainda porque o anunciante soube que tal agência é boa. Acredito que essa metodologia continuará por muito tempo, até que alguma agência ouse e se diferencie das demais. Talvez muitos contestem este texto, argumentando que os veículos de comunicação de massa não são apropriados para veicular campanhas das agências. Mas e se elas criassem uma assinatura musical?

Sons também criam identidade de marca. São mais utilizados em publicidade de produtos ou em empresas como restaurantes, consultórios, companhias aéreas, entre outras. A Varig explorou bastante o som, conseguindo uma assinatura que identifica sua marca. Quem não se lembra do "Varig, Varig, Varig..." ou o plim-plim da Globo? Pense em como usar o som para criar um diferencial para sua empresa. Comece criando uma mensagem sonora para o sistema de espera de telefonia de sua agência.

Olfato, paladar e tato

Pode parecer estranho criar um diferencial de marca utilizando elementos como o olfato, o paladar e o tato. Em princípio, esses elementos contribuem muito mais para diferenciar produtos. Devidamente criados, os produtos com *design* anatômico criam diferenciais táteis. É o caso do aparelho de barbear Sensor da Gillette.

O poder de diferenciação de aromas, a forte memória do olfato e a capacidade de criar associações singulares fazem de aromas e paladares uma ferramenta ideal para acentuar a identidade corporativa ou a marca.[11]

Por vezes, o aroma nos remete ao paladar, seja por memorização ou por associações. Outras vezes, o paladar sozinho nos leva a uma marca diferenciada. É o caso do Guaraná Antarctica.

O estilo expresso por meio do sentido do tato pode também ser aplicado na marca corporativa. A escolha da textura do papel de carta ou do cartão de visita da empresa pode criar um estilo diferenciador.

> A criação e a associação de elementos diferenciais contribuem para o posicionamento da marca.

O leitor deve estar se perguntando se realmente este ou aquele ponto diferencial posicionará a empresa. Não é um ponto específico que irá diferenciá-la, mas, sim, o conjunto de elementos.

---

11 SCHIMITT, Bernd; SIMONSON, Alex. *A estética do marketing.* São Paulo: Nobel, 2000, p. 121.

Todo esse estudo tem uma finalidade: colocar o nome de sua empresa na mente de seus clientes e, como consequência, obter vantagens competitivas. A esse processo dá-se o nome de posicionamento.

O posicionamento não acontece imediatamente à sua implantação. Pode ser comparado com a formação do caráter de um adolescente, em que a repetição de jargões pelos pais incute na mente dos jovens os procedimentos ditos corretos. Da mesma forma acontece com o posicionamento na empresa. É preciso lembrar sempre e agir de forma coerente levando o lema da empresa por onde for e isso leva um tempo.

Al Ries explora intensamente em seus livros vários caminhos para posicionar uma marca. O caminho mais fácil para se chegar à mente de uma pessoa é ser o primeiro.[12] Mas como ser o primeiro se a empresa está começando agora? E a concorrência que está no mercado há anos? Ser o primeiro não significa necessariamente ser o primeiro em faturamento. Pode significar ser o primeiro a se diferenciar.

Foco

> O foco em um segmento é uma forma de diferenciação, é uma forma de posicionamento.

Você pode se diferenciar se atuar em um segmento pouco explorado. Quantas agências se especializaram no ramo hospitalar ou de vinhos? Esqueça os segmentos muito explorados. Imagine o quanto é difícil fazer algo melhor e com resultados positivos em vendas se tiver a conta, por exemplo, da Coca-Cola. Escolha um segmento prioritário para atuar. Você pode posicionar sua empresa e, por consequência, sua marca, como empresa especializada no segmento escolhido.

Siga o Líder

Você pode posicionar sua empresa pela emulação, ou seja, seguindo o exemplo de uma empresa líder ou a que você considerar ideal. Pense em uma agência que você considera excelente. Espelhe-se nela. Certa ocasião, Stanley Resor, um dos fundadores da J. W. Thompson, disse: "Queremos copiar aqueles que julgamos melhores em matéria de gosto, conhecimento ou experiência".[13] Um exemplo do uso desse procedimento foi a Rede Record.

Slogan

Ao contrário do que muitos pensam, o termo *slogan* não é inglês. Sua origem é gaélica: *sluagh-ghairm* significa na velha Escócia "o grito de guerra de um clã".

---

12 RIES, Al; TROUT, Jack. *A batalha pela sua mente.* 6ª ed. São Paulo: Pioneira, 1996, p.14.

13 RESOR, Stanley. *The spirit of emulation, Printer's Ink,* abril de 1929. In: TROUT, Jack; RIVKIN, N. Steve. *Diferenciar ou morrer.* São Paulo: Futura, 2000, p. 154.

O inglês adotou o termo em meados do século XVI, para transformá-lo, no século XIX, em divisa de um partido e, a seguir, em palavra de ordem eleitoral.[14] Foram os americanos que lhe deram o sentido comercial. O *slogan* é uma frase que posiciona a empresa, uma mensagem que exprime o seu lema. É considerado bom aquele que provoca uma atitude reflexiva em quem o escuta, que exclui qualquer possibilidade de réplica ou atitude, a não ser calar-se ou repeti-lo. O *slogan* "*Just do it*" é um bom exemplo. Não apenas prende a atenção como encerra a comunicação sem qualquer interferência por parte de quem ouve.

> A principal função do *slogan* é provocar uma associação mecânica e automática da marca com o diferencial que se pretende divulgar.

O *slogan* deve resumir, de forma direta, a mensagem que se deseja transmitir. Uma palavra a mais pode destruir o efeito desejado. Por exemplo: "O cigarro mata lentamente". Esse é um *slogan* com pouca força persuasiva. Um fumante que não tenha intenção de largar o vício poderia responder: "Ninguém está com pressa". Para que esse *slogan* tenha força é preciso eliminar a palavra "lentamente": "O cigarro mata". O *slogan* torna-se mais conciso, direto e com maior impacto.

São várias as funções do *slogan*. Uma delas é a adesão, ou seja, pela força da repetição ocorre a memorização e, como consequência, a lembrança na hora da decisão da compra. Outra função do *slogan* se prende à informação ou identificação, seja do produto (Bombril: 1001 utilidades – 51: uma boa ideia), do serviço (Visa: Porque a Vida é Agora), ou do segmento em que a empresa atua (SporTV, o canal campeão).

O *slogan* ajuda a posicionar uma marca. Observe que os *slogans* com maior índice de *recall* são aqueles que não se alteram com o passar do tempo. Um bom *slogan* não envelhece, portanto, ele não deve resumir expressões de modismo.

IDENTIDADE VISUAL

A definição de uma marca não se resume à escolha de um nome. É preciso trabalhá-la, dando-lhe formas visuais, direcionadas para o segmento de atuação. Veja o exemplo da Unilever.

Figura 1.1 Identidade Visual da Unilever.

---

14 REBOUL, Olivier. *O slogan*. São Paulo: Cultrix, 1975, p. 8.

Toda vez que se cria uma marca, é preciso fazer um estudo denominado identidade visual, que é composto pela construção geométrica, pelas possíveis disposições do texto, cores, incluindo positivo e negativo, pela tipologia e pelas prováveis reduções.

A construção geométrica evita a distorção do símbolo ou mesmo da tipologia construída para a marca.

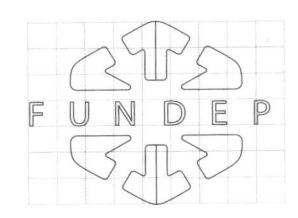

> Sistema flexível da identidade visual da FUNDEP, com alguns elementos que se repetem (símbolo da FUNDEP) e outros que variam (nome por extenso da instituição), nas diferentes aplicações. As características do símbolo estão definidas no diagrama de construção geométrica.
>
> http://www.fundep.ufmg.br/fundep/marca_fundep/manual-identidade_versaoSITE.pdf.

> A assinatura institucional da FUNDEP permite variações em sua disposição do símbolo em relação ao nome por extenso da instituição, dependendo da organização espacial à qual se destina, considerando a área de não interferência.
>
> http://www.fundep.ufmg.br/fundep/marca_fundep/manual-identidade_versaoSITE.pdf.

A identidade visual envolve o desenvolvimento detalhado das diferentes aplicações da marca, desde a colocação de um luminoso de grandes proporções até a aplicação do logotipo nos papéis da empresa, como papel de carta, notas fiscais, cartão de visitas, envelopes e tantos outros.

Esse estudo permitirá o uso correto da marca em diferentes locais levando-se em conta tamanho e nitidez. Dependendo do local onde a marca será inserida, há a necessidade de separar o símbolo do texto, deslocando-o para a direita ou para baixo. Às vezes esse pequeno detalhe é esquecido e as adaptações feitas nem sempre são satisfatórias.

> A Assinatura Institucional da FUNDEP permite as seguintes variações em sua disposição do símbolo em relação ao nome por extenso da Instituição, dependendo da organização espacial a qual se destina, considerando a área de não interferência.
>
> http://www.fundep.ufmg.br/fundep/marca_fundep/manual-identidade_versaoSITE.pdf.

Cores

A definição de cores na criação de uma marca é também outra preocupação que se deve ter. Para escolher uma cor, é preciso entender sua influência nos seres humanos. Essa influência se dá por causa das diferenças entre as cores quentes e frias. Segundo Crepaldi,[15] as cores quentes, tais como vermelho, laranja e amarelo, possuem uma onda mais longa e isso faz com que fiquem mais em evidência. Têm poder de penetração maior e, portanto, se destacam, além de entrar em ressonância com nossos sentidos mais instintivos. Já as cores frias, como azul, índigo e violeta, têm ondas mais curtas e mais rápidas, fazendo com que sejam mais amenas, discretas e suaves. Entram em ressonância com nossos sentidos mais elevados, ou espirituais.

A cor vermelha é atraente, estimuladora e motivadora. Pode ser utilizada em peças publicitárias cujos produtos anunciados queiram transmitir calor, energia. A cor laranja pode ser utilizada da mesma forma que o vermelho, no entanto, de maneira mais moderada. O amarelo, apesar de ser considerada uma cor estimulante, em publicidade não é uma cor motivadora. É uma cor imprecisa e por isso pode dispersar a atenção do leitor. Se combinada com uma cor mais escura, preto, por exemplo, pode trazer resultados mais eficazes. O amarelo avermelhado desperta a fome e modifica as atividades gástricas. As cores vermelha, laranja e amarela são indicadas para produtos infantis, porque emanam alegria e despreocupação.

O verde, embora transmita uma sensação de repouso, possui pouca força persuasiva, contudo, é considerado uma cor de equilíbrio. Ele é indicado para publicidade de anúncios de azeite, frutas, turismo etc.

O azul possui grande poder de atração e é uma cor calmante. A combinação do azul e do branco resulta em sensações estimulantes, além de transmitir paz. São utilizados nos anúncios de produtos que informam segurança e estabilidade. As companhias aéreas exploram bem essa técnica. A combinação do azul com o bordô pode despertar a sensualidade e as emoções.

Lembre-se de que a cor, se usada de maneira consistente, pode se tornar a assinatura da empresa. A Coca-Cola e o Banco Itaú são bons exemplos. Não basta defini-las. É preciso uma descrição clara, já que existem vários tons em uma mesma cor.

Imagine uma cor azul. Se pedirmos para cinco pessoas diferentes pintarem a cor que imaginaram, teremos com certeza cinco tons de azul diferentes. Quando solicitar a impressão, por exemplo, de seu papel de carta, é necessário informar à gráfica o tom exato que você quer. Na mistura de tintas a definição é dada por porcentuais. Grosso modo, um azul puro corresponde a 100%. Se misturarmos 30% de azul e 70% de amarelo, teremos como resultado um verde-claro. Se invertermos os porcentuais, o verde será escuro. Um técnico da área gráfica poderá auxiliá-lo.

---

15 CREPALDI, Lideli. *O universo das cores na propaganda.* Artigo GT 5 Publicidade e Propaganda: Intercom: Sociedade Brasileira de Estudos Interdisciplinares da Comunicação. XXIII Congresso Brasileiro da Ciência da Comunicação: Manaus, 2000. *http://www.intercom.org.br/papers/xxiii-ci/gt05/gt05b1.pdf*

■ C:100 M:0 Y:0 K:66   ■ Pantone 303 CVC

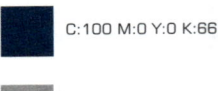

■ C:0 M:0 Y:0 K:40

Azul
Escala PANTONE: 303 CVC
Escala CMYK: Cian 100% Black 66%
(para impressão tipográfica, off-set e silk-screen)

Cinza
Escala CMYK: Black 40%
(para impressão tipográfica, off-set e silk-screen)

Padrão Cromático

No caso de materiais gráficos impressos somente em uma cor, pode-se usar o Pantone 303 CVC nas variações 100% e 40% ou o Preto 100% e 40%.

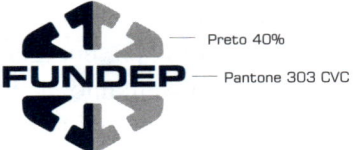

http://www.fundep.ufmg.br/fundep/marca_fundep/manual-identidade_versaoSITE.pdf.

Versão com retícula P&B — Preto 40% / Pantone 303 CVC

Versão outline

Versão com retícula Azul Pantone 303 — Pantone 303 CVC 40% / Pantone 303 CVC

Versão outline

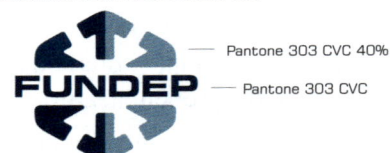

Aplicação em positivo sobre o branco (aplicação ideal)

Aplicação em negativo sobre o próprio azul (apenas azul pantone 303 CVC)

Aplicação em positivo sobre fundos mais escuros que o branco no máximo até 10% de preto

A marca FUNDEP suporta as seguintes aplicações em fundos coloridos.

http://www.fundep.ufmg.br/fundep/marca_fundep/manual-identidade_versaoSITE.pdf.

Positivo e Negativo

A marca também pode ser usada em cores e em negativo e positivo. Dependendo do tipo de letra e do tipo de papel em que for impressa, torna-se ilegível. Por esse motivo faz-se o teste.

Tipologia

A tipologia de uma marca é tão importante quanto o símbolo ou desenho que ela ostenta. É possível dar um formato exclusivo a tipos de letras com a finalidade de criar percepções. A percepção de elegância pode ser demonstrada com letras altas e finas com serifas (pequeno traço que remata as letras) enquanto a simpatia e o aconchego podem ser percebidos com letras redondas e cheias, sem serifas. O tipo manuscrito transmitirá uma identidade corporativa voltada para clientes, cordial e

ALFABETO
PRINCIPAL

Square 721 BT
ABCDEFGHIJKLMNOPQRSTUVXYWZ
1234567890
abcdefghijklmnopqrstuvxywz()/!?.;

ALFABETO
SECUNDÁRIO

Square 721 BT
ABCDEFGHIJKLMNOPQRS
TUVXYWZ 1234567890
abcdefghijklmnopqrstuvxywz()/!?.;

> A tipografia institucional tem o objetivo de estabelecer uma correspondência entre o logotipo da Fundep e as mensagens verbais complementares.
>
> A família tipográfica adotada é a Square 721 BT para o alfabeto principal e a Square 721 BT Bold para o alfabeto secundário.
>
> http://www.fundep.ufmg.br/fundep/marca_fundep/manual-identidade_versaoSITE.pdf.

despretensiosa.[16] Você poderá escolher o uso de letras maiúsculas se desejar transmitir autoridade e agressividade. Se optar por letras minúsculas na sua marca, transmitirá uma empresa arrojada e suave.

O tamanho da letra é dado pelo seu corpo. Assim como no computador você usa o tamanho da fonte, na linguagem gráfica usa-se a expressão "corpo da letra". Testá-la em diversos corpos e estabelecer tamanhos mínimos evitarão borrões ilegíveis.

REDUÇÕES

O estudo sobre as reduções de uma marca também é importante.

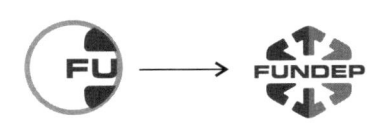

> **Limite de Redução**
>
> Para não comprometer a legibilidade da assinatura institucional, a palavra "Fundep" não deve ter altura inferior a 1,5 mm, o que corresponde ao Corpo 7 em editoração eletrônica.
>
> http://www.fundep.ufmg.br/fundep/marca_fundep/manual-identidade_versaoSITE.pdf.

---

16 SCHIMITT, Bernd; SIMONSON, Alex. *A estética do marketing*. São Paulo: Nobel, 2000, p. 114.

Observe novamente a marca FUNDEP. A não ser em casos em que a redução não permite a leitura, todos possuem, seja na base ou na lateral direita, a descrição do que significa FUNDEP: Fundação de Desenvolvimento de Pesquisa. Se a marca for bem trabalhada, e divulgada ao longo do tempo, o logotipo FUNDEP será facilmente identificado. Veja a marca ao lado: não é preciso mais escrever o nome do produto, pois sabe-se que esta marca é da Nike.

São poucos os empresários que se preocupam com a eficiência visual da marca na abertura de uma empresa. Contudo, esse é um estudo importante, principalmente para as agências de publicidade que desenvolvem esse tipo de trabalho para seus clientes. Além de todos os benefícios que esse estudo proporciona, ele serve como peça de portfólio da agência.

LEIS DA MARCA

Há muitos autores no mercado especialistas em marcas e em sua maioria dedicados ao estudo de estratégias de marcas para produtos. Muitas vezes escuto de meus alunos comentários como este: *Como vou adotar uma estratégia de marca voltada para um produto, em uma empresa de serviços, especificamente em uma agência de propaganda?*

As estratégias são as mesmas, é uma questão de adequá-las. Em *As 22 Consagradas Leis do Marketing*, Al Ries descreve o que se deve e o que não se deve fazer para que uma marca seja forte. A adaptação de algumas dessas leis ao segmento de serviços é descrita a seguir.

Leis da Marca
1. Lei do Nome
2. Lei da Forma
3. Lei da Palavra
4. Lei do Foco
5. Lei das Múltiplas Atividades
6. Lei da Categoria
7. Lei da Participação
8. Lei da Constância
9. Lei do Acompanhamento
10. Lei da Troca

1. Lei do Nome

Uma marca deve possuir uma identidade distinta em seu nome.
Natura, Porto Seguro, Talent.

2. Lei da Forma

O símbolo da marca deve transmitir a personalidade da empresa.
H. Stern.

3. Lei da Palavra

Uma marca deve possuir um nome ou uma expressão na mente do consumidor.
"51". O que vem à sua mente? Ou "Lava mais branco": OMO.

4. Lei do Foco

Uma marca se fortalece quando seu foco é nítido.
Farmaervas.

5. **Lei das Múltiplas Atividades**

   A maneira mais fácil de destruir uma marca é ter múltiplas atividades.

6. **Lei da Categoria**

   Uma marca deve promover a categoria.

   A primeira cerveja em lata: Skol.

7. **Lei da Participação**

   A marca da empresa deve ser incorporada pelos funcionários.

   O Bradesco desenvolveu um ótimo trabalho com seus funcionários. Todos que lá trabalham o consideram uma excelente empresa.

8. **Lei da Consistência**

   O reconhecimento de uma marca não acontece da noite para o dia.

   O Boticário.

9. **Lei do Acompanhamento**

   Uma marca não deve ser esquecida, principalmente pelos sócios-proprietários. Promovê-la com funcionários, clientes e público em geral é uma forma de acompanhamento.

10. **Lei da Troca**

    Uma marca não vive para sempre. Às vezes é melhor trocá-la.

    Massey-Perkins se transformou em Maxion.

    Fundição Brasil em Continental.

    Standard Oil em Exxon.

MARCA NA INTERNET

Desde o surgimento da economia globalizada, o mercado tornou-se mais competitivo, principalmente com a revolução desencadeada por novas tecnologias, atingindo o mundo dos negócios. Embora os investimentos publicitários na Internet tracem uma curva ascendente, é preciso conceder a esse veículo de comunicação um tempo de maturação para comprovar resultados financeiros oriundos da propaganda. Como todo produto, que exige mudança de comportamento dos consumidores, os resultados da propaganda na Internet também levarão um tempo para se concretizar.

A comunicação na Internet tem se apresentado de forma ainda muito conservadora, reproduzindo anúncios e promoções utilizados nos veículos tradicionais –

salvo algumas exceções. A grande diferença existente na Internet é a possibilidade que o consumidor tem de interagir.

Seja como for, a Web ainda está engatinhando no mundo da propaganda. É sem dúvida um veículo de comunicação e, como tal, uma forma de divulgar sua marca, e não há diferença entre criar uma marca para Internet ou qualquer outro veículo. Aliás, a marca é criada para diferenciar produtos, serviços e empresas.

REGISTRO DE MARCA

Para que uma marca proteja um produto, serviço ou mesmo uma empresa, é necessário um respaldo legal. Esse procedimento é obtido por meio do registro da marca no órgão competente, o Instituto Nacional de Propriedade Industrial (INPI). A *marca registrada* é a marca protegida legalmente, proporcionando a seus proprietários direitos exclusivos sobre sua aplicação. É possível registrar tanto o nome quanto o símbolo, no entanto, os sinais sonoros, gustativos e olfativos não são protegidos.

Escolhida a marca, recomenda-se realizar uma busca prévia no INPI para verificar se o nome preferido já possui um proprietário. Caso não haja impedimento, requer-se o pedido de registro. O prazo de validade é de dez anos, podendo ser prorrogado, se solicitado pelo proprietário. Segundo a legislação,[17] o titular da marca tem a obrigatoriedade de utilizá-la para mantê-la em vigor. Caso contrário, o registro e a marca serão extintos e a marca estará disponível.

O registro legal de uma marca protege o proprietário contra incursões alheias, porém, é preciso ter outros cuidados. Muitas empresas sonham com a popularização de suas marcas, ou seja, pretendem que elas sejam sinônimo de produto. Quando isso acontece e a empresa não toma os devidos cuidados, o proprietário perde a proteção legal da marca. A marca "tênis", originalmente registrada pela São Paulo Alpargatas, ingressou na linguagem popular como sinônimo de "calçado esportivo".

A generalização da marca se dá à revelia da empresa, por descuido ou uso inadequado. Quando uma marca se torna tão popular que passa a ser utilizada como sinônimo do produto, diz-se que ela se vulgarizou. Quando isso ocorre, a empresa arrisca-se a ver a marca cair em domínio público, podendo ser usada como nome genérico do produto, lado a lado com a marca de outra empresa, ocasionando a perda de todo o investimento de anos e anos na formação e manutenção de sua imagem.[18]

---

17 http://www.inpi.gov.br
18 SOUZA, Marcos Gouvêa de; NEMER, Artur. *Marca & Distribuição*. São Paulo: Makron Books, 1993, p. 10.

Marcas na Internet são conhecidas como "domínios". Os nomes não devem ser acentuados e não existe o "ç". Essa restrição pode gerar algum problema para a empresa quanto à identificação da marca, ou ainda causar um certo constrangimento, como é o caso do "pao deacucar.com.br". Tente ler sem acento e sem a cedilha.

O procedimento para registro na Web é semelhante ao processo de registro no INPI. Para saber se o domínio que você pretende registrar está disponível, consulte o site www.registro.br. O site é da Fapesp, órgão responsável pelo registro de domínios no Brasil.

> A *marca registrada* é protegida legalmente, proporcionando a seus proprietários direitos exclusivos sobre sua aplicação.

Há algumas regras básicas relativas ao registro que valem a pena conhecer:

- Tamanho mínimo de dois e máximo de 26 caracteres, não incluindo a categoria; por exemplo, no domínio XXXX.COM.BR, essa limitação se refere ao XXXX.
- Caracteres válidos são [A-Z;0-9] e o hífen.
- Nenhum tipo de acentuação é válido.
- Não pode conter somente números.
- O hífen vale como separador sintático interno de palavras, e domínios já registrados com ou sem ele só poderão ser registrados com essa diferença pelo detentor do primeiro registro.

Se você já criou ou está criando a marca de sua empresa, sempre é tempo para rever esses conceitos.

Curiosidades

JEEP: UMA MARCA BEM-CUIDADA.[19]

Jeep®
A origem do nome Jeep vem da pronúncia, em inglês, da sigla GP – General Purpose.

Um fenômeno curioso ocorre no segmento de marcas. Seja por seu ineditismo, seu pioneirismo, por sua presença constante na mídia ou por sua grande presença no mercado, a marca se torna sinônimo do produto. Esse fenômeno se explica quando nos referimos a uma determinada categoria de produto pelo nome de uma marca, ou seja, a marca se torna nome genérico do produto.

No Brasil observamos esse fenômeno nos produtos Maizena, Leite Moça, Gillette, Bombril e Band-Aid. Quem faz uma lista de supermercado citando "lâmina de barbear" ou "palha de aço"? Ninguém faz! Todos escrevem, ou pedem pela marca do produto, mesmo que no processo final o consumidor acabe optando por outra marca de "bombril", por exemplo.

No maior mercado consumidor do mundo, os Estados Unidos, tal fenômeno também ocorre, e com muita frequência. Até mesmo no segmento de veículos motorizados. É o caso da marca Jeep.

A DaimlerChrysler, detentora da marca Jeep desde 1987, talvez seja a empresa mais preocupada em preservá-la. Cuidou e cuida para que sua marca não se torne um genérico, sinônimo de veículo utilitário-esportivo. Ela se mantém em constante vigilância na mídia. O departamento de relações públicas, sempre que encontra uma publicação referindo-se à marca como produto, logo trata de enviar uma advertência ao veículo de comunicação, chamando-lhe a atenção para o fato de que "Jeep" não é um termo genérico, mas, sim, uma marca registrada em âmbito mundial. Assim, a palavra Jeep só pode ser utilizada para identificar um genuíno veículo Jeep.

A DaimlerChrysler envia dezenas dessas cartas anualmente, além de, com certa frequência, encaminhar informes aos veículos de comunicação **antes** *que o uso inadequado da palavra Jeep seja empregado.*

Algumas campanhas publicitárias enfatizam o fato de que "Jeep" identifica a marca do veículo, e não um tipo qualquer de modelo. A palavra não deve jamais ser utilizada de forma derivada, seja como um adjetivo (jeep-like – como um jeep; jeep-type – tipo jeep), seja como um verbo (to jeep, jeeping). E, como marca em seu próprio direito, Jeep deve sempre ser escrita com "J" maiúsculo.

Um dos anúncios da Jeep diz: "Num mundo de falsificações e imitações baratas, existe um original que ninguém é capaz de copiar. Jeep. Assim, da próxima vez que vir nosso nome, lembre-se: podem existir muitos veículos esporte-utilitários por aí, mas Jeep só existe um".

No Brasil, essa preocupação também ocorre. A forma aportuguesada "jipe" tende a, genericamente, identificar qualquer veículo do tipo fora-de-estrada.

Nem todas as empresas agem como a DaimlerChrysler, e, por esse motivo, como Jeep, é considerada única.

---

19 MENEZES, Lindeberg Jr. Artigo. São Paulo, maio de 2002. Texto baseado em Brown, Arch & editores automobilísticos da Consumer Guide. *Jeep, the unstoppable legend.* EUA: Publications International Ltd., 1994, p. 218.

PASSOS PARA A CRIAÇÃO DE UMA MARCA

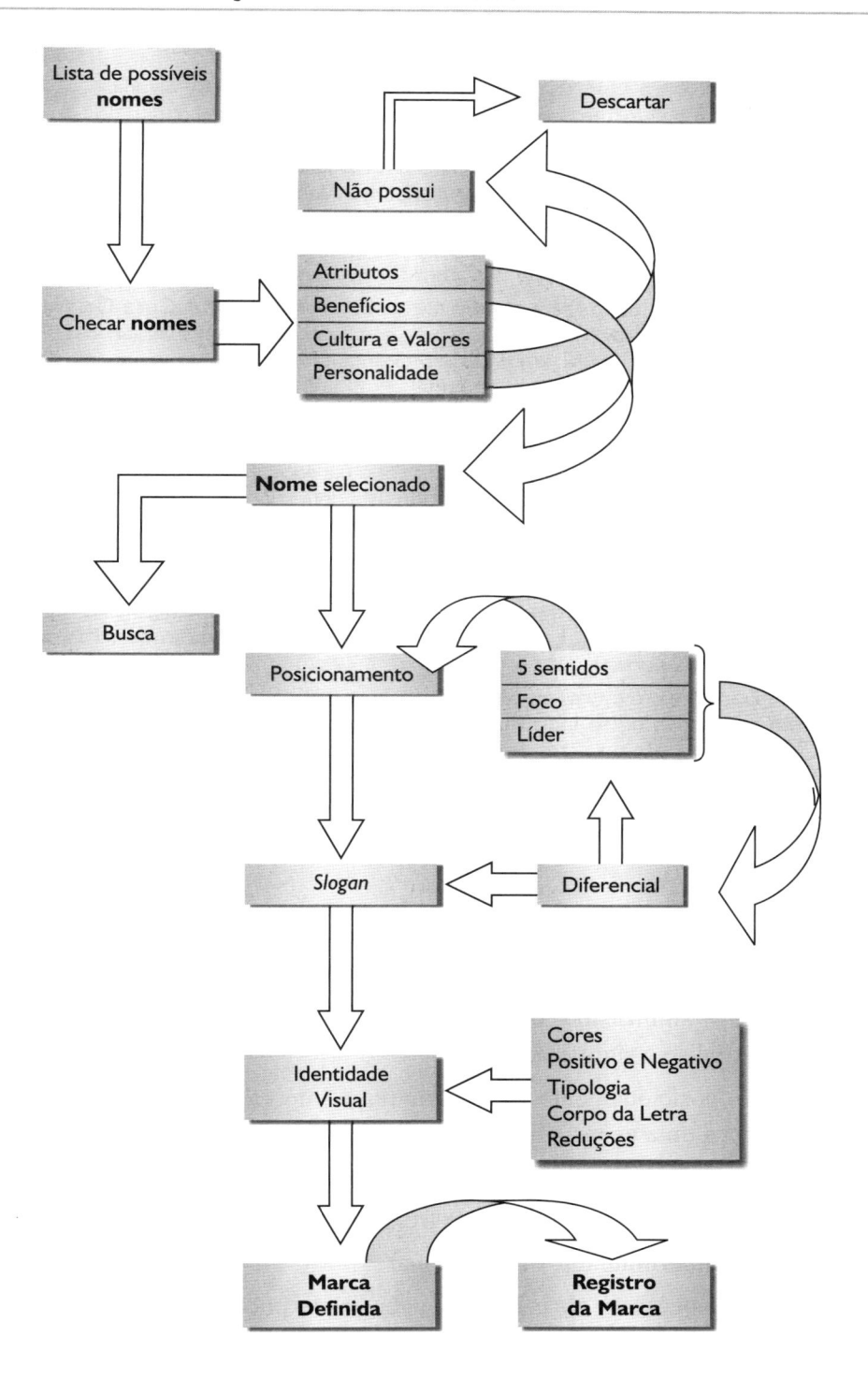

- Lista de possíveis **nomes**
- Checar **nomes**
  - Atributos
  - Benefícios
  - Cultura e Valores
  - Personalidade
- Não possui → Descartar
- **Nome** selecionado
- Busca
- Posicionamento
  - 5 sentidos
  - Foco
  - Líder
- Diferencial
- *Slogan*
- Identidade Visual
  - Cores
  - Positivo e Negativo
  - Tipologia
  - Corpo da Letra
  - Reduções
- **Marca Definida** → **Registro da Marca**

Curiosidades

Um Símbolo com Mais de 5.000 Anos de Vida

O nome suástica vem da palavra em sânscrito *svastika*, que significa bem-estar e boa fortuna. As mais antigas suásticas conhecidas datam de 2500 ou 3000 a.C. na Índia e na Ásia Central. Um estudo de 1933 sugere que a suástica migrou da Índia, cruzou a Pérsia e a Ásia Menor até a Grécia, depois para a Itália e em seguida para a Alemanha, provavelmente no primeiro milênio a.C. Costumava-se dizer que as pegadas do Buda eram suásticas. Cobertores dos índios navajos eram tecidos com suásticas. Sinagogas no norte da África, na Palestina e em Hartford, Connecticut, foram construídas com mosaicos de suásticas.

A suástica também se espalhou até os Estados Unidos. A Coca-Cola lançou um pingente de suástica. A cerveja Carlsberg gravou suásticas em suas garrafas. Durante a Primeira Guerra Mundial, a 45ª Divisão de Infantaria americana usava uma suástica na cor laranja como um emblema no ombro.

O Partido Nazista não se apossou dela até por volta de 1920. Em seu livro *Mein Kampf*, Hitler, que tinha aspirações artísticas tanto quanto políticas, descreveu "sua luta para encontrar o símbolo perfeito para o partido". Ele se entreteu com a ideia de usar as suásticas. Mas foi Friedrich Krohn, um dentista de Starnberg, quem desenhou a bandeira com a suástica na cor preta em seu centro. "A maior contribuição de Hitler", escreve Heller, "foi inverter a direção da suástica" para que ela parecesse girar no sentido horário.

Em 1946, sua exibição pública foi proibida constitucionalmente na Alemanha. Nos Estados Unidos, nunca houve uma lei que proibisse a exibição de suásticas, mas a aversão ainda persiste.

Na Índia e em outras partes da Ásia, ela não possui nenhuma das conotações que tem no Ocidente. Na Índia, há o sabão Suástica; na Malásia, um estúdio fotográfico Suástica; no Japão, há *cards* de Pokémon que possuem o *manji*, as suásticas anti-horárias; na China, a seita Falun Gong usa as suásticas anti-horárias como seu emblema.[20]

Explore mais no site: www.historianet.com.br/main/conteudos.asp?conteudo=219

QUESTÕES PARA REVISÃO E DISCUSSÃO

1. Quais são os significados da marca? Escolha a marca de uma agência de publicidade. Analise o significado dela.
2. Por que o posicionamento de uma marca é importante? Que posicionamento você daria a uma agência que queira se especializar no segmento imobiliário?
3. Procure o logotipo da H. Stern. Analise-o sob o aspecto da eficiência visual.
4. A Tim utiliza o *slogan* "Viver sem fronteiras". Analise-o.
5. Por que é importante registrar uma marca?
6. Pense que você está abrindo uma agência de publicidade. Crie uma marca e justifique.

---

20 Texto adaptado do original. BOXER, Sara. É uma questão simples: a suástica pode ser redimida? *The NY Times*. 9/7/2000. In: *www.historianet.com.br/main/conteudos.asp?conteudo=219*

Os sites relacionados abaixo possuem curiosidades a respeito de marcas. Explore-os.

http://www.fundep.ufmg.br/fundep/marca_fundep/manual-identidade_versao SITE.pdf

www.inpi.gov.br/

http://www.cardesign.com.br/historia_das_marcas.asp

www.embalagemmarca.com.br/

www.registro.gov.br

www.heraldica.com.br

Capítulo 2

Estrutura de uma Agência

Objetivos

Ao término do capítulo, o leitor deverá ser capaz de:

- Identificar o perfil de cada cargo em uma agência de publicidade.
- Reconhecer as atividades de cada setor da agência.
- Agrupar os cargos afins, para acúmulo de funções.
- Desenhar um organograma de acordo com suas necessidades.

Esquema

Estrutura Organizacional
Perfil, Cargos e Funções
    Perfil do Planejamento e Atendimento
- Funções do Planejamento
- Funções do Atendimento

    Perfil do Mídia
- Funções do Mídia

    Perfil da Criação
- Funções do Redator
- Funções do Diretor de Arte

    Perfil do Produtor Gráfico
- Funções do Produtor Gráfico
- Perfil do Produtor de RTVC
- Funções do Produtor de RTVC

Outras Funções

"Convivo com a publicidade desde 1981, quando criei a Fischer, Justus. Durante todos esses anos, vi muita coisa acontecer, principalmente o estilo da 'ego agência' morrer. Aprendi a estimular talentos, conhecer as pessoas e extrair aquilo que elas têm de melhor. Nós dependemos das pessoas, do entusiasmo que elas têm, e cabe a nós, dirigentes das agências, como primordial atributo, incentivá-las sempre.

Desde 1997 dirijo o Grupo NewcommBates. Em seu segundo ano de existência, ele deixou sua marca na história da propaganda brasileira, quando registrou crescimento recorde de 800% em seu faturamento. Hoje temos um faturamento de 480 milhões de dólares e empregamos mais de 190 pessoas."

Roberto Justus
Diretor do Grupo
NewcommBates

ESTRUTURA DE UMA AGÊNCIA

Se você é formado em administração de empresas como Roberto Justus e quer entrar no negócio da propaganda, não desista se não souber desenhar. Não se preocupe. Você possui vários recursos para isso, além do que, poderá contratar pessoas que se dedicarão à área de criação exclusivamente. No entanto, rabiscar um desenho qualquer um faz. Pegue um lápis e um papel e comece desenhando um organograma. Esse é o próximo passo para você estruturar sua agência e este capítulo o auxiliará. Para isso, precisa conhecer as áreas básicas de uma agência de publicidade: planejamento, atendimento, criação, mídia e produção. Outro passo é conhecer o perfil de cada profissional necessário a cada área, assim como as atividades que ele irá desempenhar.

A ESTRUTURA ORGANIZACIONAL

Os procedimentos para abertura de uma empresa seguem uma sequência lógica: o planejamento estratégico, a criação da marca e a organização da empresa, o que abordaremos agora.

Organização é o processo de dispor pessoas e outros recursos para realizar tarefas a serviço de um propósito comum. A organização só é possível se houver um planejamento, a fim de executá-lo adequadamente. As pessoas precisam saber o que irão fazer e quais responsabilidades lhes competem. O modo pelo qual as várias partes de uma organização são ajustadas é denominado estrutura. Portanto, a estrutura organizacional é o sistema de redes de tarefas, relações de quem se reporta a quem e as comunicações que inter-relacionam o trabalho de indivíduos ou grupos.[1] Em outros termos, a estrutura organizacional define a autoridade, as responsabilidades das pessoas e a comunicação entre elas.

A autoridade refere-se à hierarquia, ou seja, a definição de quem tem qual poder de decisão na empresa, enquanto as responsabilidades são as obrigações, funções, papéis ou tarefas das pessoas ou grupos de trabalho. Tanto a hierarquia como as responsabilidades são agrupadas em unidades de trabalhos chamadas cargos e departamentos. A melhor forma de compreender a estrutura organizacional de uma empresa é representá-la por um desenho gráfico chamado organograma.

A hierarquia é demonstrada pelos diversos níveis no desenho e a comunicação entre os departamentos é feita pelas linhas que os unem.

> A Estrutura Organizacional define a hierarquia, as responsabilidades e a comunicação entre as pessoas.
> É representada por um desenho gráfico denominado organograma.

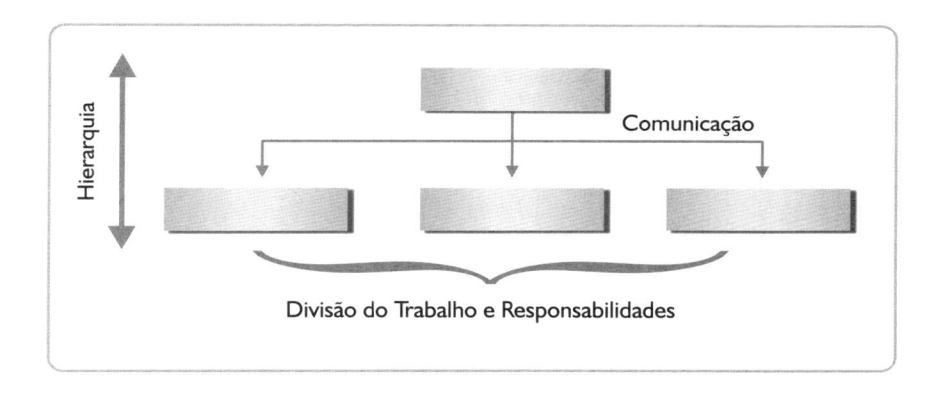

Figura 2.1 Informações constantes de um organograma.

Adaptação do original MAXIMILIANO, Antonio C.A. *Introdução à administração*. 5ª ed. São Paulo: Atlas, 2000, p. 267.

As empresas, quando abertas, possuem alguns funcionários e os sócios-proprietários. Cada funcionário desempenha mais de uma tarefa sob o comando dos proprietários, que se envolvem em todos os aspectos da empresa. Nesse estágio, a organização da empresa é simples e, frequentemente, é feita de modo informal.

Quando a empresa inicia o processo de crescimento e, como consequência, de contratação de pessoas, é necessário reorganizá-la. Nessa fase, os sócios que estavam envolvidos em todas as funções da organização passam agora a ter uma função mais administrativa e menos operacional. É preciso estruturar a organização, agora formalmente.

Existem vários tipos de estrutura organizacional. Entre as chamadas estruturas tradicionais encontram-se as estruturas funcionais, divisionais, matriciais e por células.

Nas **estruturas funcionais** as pessoas são agrupadas por habilidades semelhantes, que compartilham especialidades, interesses e responsabilidades técnicas.

---

[1] SCHERMERHORN, John R. Jr. *Administração*. 5ª ed. Rio de Janeiro: LTC, 1999, p. 152.

A Figura 2.2 mostra os departamentos funcionais mais comuns em um negócio, como o departamento de finanças, atendimento, criação, mídia e produção.

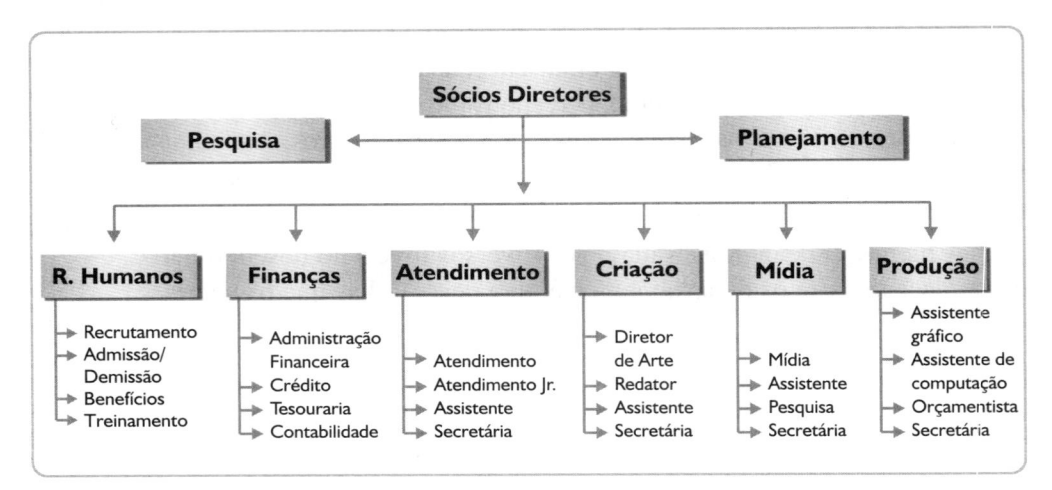

```
                          Sócios Diretores
        Pesquisa ◄──────────────┼──────────────► Planejamento
                                │
   ┌──────────┬──────────┬──────┴──────┬──────────┬──────────┐
R. Humanos  Finanças  Atendimento   Criação     Mídia      Produção

→ Recrutamento  → Administração   → Atendimento   → Diretor      → Mídia        → Assistente
→ Admissão/        Financeira    → Atendimento Jr.  de Arte     → Assistente      gráfico
  Demissão      → Crédito        → Assistente    → Redator      → Pesquisa     → Assistente de
→ Benefícios    → Tesouraria     → Secretária    → Assistente   → Secretária     computação
→ Treinamento   → Contabilidade                  → Secretária                  → Orçamentista
                                                                               → Secretária
```

Figura 2.2 Estrutura organizacional funcional de uma agência de propaganda.

As estruturas funcionais são comuns em organizações pequenas que trabalham com um ou poucos produtos ou serviços. As principais vantagens[2] de se adotar a estrutura funcional são:

- Boa coordenação interdepartamental e uso eficiente de recursos;
- atribuições de tarefas compatíveis com o treinamento técnico (mídia, criação);
- treinamento profundo e desenvolvimento de habilidades dentro das funções;
- caminhos de carreira claros dentro das funções.

As **estruturas divisionais** agrupam pessoas com diferentes tarefas e habilidades, que trabalham no mesmo produto, servem a clientes semelhantes e/ou operam na mesma região geográfica. As estruturas divisionais por produto agrupam funções e atividades trabalhando um produto único ou serviço; as divisionais por clientes agrupam clientes de portes diferentes; e as divisionais por região geográfica reúnem as atividades por local.

A estrutura organizacional divisional por cliente e por região geográfica pode ser adotada por uma agência de propaganda, como mostra o exemplo.

As estruturas divisionais são comuns entre as organizações que trabalham com diversos produtos, vários territórios e clientes. Suas principais vantagens são:[3]

- maior flexibilidade nas respostas às mudanças ambientais;
- coordenação melhorada entre departamentos funcionais;

---

2 SCHERMERHORN, John R. Jr. *Administração*. 5ª ed. Rio de Janeiro: LTC, 1999, p. 154.

3 Idem. Ibidem.

- pontos claros de responsabilidade pela entrega do produto ou serviço;
- especialidade concentrada em clientes, produtos e regiões específicos;
- facilidade de crescer ou reduzir em tamanhos, pela adição ou eliminação de divisões.

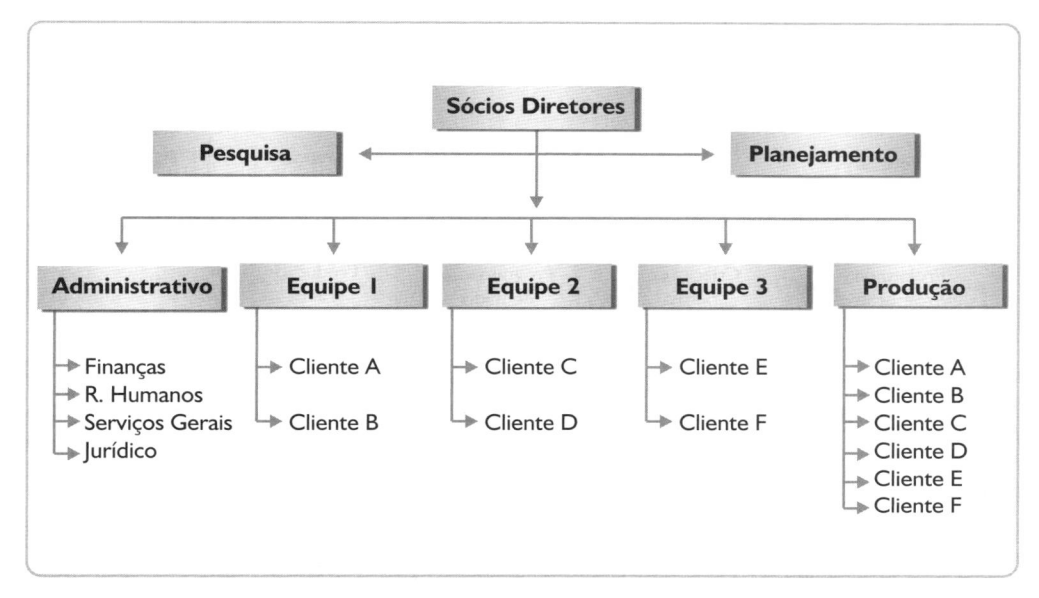

Figura 2.3 Estrutura organizacional por cliente/região de uma agência de propaganda.

A terceira forma de estrutura organizacional é a **estrutura matricial**. Ela agrupa equipes multifuncionais permanentes para misturar as forças técnicas de estruturas funcionais com o potencial integrador das estruturas divisionais.[4] Os funcionários em uma estrutura matricial pertencem a dois ou mais grupos de trabalho e, por consequência, respondem a dois comandos diferentes. É conhecida como a estrutura de "dois chefes".

Suas principais vantagens são:[5]
- maior flexibilidade interfuncional: diferentes contribuições para um objetivo específico;
- flexibilidade: permite acrescentar, eliminar ou alterar o foco da organização;
- serviços ao cliente: sempre haverá uma pessoa para atender os clientes;
- melhor identificação de custos por projetos;
- tomada de decisão aperfeiçoada: as tomadas de decisão e a solução de problemas são empurradas para o nível das equipes, em que as informações são mais refinadas;
- estratégia gerencial aperfeiçoada: libera os gerentes de topo das decisões de rotina, possibilitando-lhes dedicar mais tempo à gerência mais estratégica.

---

4 Idem. Ibidem.

5 Idem. Ibidem.

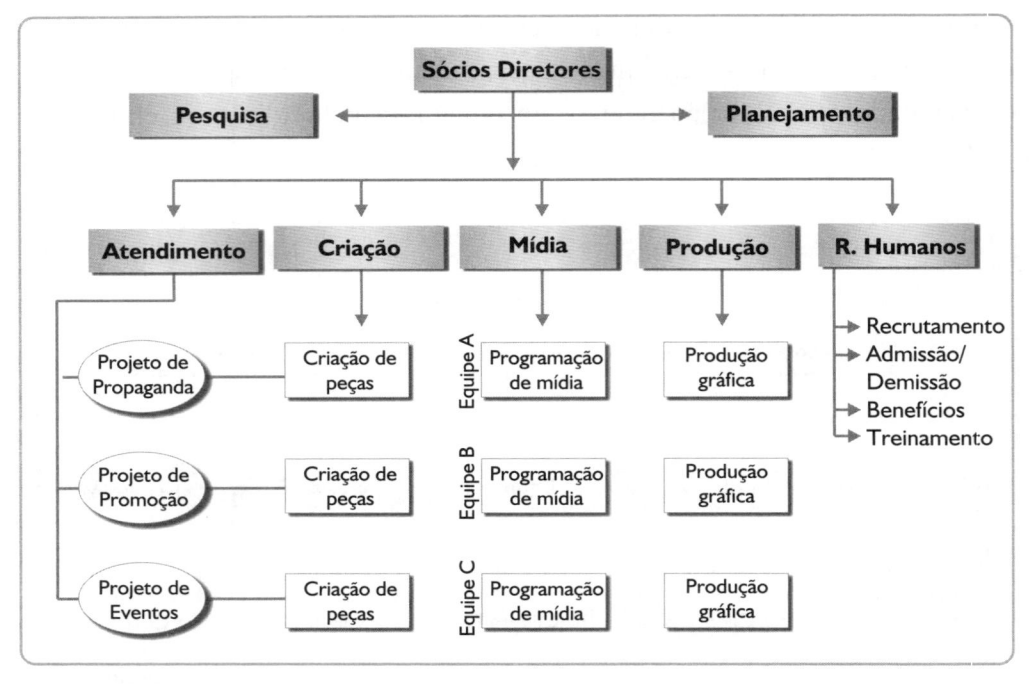

Figura 2.4 Estrutura organizacional matricial.

A necessidade de as organizações obterem mais produtividade e vantagens competitivas está levando as empresas a adotar uma nova estrutura. É a chamada estrutura de equipe ou estrutura por células de trabalho.

> **Principais vantagens da Estrutura por Células:**
> - Mais produtividade
> - Maior integração entre os departamentos
> - Mais criatividade
> - Opções de estratégias
> - Melhores resultados

As **estruturas por células** são criadas para aperfeiçoar as relações laterais e resolver os problemas da organização. Esse tipo de estrutura também vem sendo adotado pelas agências de propaganda. Funcionários de diferentes departamentos (planejamento, atendimento, pesquisa, criação e mídia) trabalham juntos no desenvolvimento de campanhas para alcançar o máximo de impacto nos consumidores, na satisfação de seus clientes anunciantes, na qualidade de seus serviços e na produtividade. O objetivo da estrutura por células é explorar os potenciais intelectuais de todos os funcionários envolvidos no processo, permitindo que as pessoas compartilhem conhecimentos e experiências para ganhar vantagens competitivas. Sob a orientação de um líder (planejamento ou atendimento), as células desenvolvem o trabalho com ênfase no consenso e na tomada de decisão do grupo.

A estrutura por células tem a vantagem de quebrar barreiras entre os departamentos, além de ajudar a elevar o moral, pois as pessoas de diferentes setores da empresa passam a se conhecer melhor e saber mais sobre as responsabilidades de trabalho de cada uma. Como as equipes concentram suas especialidades e conhecimento em problemas específicos, elas podem aumentar a rapidez e a qualidade das decisões em muitas situações.[6]

---

6 Idem. Ibidem.

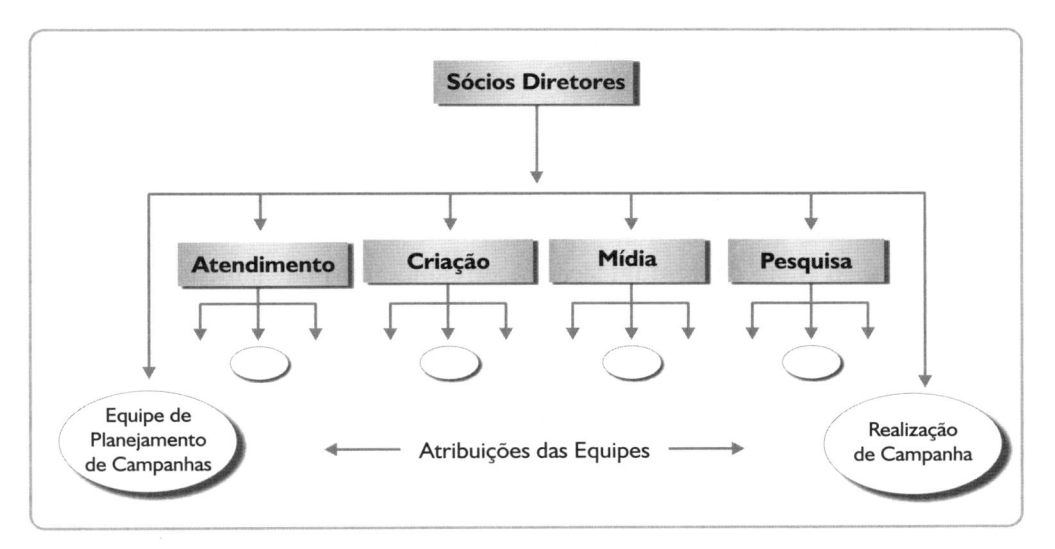

Figura 2.5 Estrutura organizacional por células.

Esse tipo de integração exige que os funcionários que participam das células despendam muito de seu tempo em reuniões. Nelas as diretrizes de uma campanha são traçadas.

Perfil, Cargos e Funções

A contratação de pessoas para a ocupação de cargos em uma agência de publicidade exige conhecimento prévio do perfil requerido e das funções a serem desempenhadas pelo futuro funcionário. Nesta parte do capítulo, o leitor terá a oportunidade de conhecer essas variáveis, inclusive para definir quais atividades serão de sua responsabilidade e quais serão as atividades de seu sócio.

Perfil do Planejamento e do Atendimento

Embora possuam funções diferentes, tanto o planejamento quanto o atendimento possuem atividades correlacionadas e um perfil semelhante. As diferenças entre ambas serão percebidas no decorrer do texto.

O termo planejamento é bastante amplo e, por esse motivo, merece alguns esclarecimentos. Para Júlio Ribeiro,[7] um bom planejamento se faz em três etapas: *Primeiro a gente se apropria da realidade; segun-*

> **Planejamento**
> É algo que fazemos antes de agir, antes de tomar uma decisão, visando atingir um objetivo. É, portanto, um processo de decidir o que fazer e como fazer, antes de fazer.

---

7 BENETTI, Edison. Mídia. In: RIBEIRO, Júlio et al. *Tudo que você queria saber sobre propaganda e ninguém teve paciência para explicar.* 3ª ed. São Paulo: Atlas, 1989, p. 22.

do, monta-se o problema; e, finalmente, se pensa em como solucioná-lo. Essa é uma forma bastante simplista, mas eficiente, de traduzir os velhos conceitos do termo planejamento.

Planejamento é algo que rege as ações; é o que fazemos antes de agir, antes de tomar uma decisão, visando atingir um objetivo. É, portanto, um processo de decidir o que fazer e como fazer, antes de fazer.[8]

Em uma agência de comunicação, a atividade do planejamento é exercida pelo diretor de planejamento. É ele quem vai planejar as campanhas dos anunciantes. Para tanto, o perfil desse profissional deve ser o de uma pessoa arrojada, empreendedora, com visão ampla de mercado e que tenha vivenciado todas as áreas de uma agência de comunicação, além de ter trabalhado do outro lado da mesa, ou seja, ter sido anunciante.

Em muitas agências, a atividade de um planejador é compartilhada com o profissional de atendimento. Ambos devem possuir a característica de liderança associada ao bom relacionamento.

O bom relacionamento, embora seja uma característica intrínseca, deve ser construído passo a passo para gerar confiança, credibilidade e fidelização. Estabelecer um relacionamento[9] é um pouco como sair para um encontro. Imagine encontrar alguém pela primeira vez e de imediato receber um formulário de páginas contendo todo tipo de pergunta. Quais são as chances de você querer sair com essa pessoa novamente? Para Brondmo,[10] ao construir um relacionamento com uma pessoa, ou mesmo com um cliente novo potencial, você deve ter em mente algumas diretrizes: *você não é o melhor amigo dele...* Não espere que ele lhe conte tudo nem tente contar toda sua experiência de vida no primeiro encontro; *seja breve...* Se você falar demais, vai inibir seu cliente, afinal, é ele o centro das atenções; *escute...* Já dizia um sábio filósofo: Deus nos deu dois ouvidos e uma boca, portanto...; *mostre um valor imediato...* Mas cuidado! Não queira dar soluções imediatas. Seu cliente já as pode ter tentado sem sucesso. Contar alguns pequenos fracassos faz parte da experiência de vida; *mostre a ele que você os escutou...* Ao fazer uma proposta, certifique-se de ter refinado as informações recebidas. Explique que o que você está fazendo, tem como base a informação que lhe foi dada. Essas diretrizes auxiliam a estabelecer uma base sólida para os próximos contatos.

Tanto o profissional de planejamento quanto o de atendimento precisam ter em mente que cada cliente e cada campanha precisam de tratamentos individualizados. Cada caso é único, com objetivos distintos e com situações de mercado diferentes. Portanto, conhecer o perfil do cliente e da empresa é condição *sine qua non* para esses profissionais.

---

8 ACKOFF, Russell L. *Planejamento empresarial.* Rio de Janeiro: LTC, 1982, p. 2.
9 BRONDMO, Hans Peter. *Fidelização:* como conquistar e manter clientes na era da Internet. São Paulo: Futura, 2001, p. 126.
10 Idem. Ibidem. p. 127.

Funções do Planejamento

Embora esteja explícito no termo, o profissional de planejamento planeja! Mas planeja o quê? No nosso caso, a campanha de comunicação dos clientes.

Muitos executivos ainda acreditam que planejar uma campanha de comunicação é função do departamento de criação. Isso foi uma verdade em épocas passadas, em que a grande preocupação era a realização de uma campanha bonita, sobre a qual as pessoas teciam comentários. Hoje a realidade é diferente. Criar uma campanha linda pode não resolver os problemas dos clientes. Uma campanha bonita é aquela que atende aos objetivos da empresa anunciante e é justamente o planejamento, em conjunto com o atendimento, que tem a função e, por que não?, a obrigatoriedade de conhecer os objetivos dos clientes. Mas que objetivos são esses?

> **Planejamento** dá as diretrizes da campanha, assim como divide a verba para a produção e a mídia.

Uma empresa possui vários objetivos. Os objetivos globais determinam os caminhos da empresa como um todo. Deles derivam-se os objetivos departamentais: de finanças, recursos humanos, marketing etc. É neste ponto que vamos nos deter: no departamento de marketing.

Conhecendo-se claramente os objetivos de marketing do cliente, será possível definir os objetivos de comunicação e, por consequência, os da campanha.

Em muitos casos, os objetivos de comunicação são definidos pelo cliente e, nesse caso, o planejamento deverá traçar os objetivos da campanha. Veja o Quadro 2.1 a seguir.

Para um leigo no assunto, os objetivos de comunicação e os da campanha são os mesmos. São os objetivos da campanha que ditarão as diretrizes para o planejamento, atendimento e, por consequência, a criação e para a mídia.

Devemos lembrar que planejar não é tarefa para uma única pessoa. É uma tarefa de equipe. Por isso, planejar uma campanha requer esforço conjunto do pessoal da criação, da mídia, do atendimento e da pesquisa, coordenados e orientados pelo planejador.

Em conjunto com essa equipe, o planejador ainda fará a divisão da verba de comunicação do cliente destinada à campanha. Ele definirá os porcentuais que serão investidos na mídia e os que serão investidos na produção do material. Por exemplo, se determinado cliente possui uma verba de $ 50.000.000,00, a equipe definirá que 90% dela ($ 45.000.000,00) irá para a mídia e os 10% restantes ($ 5.000.000,00) irão para a produção. Essa divisão de verba dependerá das necessidades do cliente/produto e do planejamento da campanha.

Funções do Atendimento

O atendimento em uma agência de comunicação é o elo entre a agência e o cliente anunciante. Sua função básica é desenvolver um trabalho pautado no processo de liderança e na tomada de decisão com uma visão profissional e técnica do mercado e do meio publicitário. Para ter bom atendimento, é preciso ser profundo

Quadro 2.1 Objetivos de comunicação e da campanha.

Objetivos de Marketing	Objetivos de Comunicação (definidos pela empresa anunciante)	Objetivos da Campanha (definidos pela agência)
Aumentar a participação do produto no mercado em x%.	Fazer com que o consumidor mude de outras marcas para a nossa marca.	Mostrar os pontos positivos e diferenciais perante a concorrência.
Aumentar em y% os pontos de venda da empresa.	Divulgar os novos pontos de venda.	Levar o consumidor aos novos pontos de venda.
Neutralizar a concorrência.	Combater os argumentos da concorrência.	Comprovar que o anunciante é melhor.
Posicionar o produto como o melhor do mercado.	Incutir informações ou atitudes que destaquem os benefícios e qualidades superiores da marca.	Fazer com que o consumidor tenha sempre a marca do produto em sua mente.
Conquistar z% do mercado nordestino.	Conquistar a compreensão entre distribuidores, vendedores e pessoal de vendas do varejo.	Mostrar quem é a empresa e como age.
Introduzir o produto no mercado internacional em um ano.	Criar o conhecimento do produto e fixar a marca.	Criar identidade com o novo produto.

conhecedor das técnicas de comunicação e saber como, quando e onde aplicá-las. É preciso possuir amplo conhecimento do mercado em que seus clientes atuam, assim como as empresas de seus clientes. O que uma empresa anunciante espera de uma agência deve ser percebido, entendido e incorporado pelo atendimento. Ele é, segundo Longo,[11] uma espécie de *Thinker, Doer* e *Follow-upper*. *(Thinker*: um ser que tem a capacidade de pensar, planejar, decidir, tomar decisões e criar soluções; *Doer*: tem de ser capaz de fazer as coisas acontecerem; e *Follow-upper*: deve ser capaz de administrar, controlar e revisar).

A relação a seguir permitirá uma boa noção das tarefas do profissional de atendimento:

1. Levantar o *briefing* (informações necessárias para realização da campanha) com o anunciante.
2. Aprofundar seus conhecimentos sobre o mercado de atuação, sobre a empresa do cliente e seus concorrentes, incluindo a área de comunicação.
3. Redigir o *briefing* e checá-lo com o cliente para evitar confusões e erros.

---

11 LONGO, Walter. Agir como Agência, pensar como cliente. In: BENETTI, Edison. Mídia. In: RIBEIRO, Júlio et al. *Tudo que você queria saber sobre propaganda e ninguém teve paciência para explicar*. 3ª ed. São Paulo: Atlas, 1989. p. 320.

4. Convocar a equipe de planejamento para discussões e tomadas de decisão sobre os rumos da campanha (reunião de planejamento).
5. Abrir o Pedido Interno de Trabalho (PIT), direcionado às áreas competentes (criação, mídia, produção).
6. Registrar as decisões por meio de relatórios (relatórios de visitas).
7. Acompanhar os trabalhos de criação, mídia e produção, zelando pela qualidade e pelos custos.
8. Avaliar o trabalho antes de levá-lo ao cliente, ouvindo as defesas dos setores envolvidos e comparando-as com os objetivos do cliente.
9. Apresentar a campanha para o cliente, fundamentada nas informações deste, nas pesquisas realizadas e nas oportunidades do mercado.
10. Agilizar os trâmites burocráticos envolvidos na aprovação da campanha.

Quando uma agência conquista um cliente novo, é necessário fazer um levantamento de informações mais apurado, ou seja, fazer um *briefing* completo. Quando o anunciante já é cliente da agência, um *briefing* mais simples pode resolver o problema. Veja os Quadros 2.2 e 2.3 a seguir.

Quadro 2.2 *Briefing* completo.

1. Fato principal
   O que deve ser feito?
2. Problemas que devem ser resolvidos
   O que o anunciante espera da agência?
3. Empresa e seus produtos
   Histórico, linhas de produtos, ciclo de vida, características, diferenciais, frequência de uso, imagem de marca.
4. A força de vendas e a distribuição dos produtos
   Número de vendedores, região de atuação, preços praticados, tipo de estabelecimentos em que se encontra o produto.
5. Concorrentes: como o produto é exposto no ponto de venda.
6. O mercado
   A evolução e o share de mercado devem ser estudados quanto à empresa e quanto ao produto.
7. O consumidor e o público-alvo
   Quem é o consumidor do produto e quem é o público-alvo?
8. A comunicação e a pesquisa
   Campanhas publicitárias e pesquisas realizadas.
9. Objetivos de mercado
   Quanto se pretende crescer?
10. Objetivo de comunicação
    Posicionamento ou manutenção de marca? Informação? Outros?
11. Meios recomendados
    Revista, jornal, TV?
12. Obrigatoriedades e limitações impostas por leis ou pelo cliente.
    Algo que deva ser dito? Algo que não deva ser mencionado?
13. Compromissos do cliente: painéis, luminosos, patrocínio etc.
14. Eventuais problemas ou falta de informações.
15. Período de veiculação.
16. Verba

Quadro 2.3 *Briefing* prático.

1. Fato principal
   O que deve ser feito?
2. Problemas que devem ser resolvidos
   O que o anunciante espera da agência?
3. Público-alvo
4. Concorrência
   Ações da concorrência
5. Objetivos
   De mercado e de comunicação
6. Tema
   O cliente sugere algum tema?
7. Obrigatoriedades e limitações
   Algo que deva ser dito? Algo que não deva ser mencionado?
8. Compromissos do cliente
   O cliente possui painéis fixos ou algum patrocínio?
9. Período de veiculação
10. Verba

Perfil do Mídia

Antes de iniciarmos a descrição do perfil do mídia, dois termos utilizados no meio publicitário precisam ser esclarecidos: mídia e veículo.

Segundo Benetti[12], mídia é o plural da palavra *medium*, que em latim significa *meio*. Os americanos, que inventaram quase tudo nesse negócio de marketing e comunicação, a adotaram, porém, pronunciada à inglesa, e nós, brasileiros, adaptamos a grafia ao som e de *media* obtivemos *mídia*.

Enquanto o *meio* se refere aos meios de comunicação, como televisão, rádio, revistas, jornais etc.; o *veículo* se refere ao nome específico do meio, tal como *TV Globo, Rádio Bandeirantes, Veja, O Estado de S. Paulo* etc.

Mídia, além de significar o meio de comunicação, tem vários outros significados. Por vezes o leitor encontrará o termo "mídia", precedido do artigo "o": *o mídia*. Nesse caso, estaremos nos referindo ao profissional de mídia; outras vezes, aparecerá *a mídia*: a programação dos meios e veículos; poderá ainda aparecer sob a mesma forma, *a mídia*: designando o setor ou o departamento, "a mídia se encarregará de enviar o material para a gráfica".

O cargo de mídia em uma agência se assemelha muito ao de um administrador, na medida em que o mídia é responsável pelo planejamento e pela distribuição da verba do cliente nos veículos de comunicação.

O profissional de mídia deve ter familiaridade com as ciências humanas e exatas. As ciências humanas voltam-se ao estudo do comportamento do ser humano. Assim, o mídia precisará conhecer qual o comportamento do público de seu cliente ou produto para relacioná-los com o público-alvo do veículo que está sendo analisado. Ele deve garantir que a mensagem chegará ao veículo que seu público adota.

Ter familiaridade com as ciências exatas não significa gostar de matemática pura, como a álgebra ou a geometria. Essa familiaridade se prende ao raciocínio lógico e à matemática elementar. Ela será usada no processamento de cálculos como, por exemplo, custo por mil, ou seja, quanto custa um anúncio para cada mil pessoas; ou, ainda, cálculos de audiência líquida. Para que você possa entender melhor, audiência líquida é o total de pessoas diferentes que se consegue atingir quando se considera a audiência de vários veículos, após eliminar-se a superposição, ou seja, elimina-se as diversas vezes que o telespectador viu ou ouviu a mensagem, considerando-se apenas uma vez. Geralmente é expressa em porcentagens.

Vale ressaltar aqui que as atividades do mídia acompanharam as evoluções tecnológicas ocorridas nos últimos tempos em função das múltiplas alternativas que surgiram no mercado. Assim, a missão tradicional do mídia, que trabalhava

---

12 BENETTI, Edison. Mídia. In: RIBEIRO, Júlio et al. *Tudo que você queria saber sobre propaganda e ninguém teve paciência para explicar*. 3ª ed. São Paulo: Atlas, 1989, p. 185.

apenas com informações quantitativas, calculando e cruzando dados, está dando lugar a uma missão mais contemporânea que, além de examinar os dados quantitativos, analisa, também, o perfil psicográfico do consumidor.

Enquanto a missão tradicional do mídia possui como único foco dados quantitativos (um cruzamento de dados referentes à audiência de programas, número de vezes que o comercial vai para o ar, número de telespectadores que estarão assistindo, custos dos veículos, entre outros), a missão contemporânea alia esses dados aos padrões comportamentais, com bases em hábitos e atitudes do público-alvo. A escolha dos veículos torna-se mais seletiva e direcionada. Hoje, é impossível preconceituar os meios e os veículos de comunicação. Quem define a relação é o consumidor. O adolescente possivelmente conceituará a Internet, por exemplo, como canal convencional de comunicação, já que sua utilização está plenamente integrada a seu comportamento.[13]

Outra característica do mídia é ser criativo. A criatividade implica, nesse caso, ter habilidades de detectar as oportunidades perante o produto em estudo.

Funções do Mídia

O marketing tem como objetivo fundamental tornar acessível o produto para determinado universo consumidor potencial, e o mídia tem como função básica tornar acessível a mensagem comercial publicitária a esse mesmo público.[14]

A ferramenta vital de trabalho do mídia é a informação. Assim como o planejamento de comunicação requer um levantamento de informações denominado *briefing*, o planejamento de mídia também requer um. Ele não precisa ser diferente do **briefing** inicial fornecido pelo anunciante. É muito comum encontrar autores que descrevam o que um *briefing* de mídia deve conter. Ora, o *briefing* fornecido pelo anunciante deve ser completo e, se não for, caberá ao atendimento da agência levantar as informações de que necessita para a realização de uma boa campanha. Esse *briefing* completo deve ser obrigatoriamente de conhecimento de todos os envolvidos no processo, desde o atendimento até o produtor gráfico, passando pela criação e pela mídia.

Conforme citamos nas funções do atendimento, quando o *briefing* chega à agência, uma reunião de planejamento é solicitada pelo atendimento. Fazem parte dessa reunião o próprio atendimento, o planejamento, a criação e a mídia, para que os rumos da campanha sejam definidos de forma comum a todos. A tarefa do mídia agora é planejar.

---

13 FRAZÃO Neto, Ângelo. Mídia. Função básica. In: PREDEBON, José (organizador). *Propaganda*: profissionais ensinam como se faz. São Paulo: Atlas, 2000, p. 17.

14 Idem. Ibidem.

Planejamento de mídia

O planejamento de mídia tem como proposta desenvolver estratégias envolvendo os diversos veículos de comunicação, justificando a programação de mídia para determinado produto ou marca. Deve contemplar as diretrizes da campanha, assim como as recomendações devidamente justificadas e embasadas em dados demográficos, potencial de consumo, concorrência, nos hábitos e costumes do público-alvo envolvido, nos estudos de penetração dos meios de comunicação, além de demonstrar a relação custo-benefício obtida.

Não há um modelo básico a ser seguido, no entanto, recomenda-se que o planejamento compreenda alguns itens:

1. Informações Básicas

1.1 Análises quantitativas[15]

a) **Penetração dos meios:** define o grau de intensidade de consumo dos veículos de comunicação pela população e por um público específico.

Conhecer a penetração dos meios nos mercados em que se pretende atuar orientará o mídia quanto à audiência, à frequência e à cobertura que deverão ser obtidas em um determinado veículo no período em que a campanha estiver no ar. O Instituto Marplan fornece esses dados.

b) **Atividades da concorrência:** o Ibope Monitor auxiliará o mídia no levantamento de informações, como, por exemplo, os investimentos realizados pelas empresas (que eventualmente podem ser seus concorrentes) nos principais mercados brasileiros. Esses investimentos têm como base a tabela de preço dos veículos, considerando-se a ética da privacidade nas negociações. Deixa claro, porém, a preferência das mídias dos anunciantes, assim como as estratégias de utilização dos meios por mercado.

c) **Cobertura eficaz:** a cobertura eficaz compreende a intensidade de mídia adequada, rentável e necessária para a marca diante dos objetivos predeterminados, especialmente em relação à intensidade de cobertura do público-alvo e o respectivo número de vezes (frequência) com que as mensagens serão expostas ao público-alvo coberto pela campanha.

d) **Geografia e a definição de mercados:** conhecer geograficamente a região é tão importante quanto conhecer o potencial de desenvolvimento do mercado, da categoria do produto e da marca a ser veiculada. A correlação desses dados identificará a performance do mercado.

> **Frequência:** é o número de vezes que determinada pessoa pode vir a receber a mensagem.
>
> **Cobertura:** é o porcentual de pessoas expostas pelo menos uma vez a uma determinada mensagem publicitária.
>
> **Planejamento de Mídia**
> 1. Informações Básicas
>   - Análises quantitativas
>   - Análises qualitativas
> 2. Objetivos, Estratégias e Táticas
> 3. Execução, Controle e Avaliação

---

15 Idem. Ibidem.

e) **Custos Relativos:** refere-se à relação custo-benefício proporcionada pelos veículos de comunicação. Ela contempla a dimensão do veículo por sua audiência, circulação etc., perante o custo absoluto. Um exemplo utilizado é o Custo Por Mil (CPM).

$$CPM = \frac{\text{custo da mídia} \times 1.000}{\text{total de audiência/circulação no público}}$$

Exemplificando: Um anúncio de uma página 4 cores, em determinada revista, pode custar cerca de $ 50.000,00. Sua tiragem é de 1.500.000 exemplares semanais, portanto, seu custo por mil será:

$$CPM = \frac{50.000,00 \times 1.000}{1.500.000} = \frac{50.000.000}{1.500.000} = \$ 33,33$$

ou seja, cada mil leitores custarão $ 33,33.

Há outros fatores a considerar, tais como perfil do leitor, público-alvo, sobreposição de leitura, adequação ao veículo, entre outros. Só após a análise de todos esses dados, juntamente com as análises qualitativas, será possível afirmar que a escolha desta ou daquela revista é melhor, considerando-se a relação custo-benefício.

1.2 Análises qualitativas[16]

a) **Estrutura geral de mídia**: é fundamental o conhecimento prévio do panorama de disponibilidades dos veículos de comunicação e seu comportamento. Conhecer qual o montante de verba que movimenta esse mercado e em que segmentos é importante, assim como também é fundamental conhecer qual é o bolo publicitário dos meios TV, cinema, rádio, jornal, revista, *outdoor*, Internet, entre outros. Sabemos que só o mercado de TV movimenta mais de 50% (57,8%) de toda verba publicitária destinada à propaganda. Um estudo sobre o mercado publicitário e seu comportamento pode ser encontrado no Mídia Dados, editado pelo Grupo de Mídia de São Paulo ou pela Internet no endereço *www.gm.org.br*. Ele proporcionará uma visão ampla da importância de cada meio, auxiliando nas negociações comerciais. Auxiliará também na flexibilidade de criação de peças de formatos diferentes e inovadores, por vezes limitados pelos próprios veículos.

> Ibope Monitor e Grupo de Mídia são duas importantes ferramentas de trabalho para o profissional de mídia.

b) **Análise dos meios de comunicação**: conhecer e analisar os meios de comunicação possibilitam a adequação correta do produto ou marca ao veículo. Veja Quadro 2.4. A análise deve ser desenvolvida com base nos objetivos mercadológicos do produto ou marca a serem veiculados, e as conclusões devem ser associadas aos padrões de rentabilidade. Esse procedimento proporcionará maior domínio sobre as possibilidades técnicas dos meios.

---

16 Idem. Ibidem.

Quadro 2.4 Características dos meios de comunicação.

Meios	Vantagens	Desvantagens	Oportunidades	Ameaças
Televisão	Som, imagem, movimento	Cobertura de massa	Pequenas e seletivas audiências	Variação da audiência
	Fascínio, dinamismo, emoção	Dispersão, baixa seletividade	*Fringe time* (madrugada, manhã)	Alteração da programação
	Flexibilidade geográfica	Inflexibilidade operacional	Transmissões comerciais, eventos	Antecedência da reserva de espaço
	Adequação editorial, horário	Secundagem padronizada	Publicidade virtual, 3D, digital	Competição: qualidade editorial
Rádio	Som, imaginação e emoção	Cobertura geográfica	Transmissões especiais comerciais	Baixa renovação da audiência
	Voltado para a comunidade	Controle da veiculação	Rádio, transmissão digital	Semelhança de programação
	Flexibilidade comercial, agilidade	Fragmentação da audiência	Horários: madrugada, fins de semana	Interesses econômicos diversos
	Força dos comunicadores	Frequência, rotatividade	Som ambiental, autos, transistores	Emissoras e transmissões piratas
Jornal	Envolvimento racional	Cobertura localizada	Ampliação, circulação, segmentos	CPM elevado
	Fidelidade de leitura	Problemas de impressão	Suplementos comerciais especiais	Competição pelo conteúdo
	Flexibilidade comercial	Circulação reduzida, restrita	Reprodução – evolução tecnológica	Instantaneidade da informação
	Encartes, cores, insertes	Reprodução de imagens	Comunicação dirigida, personalizada	Custo matéria-prima, papel
Revista	Cobertura geográfica, nacional	Inflexibilidade operacional	Cadernos, suplementos especiais	Competição pelo conteúdo
	Qualidade gráfica, impressão	Periodicidade, prazos	Repartes regionais, editoriais e públicos	Velocidade da informação
	Possibilidades regionais	Desconhecimento editorial	Adequação, ambientação editorial	Equilíbrio: custo relativo e absoluto
	Encartes, insertes, promoção	Lenta cobertura do universo do leitor	Ações promocionais, institucionais	Custo matéria-prima
Internet	Agilidade/ Tempo real	Falta de credibilidade	Demonstração de tecnologia	Marketing viral inadequado
	Uso de diferentes linguagens (visual, textos, sons, animação etc.)	Possibilidade de denegrir imagem das empresas	Ações promocionais	Anti-Spam
	Busca dirigida	Difícil segmentação	Download	Bloqueio de site
	Espaço ilimitado	Privacidade questionada	Integração com o consumidor	Vírus

Fonte: PREDEBON, J. *Propaganda*: profissionais ensinam como se faz. São Paulo: Atlas, 2000, p. 39.

2. Objetivos, Estratégias e Táticas de Mídia

Para que os objetivos de mídia sejam atingidos, é recomendável que se tenha em mãos os objetivos de marketing do cliente, assim como os objetivos de comunicação.

As decisões importantes[17] que precisam ser tomadas no início do processo de planejamento de mídia incluem o seguinte:

a) a quem devemos destinar nossa mensagem;

b) onde devemos colocá-la;

c) quando devemos veiculá-la;

d) em quais meios/veículos;

e) por quanto tempo;

f) veiculação linear, ondas, concentrada ou pulsação.

A quem devemos destinar nossa mensagem não significa definir o público-alvo, tarefa esta de competência do cliente, mas, sim, encontrar esse público, ou seja, encontrar aqueles que são os compradores mais prováveis.

Onde veicular? A resposta a essa pergunta terá sua origem nos objetivos de marketing e de comunicação do cliente. A partir daí, o profissional de mídia analisará a região em termos demográficos, ou seja, o perfil da população local, seus hábitos e costumes, para então dispor de opções de meios mais apropriados.

Quando anunciar também é uma decisão que depende de informações dos clientes. Se as vendas estão em baixa, se há muito estoque, se é produto inédito, se o produto foi modificado, se a concorrência está anunciando... Essas e outras tantas respostas merecem uma análise criteriosa com o cliente.

O próximo passo é definir os meios, os veículos e a programação de mídia, assim como o período da veiculação. Neste momento é necessário estabelecer qual critério será utilizado, ou seja, se veiculação linear, em ondas, concentrada ou de pulsação. A veiculação linear consiste em uma programação contínua; a veiculação em ondas compreende uma programação contínua em um período "x" seguida de um intervalo sem programação, e assim sucessivamente. Já a programação concentrada, como o próprio nome diz, concentra as inserções de forma maciça em um determinado período, enquanto a pulsação é uma mistura da programação linear com a de ondas.

De posse de todos os dados levantados, o mídia iniciará seu planejamento. Seu objetivo principal é fazer com que a mensagem chegue ao consumidor. É muito importante que se tenha definido, de forma clara, o público a ser atingido. A partir daí, o mídia criará as estratégias e as

> **Decisões importantes em mídia**
> - a quem devemos destinar nossa mensagem
> - onde devemos colocá-la
> - quando devemos veiculá-la
> - em quais meios/veículos
> - por quanto tempo
> - veiculação linear, ondas, concentrada ou pulsação

---

17 SISSORS, Jack Aanville; BUMBA, Lincoln. *Planejamento de mídia*. São Paulo: Nobel, 2001, p. 202.

Emissoras Programas	Horário	1	2	3	4	5	6	7	8	9	10	11	12	13	14	15	...	Total com.	$ unit.	$ Total
		s	t	q	q	s	s	d	s	t	q	q	s	s	d	s	...			
TV Globo																				
Novela I	18h00		x	x	x	x		x	x	x	x	x		x				10	...	......
Jornal Nac.	20h00	x		x		x			x	x								5	...	......
Vale a Pena	14h00		x	x				x	x	x		x						6	...	......
SBT																				
Hebe	22h30	x x						x x						x x				6	...	......
Ratinho	21h30		x	x	x					x	x	x						6	...	......
Record																				
Raul Gil	21h00	x	x	x	x			x	x	x	x			x				9	...	......
Total																		42	$...	$.....

Figura 2.6 Exemplo de programação de mídia.

táticas. O estabelecimento das estratégias nascerá da análise quantitativa e qualitativa do mercado, dos concorrentes, definindo-se "onde", "quanto" e "quando" anunciar. Definidas as estratégias de mídia, parte-se para a definição das táticas: custo por mil, frequência, horários, audiência, custos etc. Não devemos nos esquecer dos projetos especiais. Eles incluem a indicação de patrocínios, eventos, *merchandising* e até a colocação de mensagens em locais que deem visibilidade, tais como painéis, relógios públicos, *busdoor*, entre outros.

3. Execução, Controle e Avaliação

O plano de mídia foi feito e aprovado pelo cliente. Agora é hora de executá-lo. Enquanto a criação em conjunto com a produção produz o material necessário (filme, *spot*, fotolito etc.) para a veiculação, o mídia entrará novamente em contato com os veículos, dessa vez para a efetivação da compra dos espaços na mídia. Finda essa etapa, é preciso enviar o material para os veículos.

A campanha vai para o ar... Sabemos que controlar todas as inserções, na ponta do lápis, demanda tempo e dinheiro. Para isso existem os institutos de verificação. As grandes agências e veículos compram seus serviços e os enviam para seus clientes. Contudo, o controle não deve se restringir aos institutos. Uma verificação aleatória é recomendada. Assim, se, por exemplo, um *outdoor* não foi colocado ou se rasgou nos primeiros dias de veiculação, pode-se e deve-se entrar em contato com o veículo para uma reposição. Esse controle, chamado *checking*, também é de responsabilidade do mídia.

No decorrer da veiculação, pode-se observar a reação do cliente. Por vezes ele está muito satisfeito. Por outras, ele está muito bravo, ou ainda se comporta de forma indiferente, não vendo resultados do investimento que foi realizado. Finda a veiculação da campanha, é preciso parar, analisar e avaliar. Quais foram os resultados obtidos? No caso de resultados negativos, é preciso detectar qual foi o ponto de obstrução e então eliminá-lo. Essa avaliação compete à agência como um todo, mas, no que diz respeito ao departamento de mídia, a avaliação pode ser feita respondendo às perguntas:

- O público-alvo estabelecido pelo cliente foi focado corretamente em relação aos veículos?
- Foi feita a melhor correlação frequência, cobertura e audiência?
- O consumidor atingiu o grau de memorização desejado?
- A relação custo-benefício é adequada?

As respostas a essas perguntas poderão auxiliar o mídia em uma próxima campanha, aprimorando assim seu trabalho.

PERFIL DA CRIAÇÃO

A área de criação de uma agência sempre foi a mais cobiçada pelos estudantes dos cursos de publicidade e propaganda. Muitos ainda acreditam que criar é um dom e não o resultado de um trabalho de equipe. Talvez o mesmo *glamour* que ostenta a criação de uma campanha esconda uma das mais estressantes profissões do meio publicitário. Pode ser que nem todos o saibam.

> **Criação**
> O potencial criativo é inerente ao ser humano, é produto de sua inteligência.
> A inteligência, por sua vez, é a faculdade de conhecer, aprender e compreender o mundo que nos rodeia.
> O conhecimento e a compreensão advêm da informação e da observação.

Há muito tempo, a criação em uma agência de publicidade é exercida pela chamada "dupla de criação": o redator, cuja preocupação maior é o texto publicitário, e o diretor de arte, responsável pela arte ou visual da peça publicitária. Embora muitas agências ainda trabalhem com duplas de criação, esse conceito vem perdendo sua força, dando lugar a um único profissional, dedicado à criação. O motivo dessa fusão de funções talvez seja explicada pela revolução tecnológica que vivemos no século passado.

Como em todas as profissões, a criatividade também é parte integrante do perfil do profissional de criação. Ser criativo significa possuir a capacidade de criar, de imaginar e de realizar coisas novas. Segundo Stalimir, o "potencial criativo é inerente ao ser humano, é produto de sua inteligência".[18] A inteligência, por sua vez, é a faculdade de conhecer, aprender e compreender o mundo que nos rodeia. O

---

18 STALIMIR Vieira. Vamos preparar o terreno? In: PREDEBON, José. *Propaganda*: profissionais ensinam como se faz. São Paulo: Atlas, 2000, p. 185.

conhecimento e a compreensão advêm da informação e da observação. Portanto, o profissional de criação deve ser um conhecedor profundo do mundo que nos rodeia, desde os assuntos mais complexos de nossa realidade socioeconômica e política até as futilidades pertinentes ao mundo das fofocas.

Ainda segundo Stalimir, outras atitudes são desejáveis no profissional de criação: a curiosidade, o risco, o desejo de aprender, o questionamento, a aceitação da ambiguidade, a convivência, a euforia da descoberta, a admiração e a observação.

A compreensão dessas atitudes é teoricamente fácil. Tente imaginar um colega seu perguntando a uma professora de espanhol sobre o significado da palavra *pajero*. A *curiosidade* não é uma indiscrição, é antes de tudo uma forma de adquirir conhecimento, não importando o assunto. Muitas vezes o medo da indiscrição inibe a curiosidade, mas, neste momento, eu pergunto: qual é o *risco* que você corre? Dependendo da complexidade do assunto, poderá encontrar as respostas nos livros, ou poderá perguntar a alguém que tenha o conhecimento. (Já descobriu o que significa *pajero*?) Em qualquer caso, a resposta pode não satisfazer sua curiosidade e então você passa a se *questionar*: (Será *pajero* uma gíria?) Será mesmo verdade? Terá essa pergunta duas respostas antagônicas possíveis? É uma resposta *ambígua*? Lembre-se de que não existe verdade absoluta e de que a dúvida sempre gera novas ideias e novos caminhos. Se ainda não descobriu o significado da palavra *pajero*, em espanhol, pare esta leitura e vá procurar, converse com as pessoas, indague. Ninguém vive sozinho e ninguém cresce sem conversar e discutir com as pessoas. A *convivência* e a troca de informação trazem o conhecimento. Neste ponto da leitura, você já deve ter descoberto o que significa *pajero*. Imagino que você tenha ficado eufórico com a *descoberta*. Agora pare e faça uma reflexão: tente lembrar-se da reação e da fisionomia das pessoas quando as questionou. Se você se lembra, é porque *observou*. Se ainda não descobriu o que significa a palavra *pajero*, é melhor escolher outra área da publicidade para atuar.

Funções do Redator

Sem dúvida, a função do redator é redigir. Mas como redigir um texto? Para quem é esse texto? Que linguagem utilizar? Muitas dessas respostas podem ser encontradas no *briefing* que o anunciante forneceu e na habilidade do redator em expressá-las por meio da redação.

É sabido que a propaganda tem a intenção de convencer o consumidor a comprar determinado produto ou mesmo persuadi-lo. O termo persuadir significa mais do que levar a crer ou aconselhar. Segundo Carrascoza,[19] persuadir e convencer têm significados diferentes. Enquanto *convencer* é dirigido à razão por meio do raciocínio lógico e provas objetivas, *persuadir* tem um caráter mais ideológico e subjetivo. Enquanto *convencer* pode atingir uma plateia universal, *persuadir* dirige-se a uma única pessoa. Conhecer as técnicas para persuadir ou convencer o

---

19 CARRASCOZA, João A. *A evolução do texto publicitário? A associação de palavras como elemento de sedução na publicidade*. São Paulo: Futura, 1999, p. 17.

consumidor a comprar um produto é função do redator. Criar um título, um texto ou mesmo um *slogan* faz parte de suas atividades.

Apesar de o redator ter suas atividades voltadas à redação, não podemos esquecer que seu texto está associado a uma imagem, e que eles necessariamente de-vem estar interligados. Assim, o texto completa a imagem e a imagem completa o texto. Por vezes, o anúncio não possui imagem e o texto deve ser muito bem trabalhado para chamar a atenção do leitor. Nesse caso o chamamos de anúncio *all-type*.

Funções do Diretor de Arte

O diretor de arte é responsável pela parte visual das peças publicitárias. Cria campanhas, embalagens, desenvolve programação visual, folhetos, cartazes, páginas para a Internet, logotipos, enfim, todas as peças publicitárias que de alguma forma comunicam. Sua preocupação, em todas as peças, é a estética e a harmonia.

É ele quem cria um *layout*. Teoricamente, um *layout* possui uma imagem, um título, texto e um logotipo. A diagramação do *layout* (disposição da imagem, do texto e do logotipo), sua organização e seu equilíbrio fazem parte das atividades do diretor de arte.

Newton Cesar,[20] em seu livro *Direção de arte em propaganda*, oferece algumas dicas de como fazer um *layout* equilibrado. Além de alinhar o bloco de texto e o logotipo com algum outro objeto do *layout*, é importante que o diretor de arte tenha cuidado com as cores. O estudo do princípio das cores, das combinações e seus significados é de fundamental importância na criação de uma peça publicitária e mesmo na criação de logotipos ou marcas.

Falta ainda o profissional denominado diretor de criação. Nas grandes agências, em que o número de clientes é bastante elevado, o diretor de criação orienta e coordena as duplas de criação.

PERFIL DO PRODUTOR GRÁFICO

Um produtor produz. Mas produz o quê? Ele produz ou finaliza o que foi criado pela dupla de criação. Se a criação criou um folheto, o produtor se encarregará de concretizar a ideia, ou seja, ele é responsável por transformá-la em um número "x" de folhetos que serão distribuídos pelo cliente. Nesse caso, ele é chamado produtor gráfico. Quando a criação cria um filme, o produtor se encarregará de tomar todas as providências para que a filmagem ocorra sem problemas. O mesmo acontece quanto à criação de peças publicitárias para o cinema ou para o rádio. Nesse caso, ele é chamado produtor de rádio, TV e cinema (PRTVC). Ambos servem de suporte técnico para a dupla de criação.

---

20 CESAR, Newton. *Direção de arte em propaganda*. São Paulo: Futura, 2000, p. 157.

Há muitos anos, o produtor gráfico de uma agência era oriundo de uma gráfica. Ele era o profissional que conhecia todo o processo gráfico, desde um simples fotolito até o controle de qualidade final da impressão, passando pelos complicados retoques manuais e químicos. Esse era o perfil do produtor gráfico. Com o advento do computador e os diversos *softwares* que encontramos no mercado, esse perfil foi ampliado. Hoje, grande parte do que o produtor gráfico fazia na gráfica pode ser feita na agência, utilizando os programas de computação gráfica existentes. Esses programas podem e devem ser utilizados também pelo diretor de arte. É por esse motivo que o produtor gráfico é um assessor técnico da criação. Nas agências pequenas, o diretor de arte é quem faz as tarefas do produtor gráfico.

Funções do Produtor Gráfico

Em uma peça publicitária impressa, o texto e a imagem são pontos-chave. A imagem pode ser desenho, ilustração ou foto. É o produtor gráfico que providenciará essas imagens. Se ele necessitar de uma foto inédita, contratará um fotógrafo; se precisar, contratará modelos, e assim por diante. No caso da fotografia, o produtor gráfico terá em mãos um cromo (espécie de filme fotográfico). A imagem é um ponto-chave na peça publicitária impressa e tende a se sobrepor ao texto se este não for bem trabalhado. O texto, além de ser atraente em sua redação, deve ser também atraente em seu visual. Nesse ponto entra o profissional de criação e de produção gráfica trabalhando juntos. A escolha dos tipos de letras deve ser cautelosa, pois eles possuem personalidade própria. Segundo Malanga,[21] quando o anúncio é direcionado ao público feminino, o tipo de letra deverá ser mais gracioso, ornamentado, de leitura suave. Quando as mensagens são dirigidas para o público masculino, os tipos deverão ser mais duros, rígidos, de um desenho mais mecânico. Quando o anúncio for de um equipamento de médio ou grande porte, usa-se um tipo de letra mais pesado. Por vezes, quando o anúncio tem algum apelo sexual e, é claro, dependendo do apelo, recomendam-se os tipos de letra fálicos. A escolha do tipo de letra deverá ser condizente com a natureza do texto.

Nesse momento, o produtor gráfico já tem em mãos os elementos de que precisa: a imagem (cromo), os textos (tipos de letras definidos) e a diagramação feita pelo diretor de arte. Se o produtor não tiver familiaridade com o computador, ele pedirá auxílio para uma gráfica. Caso contrário, ele finalizará o processo utilizando um dos *softwares* existentes no mercado, gravando um CD. De posse desse CD, o próximo passo será entregá-lo à gráfica ou à editora que vai rodar uma revista, por exemplo.

O produtor gráfico também se preocupa com o papel e sua gramatura. A escolha de um tipo de papel dependerá do destino, preferência pessoal, custos e processo de impressão. Há uma gama de tipos de papel: cuchê brilhante, fosco e embossado, alta-alvura, *westerprint* extra-alvura, opaline, *canson*, cartão, monolúcido, *kraft*, vegetal, vergê, entre outros. Outra preocupação do produtor

---

21 MALANGA, Eugênio. *Publicidade, uma introdução.* São Paulo: Edima, 1987, p. 110.

gráfico é quanto ao aproveitamento de papel. Esse procedimento poderá resultar em economia de custos.

O mundo gráfico possui vários processos, dentre eles o sistema *off-set*, rotogravura, serigrafia e impressão digital. Os mais usados pelo produtor gráfico são o *off-set* e a impressão digital. No *off-set* há a necessidade do uso de fotolito, ou seja, um jogo de filmes que permitirá a gravação em uma chapa de alumínio para, em seguida, ir para a máquina de impressão.

O sistema de impressão digital permite a impressão de materiais sem a utilização do fotolito e é conhecido por *computer-to-plate*: do computador para a chapa, e daí para a impressão.

Antes, as editoras das grandes revistas solicitavam o fotolito para reproduzir o anúncio em suas revistas. Hoje elas solicitam o *filmless*: um arquivo gravado em CD.

Perfil do Produtor de RTVC

Imaginem quando a tecnologia espacial conseguir transportar seres humanos de um lugar para outro e em épocas distintas. Seria fantástico, em um dia, conhecer com detalhes como se preparavam os gladiadores para um combate no Coliseu e, em outro, conhecer o dia-a-dia do presidente dos Estados Unidos ou do Afeganistão. Guardadas as devidas proporções, é assim a vida de um produtor de rádio, TV e cinema. Em um dia ele produz um filme cuja produção pode ser extremamente complexa e, no outro, uma produção com características completamente diferentes.

As atividades de um produtor de rádio, TV e cinema envolvem a produção de um filme, *spot* ou *jingle*. E a produção de cenários e escolha de personagens, por exemplo, requerem autenticidade. Isso exige do produtor muita pesquisa e muito estudo, porém, é praticamente impossível conhecer tudo. Por esse motivo, muitas agências e produtoras selecionam um produtor, não só pelo seu conhecimento, mas também pelo seu relacionamento. Diz-se que um bom produtor é aquele que possui uma boa agenda.

Funções do Produtor de RTVC

O produtor de rádio, TV e cinema é encontrado em grandes agências. Nas de pequeno porte, em que o número de clientes é menor, esse cargo não existe. O diretor de arte assume ou terceiriza essa atividade, contratando uma produtora de áudio e vídeo.

Quando a peça publicitária for um comercial para TV ou cinema, a produtora se encarregará de produzir o cenário, contratar os atores, filmar, editar o filme e tirar tantas cópias quantas forem necessárias para enviá-las para as emissoras de TV ou redes de cinema.

Quando uma agência definiu que uma das peças publicitárias será um *jingle* ou *spot*, a produtora contratará os músicos, o cantor, cuidará dos direitos autorais, colocará os efeitos sonoros necessários, fará a mixagem e tirará as cópias necessárias para o envio às emissoras de rádio.

Como você pode perceber, o produtor de RTVC e o produtor gráfico possuem atividades semelhantes.

Outras Funções

A *pesquisa* é a área que vai abastecer a agência como um todo. Sempre que a mídia necessitar de levantamento de dados, por exemplo, uma pesquisa de *recall* ou mesmo audiência de alguma emissora de TV ou rádio, recorrerá a essa área.

A febre da *Internet* tem provocado polêmica entre os publicitários e muitos ainda estão em dúvida sobre quais produtos/serviços a agência deve oferecer a seus clientes nessa área. Outra dúvida pertinente envolve o profissional que desenvolve os serviços (página, sites, *banners* etc.) para a Internet. Será o *web designer*? Será um especialista em informática? Será instituída uma "dupla de web", a exemplo da dupla de criação? Será o produtor de conteúdo? Muitas agências estão resistindo à implantação de departamentos focados na Web e ainda preferem terceirizar os serviços.

O profissional que trabalha com o conteúdo para a internet desenvolve várias atividades, desde promoções interativas, *hotsites*, *banners*, e o mais importante, tem a preocupação de atualizar estas informações constantemente.

Sem dúvida você precisa, pelo menos no começo das atividades de sua agência, dominar alguns conceitos de *finanças*, contas a receber e contas a pagar. Com o passar do tempo, contratará um técnico para essa área. Não se esqueça de que essa é uma área em que os sócios precisam estar permanentemente atentos.

Outra coisa importante: no início de sua empresa, você não terá um departamento de *recursos humanos*. *Você* e *seus sócios* devem entrevistar as pessoas que pretendem contratar. Assim poderão discutir e decidir o preenchimento correto de uma vaga.

Veja a seguir os passos para organizar sua agência.

Administração em Publicidade

Passos Para Organizar sua Agência

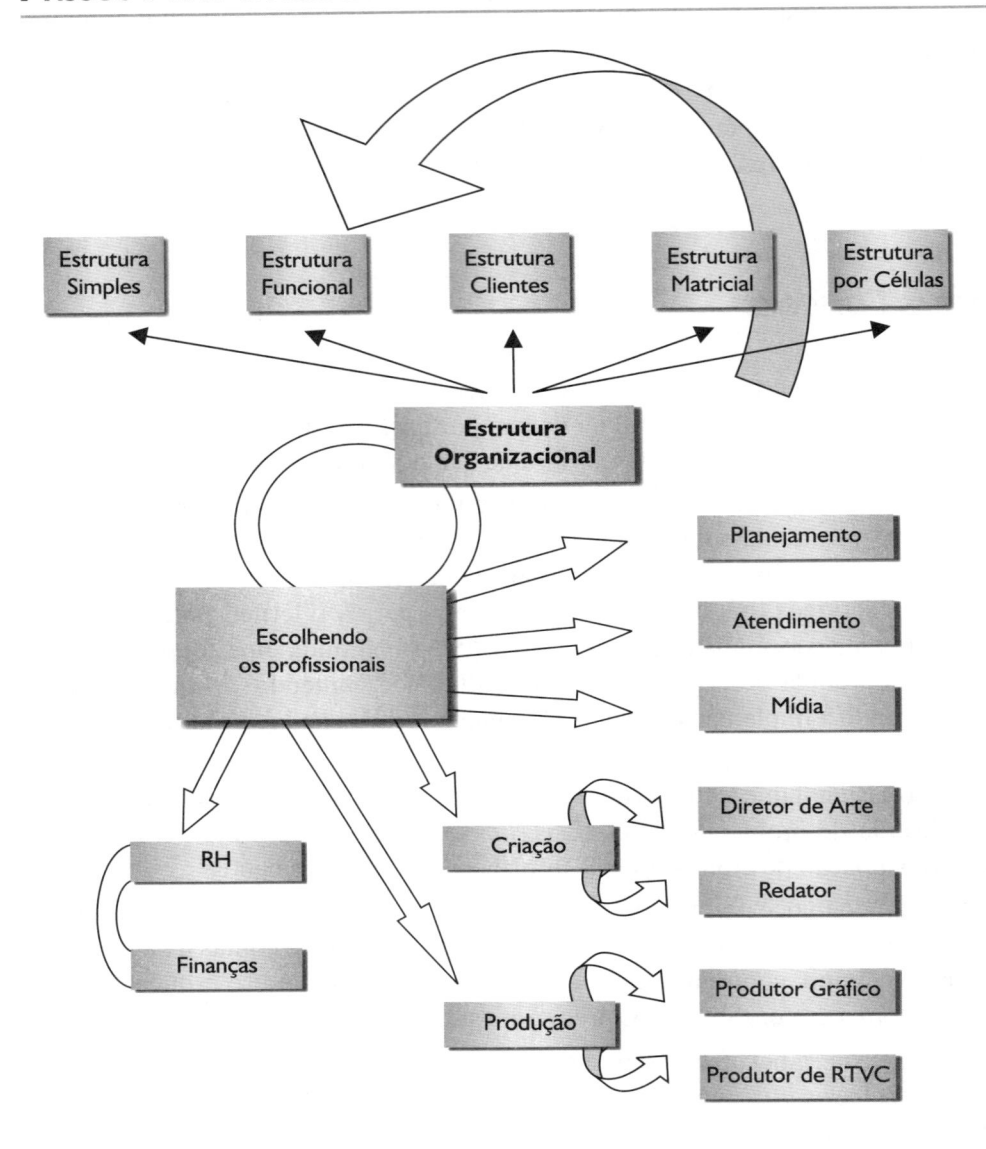

- Estrutura Simples
- Estrutura Funcional
- Estrutura Clientes
- Estrutura Matricial
- Estrutura por Células

Estrutura Organizacional

Escolhendo os profissionais:
- Planejamento
- Atendimento
- Mídia
- Criação
  - Diretor de Arte
  - Redator
- RH
- Finanças
- Produção
  - Produtor Gráfico
  - Produtor de RTVC

> ⚠️ **Dicas**
>
> ### Como projetar um ótimo primeiro emprego[22]
>
> - Prepare as boas-vindas! Deixe de lado a burocracia administrativa. Nada melhor para acabar com o entusiasmo de um jovem do que inundá-lo de formulários para preencher assim que ele põe os pés no escritório. Mande a papelada para a casa dele. Use os primeiros momentos para apresentar aos novos funcionários a missão, a estratégia e a cultura da empresa. Faça-os sentir que são parte da equipe.
> - Coloque-os em contato com as "estrelas" da empresa. Os novatos querem sentir que estão no páreo. Por que não apresentá-los aos maiores talentos da equipe? Que mal pode haver em deixar que os novos participem de alguma reunião sobre estratégias? Coloque seus jovens funcionários em situações nas quais eles normalmente nunca estariam.
> - Faça-os trabalhar, e não pagar pela inexperiência. O que os novatos querem? Há dois anos Maury Hanigan fez essa pergunta a 250 estudantes. Mais da metade deles respondeu que as funções do cargo eram o fator mais importante, acima do salário.
>
> Os novatos também precisam se preparar para o choque cultural. Até os melhores empregos raramente oferecem o mesmo estímulo intelectual e senso de coletividade que eles desfrutaram no tempo da escola. Além disso, certas universidades ainda pioram as coisas quando aumentam as expectativas dos alunos. Durante quatro anos que passaram na faculdade, esses recém-contratados foram estimulados a assumir grandes riscos para alimentar sua mente. Eles chegam à sua empresa prontos para ver e vencer. Não se prepare para desapontá-los.
>
> Ron Lieber – *Revista Fast Company*

QUESTÕES PARA REVISÃO E DISCUSSÃO

1. Escolha uma estrutura organizacional e, supondo que você e um amigo sejam sócios, desenhe um organograma para sua agência. Que áreas seriam de sua responsabilidade e quais seriam de responsabilidade de seu sócio?
2. Qual perfil de pessoa é indicado para o cargo de mídia?
3. Quais são as atividades de um produtor gráfico?
4. Por que as atividades de um profissional de planejamento possuem relações com as atividades de um profissional de atendimento?
5. Quais funções um profissional de criação pode acumular?

---

22 LIEBER, Ron. O primeiro emprego não é brincadeira de criança. In: *HSM Management, Revista Fast Company*, nº 19, ano 4. São Paulo: Editora Savana, março/abril 2000, p. 115.

6. Junte cinco amigos de sua sala de aula e identifique qual seria a melhor área em uma agência de publicidade para cada um deles.
7. Quais as funções de um produtor de conteúdo?

Navegando pela Internet

Visite algumas agências na Internet e tente montar o organograma de cada uma delas. Esse assunto, geralmente, é abordado com o título "Quem é quem" ou "Agência".

www.dpz.com.br

www.wbrasil.com.br

www.fnazca.com.br

www.almapbbdo.com.br

www.dm9.com.br

www.fischeramerica.com.br

www.fulljazz.com.br

www.loducca.com.br

www.leoburnett.com.br

www.thompson.com.br

Capítulo 3

Atividades da Agência

Objetivos

Ao término do capítulo, o leitor deverá ser capaz de:

- Compreender o processo de comunicação.
- Identificar peças publicitárias.
- Conhecer os diversos significados das ações de *merchandising*.
- Entender a abrangência, a importância e a diversidade dos eventos.
- Compreender as campanhas publicitárias.
- Entender a comunicação global.
- Saber como a agência será avaliada pelo cliente.
- Compreender a comunicação empresarial.

Esquema

Comunicação
Agência
    Serviços da Agência
    Peças Publicitárias
    Material Promocional
    Merchandising
    Eventos
Relações Públicas
Assessoria de Imprensa
Campanhas
Internet
Patrocínios
Comunicação Global
Critérios de Avaliação de uma Agência

"O executivo de marketing não deve mais pensar em publicidade ou apenas em publicidade. Ele deve pensar em comunicação, algo que é constituído de três elementos essenciais: um é o emissor da mensagem, outro é o meio que a transporta, o terceiro é o receptor. Historicamente, a publicidade tem sido um processo só de emissão. As empresas contratavam uma agência para 'bolar' peças criativas; depois gastavam semanas ou meses pensando na estratégia de mídia, fazendo combinações e possíveis simulações; e deixavam pouquíssimo tempo para o estudo do receptor da mensagem. O receptor é importante, é mutável. Ele é a grande variável do processo. Por isso, deve haver um processo de comunicação que seja um processo orgânico com o receptor."

Júlio Ribeiro
HSM Management
nº 28 – 2001

ATIVIDADES DA AGÊNCIA

Fundador do Grupo Talent, Júlio Ribeiro é um dos nomes mais famosos do meio publicitário. Sua visão mercadológica lhe permite afirmar que as organizações estão mudando seu foco e preferindo trabalhar com agências que possam oferecer-lhes os diferentes tipos de ajuda. Essa ajuda se traduz em um trabalho de comunicação que compreende as diversas áreas de uma agência e é esse o propósito deste capítulo.

AGÊNCIA

As agências de propaganda e publicidade estão com seus dias contados. Em um passado não muito distante, os termos propaganda e publicidade eram usados para designar todo e qualquer tipo de comunicação feita para o público. Atualmente, os mesmos termos estão restritos a campanhas que divulgam o produto. As agências deixaram de ser só de propaganda ou de publicidade para se tornarem agências de comunicação, atendendo os anunciantes em função das necessidades deles.

O mundo mudou e mudou muito rápido. Tudo que aprendemos ontem, já não tem validade hoje e muito menos amanhã. Júlio Ribeiro[1], em uma de suas palestras, nos conta que "em menos de duas décadas surgiram a Internet, o telefone celular, a tv digital, o IPhone, o DVD, a clonagem da ovelha Dolly, a célula-tronco, o euro, o primeiro presidente negro dos Estados Unidos, a descoberta de 10 bilhões de litros de petróleo na bacia de Santos, um metalúrgico que se tornou o presidente da república, o casamento de pessoas do mesmo sexo, o surgimento de 1,5 bilhões

---

1   IV Congresso Brasileiro de Publicidade. Júlio Ribeiro. Palestra: "A era da perplexidade". http://www.propmark.com.br/publique/cgi/cgilua.exe/sys/start.htm?from_info_index=51&infoid=46243&sid=64&tpl=printerview. Acesso em 3/3/2009.

de internautas, bilhões de usuários de celulares, telefone de graça, a economia da China encostando na economia americana, o surgimento das multinacionais brasileiras, o Brasil ter mais reservas cambiais do que a Alemanha ou a França, os padres não poderem tomar vinho na missa e dirigir e o limite de consumo de álcool para motoristas girar em torno de dois bombons de licor".

A velocidade da ocorrência dos fatos, da evolução da tecnologia nos faz refletir sobre o mercado de trabalho e em especial as agências de comunicação. Júlio Ribeiro continua: "É desafiador também o fato de que as respostas que as agências de publicidade acumularam em cem anos de atividade não servirem mais para sua operação porque as perguntas que o mercado está fazendo mudaram e não correspondem mais a elas ou às respostas que os alunos aprendem nas faculdades. Quase tudo o que se aprendeu não serve mais para nos ajudar a trabalhar. Pessoalmente eu acho isso fascinante. Acho maravilhosa a oportunidade de se matar o conhecimento antigo e aprender de novo".

Em outra entrevista Ribeiro acha "que ele [executivo de marketing] não deve mais pensar em publicidade, ou apenas em publicidade. Ele deve pensar em comunicação".[2] Os termos propaganda e publicidade foram substituídos por *comunicação* e as agências mais contemporâneas já se reestruturaram para atender a todos os segmentos que seus clientes anunciantes necessitam.

Assim, a agência de comunicação pode auxiliar no planejamento e na implementação do composto de comunicação em um esforço integrado com a organização. Nesse contexto, a agência precisa conhecer a empresa, os produtos, as ações dos concorrentes no mercado, a mídia, além de entender a missão, os objetivos e as estratégias de marketing de seus clientes. A agência precisa ser entendida como parceira do anunciante, e assim o é em grandes empresas. Nas de menor porte, há ainda muito receio por parte dos executivos, talvez justificado pelo pouco conhecimento dos seus diretores sobre a verdadeira função da comunicação.

SERVIÇOS DA AGÊNCIA

É bastante grande o leque de serviços que uma agência de comunicação pode oferecer a um anunciante. Eles incluem desde um simples folheto a campanhas integradas. Este capítulo abordará grande parte deles, porém, não se esgotam aqui as diversas opções do anunciante.

Anúncio, *spot* e comercial de TV são **peças publicitárias**, cada qual destinada a um veículo próprio. Enquanto o **anúncio** é uma peça de comunicação impressa, veiculada em jornais, revistas e outros meios de comunicação impressos, o **comercial** é uma peça de comunicação cinemática, veiculada em emissoras de TV, cinema ou semelhantes.

---

2 HSM Management. Entrevista realizada por José Salibi Neto e Sérgio Santos. n° 28, setembro/outubro 2001.

Figura 3.1 Divulgação-Goodyear.

O *spot* e o *jingle* são peças de comunicação sonoras, destinadas a emissoras de rádio. O *spot* compreende uma mensagem falada e pode ou não conter fundo musical. Já o *jingle* é uma canção – letra e música – com mensagem publicitária.

O *outdoor*, também chamado propaganda ao ar livre, é um tipo de cartaz de grandes dimensões. Seu formato é peculiar, possui 32 folhas e sua periodicidade é quinzenal. Por ser uma propaganda ao ar livre, deu origem aos **painéis** e **luminosos**, que diferem do *outdoor* pela qualidade do material utilizado em sua confecção e pela periodicidade de exposição maior de um mesmo tema. Com o decorrer do tempo e a expansão tecnológica no processo de iluminação, os painéis receberam nomes específicos: *backlight, frontlight* etc. Há outros cujas denominações são as mais diversas possíveis, tais como *busdoor, taxidoor*, orientadores, painéis de pedestres e painéis de estradas.

Embora proibido em algumas cidades do país, os painéis e outdoors são excelentes veículos de comunicação.

O **material promocional**, muito utilizado pelos anunciantes, é composto de várias peças: cartazes, folhetos, pôsteres, *folders*, *blimp* (balões), flâmulas, bandeirolas, *banners, displays, suspenders*, brindes promocionais, amostras grátis etc. Os cartazes, os pôsteres e os folhetos são os mais comuns, no entanto, os *folders* e os *broadsides* merecem atenção especial.

Apesar de vários dicionários de comunicação traduzirem o termo *folder* como um envoltório, pasta de papéis ou folhetos dobrados, ele é também uma peça publicitária impressa em uma só folha, com diversas dobras, em forma de sanfona. Cada lâmina do folder possui um assunto específico. O objetivo de cada lâmina ser independente justifica-se pela eventual necessidade de impressão do assunto isoladamente.[3]

O *broadside* é uma peça publicitária destinada a revendedores. É muito semelhante ao folheto e sua funcionalidade está atrelada a lançamento de produtos ou a algum evento especial. Ele tem o objetivo de esclarecer o revendedor sobre qual tipo de apoio o fabricante dará, seja na informação de seus produtos ou produtos de seus concorrentes, seja na mídia que irá realizar. Dessa forma, um *broadside* deve conter:[4]

- breve histórico da empresa;
- descritivo do produto ou serviço;
- análise comparativa do produto com os principais concorrentes;
- descritivo da campanha de comunicação a ser realizada;
- relação do material promocional à disposição dos revendedores.

---

3 LUPETTI, Marcélia. *Planejamento de comunicação*. 3ª ed. São Paulo: Futura, 2002, p. 193.

4 SANT'ANNA, Armando. *Propaganda*: teoria, técnica e prática. 6ª ed. São Paulo: Pioneira, 1996, p. 34.

A **mala direta** é uma peça publicitária da instituição, empresa ou negócio para um grupo de pessoas. Ela, às vezes, não é mais do que um pedido de informação ou aprovação para uma ligação do vendedor.[5] Apesar de sua eficiência ser uma questão polêmica entre os executivos do mercado, a mala direta pode trazer bons resultados quando segmentada corretamente.

Além das peças publicitárias, as agências de comunicação desenvolvem as chamadas ações. As *ações promocionais* variam de acordo com os objetivos de comunicação de cada anunciante. Uma marca de refrigerantes pode, por exemplo, realizar uma ação promocional em supermercados por meio da degustação; ou ainda promover essa ação no litoral, convidando os banhistas a participarem de gincanas. Outra ação promocional é o *merchandising*, que também merece atenção especial.

Figura 3.2 Malas diretas.
www.lummi.com.br

Merchandising

É muito difícil compreender o termo *merchandising* quando se pesquisam os diversos autores que dissertam sobre o tema. Parafraseando João de Simoni,[6] *merchandising* é o mais confuso, obscuro, enigmático e incompreensível termo do campo de marketing. Vamos examinar algumas definições:

1. AMA – American Marketing Association:[7] *merchandising* é a operação de planejamento necessária para se colocar no mercado um produto ou serviço certo, no lugar certo, no tempo certo, em quantidades certas e a preço certo.
2. Blessa afirma: *merchandising* é qualquer técnica, ação ou material promocional usado no ponto de venda que proporcione informação e melhor visibilidade a produtos, marcas ou serviços, com o propósito de motivar e influenciar as decisões de compra dos consumidores.[8]
3. Sant'Anna: *merchandising* é a atividade que engloba todos os aspectos de venda do produto ou serviço ao consumidor, prestado através de canais normais do comércio, por meios que não sejam os veículos de publicidade.[9]
4. Cobra: o objetivo do *merchandising* é criar um cenário para o produto no ponto de venda, proporcionando maior giro nos estoques.[10]

---
5 THROCKMORTON, Joan. *Propaganda de resposta direta altamente vendedora*. São Paulo: Makron Books, 1994, p. 17.
6 FERRACCIÙ, João de Simoni Soderini. *Promoção de vendas*. São Paulo: Makron Books, 1997, p. 49.
7 www.ama.org ou www.marketingpower.com
8 BLESSA, Regina. *Merchandising no ponto-de-venda*. São Paulo: Atlas, 2001, p. 18.
9 SANT'ANNA, Armando. *Propaganda*: teoria, técnica e prática. 6ª ed. São Paulo: Pioneira, 1996, p. 23.
10 COBRA, Marcos. *Marketing essencial*: conceitos, estratégias e controle. São Paulo: Atlas, 1986, p. 326.

> **Técnicas de Merchandising**
> - Exibitécnica
> - Cor
> - Som
> - Demonstração do produto
> - Degustação
> - Espaço no ponto de venda
> - Posição do produto

Alguns autores refutam impiedosamente as definições que conceituam *merchandising* como material promocional ou, ainda, como aparições em programas ou espetáculos. Nesse caso, ele não se associa a uma ação promocional, mas, sim, a uma ação publicitária. Se for bem realizada, terá efeito melhor que um comercial inserido no intervalo dos programas.

San Pancrazio,[11] no entanto, consegue distinguir dois momentos do *merchandising*: o primeiro, o *merchandising em mídia (uma ação publicitária)*, que está diretamente ligado à divulgação da marca nos meios de comunicação e, portanto, distante do ato da compra, geralmente efetuado no ponto de venda. O segundo momento é o *merchandising promocional*, agora sim no ponto de venda, criando um cenário favorável à venda do produto.

O nome correto para o que Pancrazio chama de merchandising em mídia é TIE-IN, que nos remete à ideia de ligação ou relação. A aparição de uma marca em novelas ou filmes deve ser contextualizada, ou seja, deve ter relação com uma determinada cena, deve ter continuidade. De preferência, uma ação de *tie-in* não deve mencionar a marca, mas, e simplesmente, visualizá-la. Isto se explica pelo fato de nossa mente ter de esforçar-se para ler o nome da marca e, como resultado, memorizá-la.

Assim como no ponto de venda, as ações de *tie-in* na televisão, no cinema ou em espetáculos de teatro são ações programadas e devem fazer parte do contexto. Quando não estão contextualizadas, diz-se que o *tie-in* é grotesco.

Como conclusão definimos **merchandising** como conjunto de ações que visam construir um cenário favorável para a compra do produto no **ponto de venda**, podendo ou não ser fortalecido por aparições da marca (uso do *tie-in*) de forma casual em programas de TV, espetáculos teatrais, shows etc.

As ações nos pontos de venda podem ser as mais diversas, contudo, é necessário conhecer algumas técnicas:

- A ***exibitécnica*** significa a técnica de expor o produto no ponto de venda e como tal envolve o arranjo de vitrines, o *showroom,* a colocação do produto em prateleiras, os *displays,* os expositores etc. As grandes empresas possuem equipes próprias de decoradores e promotores que atuam única e exclusivamente nos pontos de venda.

- O ambiente no qual está inserido o produto também influencia a decisão de compra no ponto de venda. Explorando nossos sentidos, perceberemos que ***a cor*** estabelece uma linguagem de códigos, podendo transmitir sensações de calor, frio, sabor, peso, acidez, doçura, salgado etc. Um ambiente de cor branca transmite pureza, simplicidade e otimismo; vermelha: força, alegria, visibilidade; amarela: luminosidade; rosa: timidez; marrom: utilidade; violeta: meditação; verde: calma; e azul: calma profunda.[12]

- Assim como as cores, ***os sons*** também possuem sua parcela de influência nas decisões de compra. A escolha adequada do fundo musical no ponto de venda fará

---

11 PANCRAZIO, Paulino, Da San. *Promoção de vendas.* São Paulo: Futura, 2000, p 28.
12 FERRACCIÙ, João de Simoni Soderini. *Promoção de vendas.* São Paulo: Makron Books, 1997, p. 56.

aumentar as vendas. Em datas comemorativas ou em dias em que há grande incidência de público, é recomendado o uso de músicas dinâmicas, alegres, vibrantes, que estimularão os consumidores a agir de forma mais rápida, tornando a decisão de compra mais momentânea. Os consumidores escolhem os produtos rapidamente, dirigem-se ao caixa, pagam e vão embora cedendo lugar a outros consumidores que agirão da mesma forma. Quando o ponto de venda está mais vazio, recomendam-se músicas mais calmas, relaxantes, que estimularão o consumidor a permanecer mais tempo na loja, podendo então levar outros produtos que, naquele momento, não faziam parte da lista de compras. Os **odores** também são explorados. Um "cheirinho" de molho de macarrão próximo às massas, em um supermercado, pode ser um exemplo.

> **Merchandising**
> Conjunto de ações que visam construir um cenário favorável para a compra do produto no ponto de venda, podendo ou não ser fortalecido por aparições da marca de forma casual em programas de TV, espetáculos teatrais, shows etc.

- **Demonstração do produto**: no lançamento de um novo produto ou dependendo de sua complexidade, as equipes de promotores auxiliam os vendedores de lojas, informando e demonstrando equipamentos para os consumidores.
- **Degustação do produto**: nos setores alimentícios e de bebidas, essa técnica gera bons resultados. O consumidor prova o produto no ponto de venda e decide a compra.
- E**spaço no ponto de venda**: o espaço que o produto ocupa nas prateleiras dos supermercados ou nas pontas de gôndolas faz as vendas aumentarem ou diminuírem no ponto de venda. Quanto maior for o espaço, maiores serão os resultados de vendas. Omo utiliza muito bem essa técnica.
- **Posição do produto**: a altura da prateleira em que o produto é exposto no supermercado se relaciona diretamente com suas vendas. A altura dos olhos do consumidor são as melhores. As balas e bombons estão sempre localizados em uma prateleira mais baixa, para que as crianças possam vê-los diretamente.

As ações de *merchandising* produzem resultado ainda maior quando associadas a campanhas ou eventos.

EVENTOS

Há uma infindável relação de eventos que uma empresa pode realizar e, por consequência, a agência pode auxiliá-la na sua confecção. São eles: feiras, exposições, congressos, seminários, convenções, lançamento de produtos, shows, desfiles, gincanas, campeonatos etc.

Os eventos, como todas as atividades de comunicação, devem ser planejados, não só em sua estrutura, mas também em seu conceito. Dificilmente eles aparecem isoladamente, sempre fazendo parte de outras ações de comunicação da empresa.

As feiras se caracterizam por expor e vender os produtos, enquanto na exposição, o objetivo principal é mostrar. Hoje, ambos os termos são considerados sinônimos. Exemplos: Salão do Automóvel, Bienal do Livro etc. As *feiras e exposições* são os eventos mais comuns, e um de seus objetivos é demonstrar os projetos

Eventos
- Feiras
- Exposições
- Congressos
- Convenções
- Seminários
- Lançamento de produtos
- Shows
- Desfiles
- Gincanas
- Campeonatos
- Outros

futuros da empresa. Muitas delas aproveitam a oportunidade para fazer pequenos testes com o produto – aceitação de cores, sabores, formatos etc. Outro objetivo de feiras e exposições é a prospecção de clientes. Quando o evento é aberto, isto é, destinado ao público geral, as grandes empresas enriquecem seus eventos com atrações direcionadas, como, por exemplo, shows populares. Quando o evento é fechado, ou seja, direcionado a um público restrito ou técnico, as atrações assumem caráter mais científico, por exemplo, a realização de um congresso.

O *congresso*, em sua origem, tem por objetivo a divulgação das pesquisas científicas em determinados segmentos. Esse tipo de atividade é comumente realizado pelos cientistas da área médica que apresentam os resultados de suas pesquisas. O público que assiste a ele pertence ao mesmo segmento.

Os congressos empresariais possuem perfil semelhante. Um congresso de cardiologia, por exemplo, pode ser realizado por um laboratório que tenha feito uma descoberta importante e tenha criado um medicamento para tanto. A explanação do medicamento, seus efeitos e resultados são apresentados no congresso por um especialista e sua plateia será de médicos cardiologistas. Por seu cunho empresarial e para reduzir os custos do evento, o promotor do congresso pode realizar uma pequena amostra de produtos ligados à área. Os principais objetivos de um congresso são:

- divulgar novos produtos e/ou tecnologia para uma comunidade específica;
- levantar tendências do setor;
- posicionar a empresa perante a comunidade;
- estreitar relacionamento com o segmento.

Um Congresso, por vezes, pode ser realizado por um *pool* de empresas do mesmo segmento. Nesse caso, agrega-se aos objetivos promover a união da categoria; outras vezes, um congresso pode ser realizado por um promotor de eventos. O fortalecimento de certos segmentos e as perspectivas comerciais para realização de novos negócios são os principais objetivos do promotor do evento.

Os *seminários* caracterizam-se por reuniões de pessoas de diferentes segmentos que têm interesses em comum. Um seminário de produção gráfica, por exemplo, é dado por um especialista no assunto cuja plateia pode ser composta por funcionários de uma agência de publicidade, estudantes, curiosos etc. Os principais objetivos de um seminário são:

- divulgar os segmentos de atuação da empresa;
- educar, reciclar profissionais;
- prestar serviços à comunidade.

A *convenção* é uma reunião de profissionais de um determinado setor da empresa (convenção de vendas) ou de setores empresariais de um mesmo segmento (convenção de revendedores da indústria automobilística) ou ainda profissionais de empresas diferentes que atuam em um mesmo setor (convenção dos profissionais de recursos humanos).

As *convenções de vendas* são as mais comuns. As grandes empresas, que possuem filiais ou escritórios em diversas regiões do país ou fora dele, reúnem anualmente todos os seus vendedores e representantes com alguns objetivos:

- motivar a organização de vendas;
- proporcionar integração entre os vendedores/representantes;
- analisar as eventuais mudanças de cenário ocorridas no ano anterior;
- apresentar novos produtos;
- divulgar as estratégias de vendas para o próximo período.

Para as demais convenções, outros objetivos podem ser acrescidos: análise de tendências, linhas de conduta etc.

As empresas também utilizam vários tipos de eventos para o **lançamento** de seus produtos e/ou serviços. Os objetivos são os mais diversos possíveis, dependendo das organizações e do público a que se destinam os produtos. Ver em Curiosidade 1 o evento de lançamento da TV Scarlet.

A realização de um evento compreende diversos itens, desde a locação do espaço, a contratação de recepcionistas até o número de pontos de energia para a

Curiosidades

Lançamento da TV Scarlet – LG
Quando a surpresa pode fazer toda a diferença

Para apresentar sua nova TV LCD Scarlet, a LG Electronics inovou na campanha de marketing e nos eventos de lançamento do produto, realizados em diferentes partes do mundo. No Brasil, o evento foi marcado pelo uso da tecnologia, pelo inesperado e por uma ambientação inspirada nas características diferenciadas da tv.

Em abril de 2008, celebridades de Hollywood e a mídia internacional compareceram ao Pacific Design Center, em Los Angeles (EUA), para o lançamento de uma nova série de TV, de nome Scarlet, supostamente o novo projeto do prestigiado diretor de seriados David Nutter.

O evento havia sido precedido por uma forte campanha de marketing, apoiada em *teasers* (*trailers* da série) e nas aparições da misteriosa protagonista, a atriz norueguesa Natassia Malthe, em *premieres* de filmes, desfiles de moda e premiações a exemplo do Oscar. Só no decorrer do evento, quando as luzes foram apagadas para a projeção de um novo *trailer* do filme, os convidados perceberam que a campanha toda, na verdade, não se referia a um novo seriado, mas à nova linha de TVs LCD da LG.

Anunciado quase simultaneamente em todo o mundo, em uma campanha global de marketing *on-line* e *off-line*, marcada pelo alto sigilo antes da revelação, o produto foi lançado em eventos que reproduziram em parte o mistério e a curiosidade despertados nos Estados Unidos. No Brasil, a agência Setter Projetos Especiais foi escolhida pela LG para cuidar do evento, realizado no dia 24 de junho, no Credicard Hall, na capital paulista.

O evento acabou atraindo 400 pessoas, entre clientes VIPs da LG, consumidores e celebridades, como o ator Bruno Gagliasso, o cantor Júnior Lima e o apresentador e empresário Roberto Justus, além da imprensa designada para a cobertura. De início, a dinâmica foi a habitual nessas ocasiões: os convidados foram recebidos em um coquetel e ouviram os discursos dos principais executivos da LG do Brasil e do mundo. Como nos outros países, o grande momento da noite ficou por conta da revelação do produto.

(continua)

> Em meio a um show de luzes, projeções e uma trilha sonora especial, uma estrutura com 12 Tvs LCDs de 47 polegadas – detalhe: ligadas – desceu do teto no meio da plateia, enquanto a atriz Natassia Malthe também descia de rapel no palco do Credicard Hall.
>
> O objetivo foi criar um ambiente de tecnologia para que o público pudesse interagir com o produto e proporcionar o impacto necessário, por meio da combinação de vários elementos inusitados, para mexer com as pessoas. Um jantar e uma festa, comandada por Djs e Vjs, completaram a noite.
>
> Para atender o evento desde a sua fase de planejamento até a execução, a Setter trabalhou com uma equipe interna de doze colaboradores e externa, de 50 pessoas, entre fornecedores de serviços de bufê, áudio, recepcionistas etc.
>
> Outra preocupação da agência foi reproduzir na ambientação as características do produto. O túnel de acesso dos convidados ao evento simulava o formato da TV e foram utilizados móveis pretos e objetos decorativos, como vasos e esculturas, na cor vermelha, para reproduzir o *design* diferenciado do produto.
>
> O diretor de marketing da LG, Eduardo Toni, confirma que o evento-surpresa, parte da estratégia global da Scarlet, atingiu os objetivos de lançamento no Brasil. "Toda a campanha foi idealizada com as mesmas mensagens usadas globalmente, entretanto, com elementos inusitados que serão revelados ao longo dos próximos meses e que reforçam as características da linha". Como num autêntico seriado de televisão, a ideia é dar continuidade às revelações do produto, que é considerado o mais importante da linha de TVs da empresa.
>
> Explore mais no site:
> http://www.feiraecia.com.br/portugues/showmateria.asp?var_chavereg=37

instalação dos equipamentos. Há quem afirme que um evento é como o Natal. Só acontece no dia marcado. Se Papai Noel apareceu, mas não trouxe seu presente, então o Natal não foi bom. O mesmo ocorreu com um evento. Se algo falhar, não há como recuperar. É um "programa" que acontece ao vivo e em cores. Recomenda-se, portanto, que o promotor do evento planeje cada detalhe e que tenha em mãos um *checklist* para que o evento se realize a contento, afinal, Murphy (aquele da lei) nunca é convidado, mas sempre aparece.

O *checklist* a seguir dará ao leitor uma noção dos itens e procedimentos necessários para a realização de um evento. A partir desse *checklist,* a agência poderá montar um roteiro de atividades de acordo com seus objetivos.

CHECKLIST DE EVENTOS

Planejamento

- Definição dos objetivos e formato do evento: convenção, seminário, encontro, painel, reunião, simpósio, *workshop*, congresso etc.

- Definição do tema do evento.
- Organograma de estrutura de coordenação com definição das responsabilidades.
- Definir e ajustar responsabilidades.
- Definir responsáveis por área.
- Definir datas e horários (cronograma).
- Evento envolve protocolo e cerimonial (presença de autoridades, convidados especiais, bandeiras, hinos, outros materiais oficiais, logística específica).
- Definição de roteiro técnico completo (reunião entre agência e profissionais técnicos especializados).
- Apresentação do plano ao atendimento.
- Apresentação do plano ao cliente.
- Aprovação.

Definição do Local do Evento

- Definido pelo cliente? (no *briefing*).
- Pesquisa do atendimento/planejamento.
- Relatório do atendimento/planejamento.
- Apresentação ao cliente.
- Aprovação.

Abertura de Jobs

- Apresentação do plano aprovado aos departamentos da agência.
- Abertura de pedidos de criação.
- Abertura de pedidos de mídia (se houver).
- Definição do roteiro da realização do evento.
- Apresentação ao atendimento/planejamento.
- Apresentação ao cliente.
- Aprovação.

Estimativas de Custo

- Custos de planejamento.
- Custos de criação.
- Custos de desenvolvimento.
- Custos de produção de materiais.
- Custos de aquisição de materiais.

- Custos de contratação do local.
- Custos de contratação de pessoal.
- Custos de mídia.
- Custos com impostos, alvarás, licenças, direitos autorais, honorários, cachês etc.
- Custos diversos.
- Apresentação ao atendimento/planejamento.
- Apresentação ao cliente.
- Aprovação.

Local do Evento

- Reserva/contratação do espaço de realização do evento.
- Planejamento da distribuição de materiais e pessoas dentro do espaço físico. Separação de fumantes e não-fumantes.
- Checagem do espaço do evento quanto a pontos de energia elétrica, de água, ventilação, refrigeração, aquecimento, iluminação, acústica, mobiliário, equipamentos, recursos técnicos etc.
- Checagem do espaço do evento quanto à voltagem, ciclagem, amperagem, disponibilidade de gerador de emergência, reguladores de voltagem etc.
- Serviços disponíveis nos locais de reuniões (alimentação, água, café, coquetéis, estacionamento com manobrista etc.).
- Checar disponibilidade de locais para jogos (*snooker*, pebolim, bilhar, baralho, xadrez) e competições esportivas (campos de futebol, quadras de tênis, basquetebol, voleibol), bem como piscinas e sauna.
- Serviços adicionais a contratar.
- Informações sobre aspectos climáticos da região (calor, frio, chuva).
- Informações sobre acessos rodoviários, aéreos e ferroviários.
- Informações sobre outros eventos ou obras nas proximidades do local.
- Levantamento dos fornecedores de serviços disponíveis no local.
- Indicação do local do evento no trajeto (ruas próximas, entrada da cidade).
- Solicitação de licenças a órgãos competentes.
- Preparação antecipada das salas e dos espaços a serem utilizados.
- Definição de lugares VIPs para diretoria e convidados especiais.
- Indicações no local do evento (salas, auditório, toaletes, cantina etc.).
- Decoração geral do local do evento (arranjos de flores e frutas, estandartes, bandeiras, pôsteres, faixas, *displays*, luminosos, placas de identificação etc.).
- Definição do serviço de recepção e identificação do pessoal.
- Apresentação ao cliente.
- Aprovação.

Produção e Compra de Materiais

- Solicitação à produção.
- Definição de prazos.
- Apresentação de provas/amostras etc.
- Aprovação.
- OK para produção e compra.
- Definição de data/horário e local para entrega dos materiais.

Materiais (Produzir, adquirir, alugar, solicitar, emprestar)

- Fotolitos, filmes, trilhas etc.
- Decoração (arranjos de flores e frutas, estandartes, bandeiras, pôsteres, faixas, *displays*, luminosos, placas de identificação etc.).
- Materiais para uso dos convencionais (crachá de identificação, pastas, papel, caneta, lápis, envelope, roteiro/programa do evento, normas do local, agenda, folheto de informações gerais aos convencionais – polícia, pronto-socorro, hospitais, farmácias, bancos etc.).
- Malas diretas/convites aos convencionais.
- Recursos audiovisuais (projetor de *slides*, projetor de filmes e vídeos, multimídia, telão, *datashow*, retroprojetor, *teleprompter*, *charts*, canhões de luz, *spotlights* etc.).
- Recursos para o palestrante (controle remoto, *charts* em branco/quadro-negro, pincel atômico, ponteiro etc.).
- Sistema de som profissional, mesa de luz, mesa de som, microfones.
- Radiotransmissores, celulares.
- Pódio, parlatório.
- Materiais de reserva (lâmpadas, cabos de extensão, lanternas, ferramentas, material elétrico, material de papelaria, material de limpeza etc.).
- Fotocopiadora, fax, computadores, impressoras, telefones.
- Uniformes.
- Brindes para convencionais.
- Presentes para palestrantes, convidados, VIPs.
- Currículo e roteiro dos palestrantes.
- Certificados de participação, diplomas.
- Material promocional/*kit* para entrega aos convencionais.
- Prêmios, taças, troféus, medalhas etc.
- Urnas para sorteios, cartelas de bingo, globo com bolinhas numeradas.
- Lista de convidados, impressão e envio de convites, controle de reservas (RSVP), controle de presenças.
- Cronograma das atividades.

Mídia

- Aprovação do plano de mídia.
- Reserva/compra de espaços.
- Solicitação do material.
- Envio do material.
- *Checking*.

Assessoria de Imprensa

- Criação/produção de *releases* e *press-kit*.
- Seleção de veículos.
- Distribuição de *releases* para a imprensa local.
- Distribuição dos *releases* a demais veículos.
- Agenda de coletiva de imprensa.

Serviços de Apoio

- Serviço de aluguel de *mailing-list* e impressão de etiquetas.
- Serviço de manuseio, etiquetagem e postagem.
- Serviço de tradução simultânea.
- Som ambiente para locais do evento.
- Serviços médicos.
- Policiamento e controle de trânsito no local (aviso e solicitação aos órgãos competentes).
- Brigada de incêndio (aviso e solicitação aos órgãos competentes).
- Registro do evento (fotografia, gravação de vídeo etc.).
- Construção e decoração de palcos, passarelas etc.
- Efeitos especiais (raio *laser*, gelo seco, fumaça, fogos de artifício etc.).
- Seguros (materiais no transporte e estocagem; evento contra danos materiais e pessoais).

Pessoal Contratado

- Tradutores.
- Seguranças, motoristas, manobristas, carregadores, motoboys.
- Recepcionistas, modelos, demonstradores, degustadores.

Logística

- Transporte, acomodação e alimentação de pessoal (cliente, agência, coordenadoria, convidados, pessoal contratado, equipes de apoio, artistas etc.).

- Definição do material a ser transportado.
- Contratação da transportadora.
- Definição e locação segura para recebimento e guarda de materiais do evento.
- Checagem dos materiais e remessa.
- Acompanhamento de envio, recebimento e estocagem.
- Checagem dos materiais recebidos.
- Reserva/aquisição/emissão/envio de passagens de ônibus/avião.

Show Artístico

- Definição.
- Agendamento/contratação.
- Espaço, equipamentos e profissionais necessários.
- Cachês.
- Permissão para registro do show (gravação).

Ensaios

- Ensaios gerais.
- Reunião e distribuição/instalação de todos os materiais.
- Ensaio das apresentações com os palestrantes e dos shows artísticos.
- Ensaio com o pessoal de apoio.
- Ajustes.
- Apresentação prévia à diretoria.
- Ajustes.
- Aprovação.

Imprevistos e Prevenção

- Chuva, enchente, incêndio.
- Blecaute e falta d'água.
- Greves.
- Extravio, perda, roubo, danos do material e dos equipamentos.
- Lista de profissionais substitutos em caso de impedimentos fortuitos.
- Lista de fornecedores substitutos em caso de atraso ou demanda acima do esperado.
- Lista de opções de acesso ao local do evento.
- Lista de opções de transporte, alimentação e hospedagem.
- Feriados bancários, nacionais, internacionais ou municipais.
- Outros imprevistos.

Outros

- Produção e distribuição de listagem de nomes, endereços e telefones para contato com pessoal-chave do cliente, agência, coordenação, fornecedores de serviços etc.
- Checagem sobre a presença da concorrência no evento.
- Retirada do material ao término do evento.
- Acompanhamento da retirada e remessa dos materiais e equipamentos.
- Limpeza e reparos ao término do evento.
- Acompanhamento do locador na inspeção do local utilizado.

Os itens abordados até aqui, peças publicitárias, materiais promocionais, *merchandising* e eventos, fazem parte da comunicação empresarial da organização, contudo, algumas empresas ainda os consideram isoladamente.

As grandes empresas agrupam todas as áreas da comunicação sob o título **comunicação empresarial**. Além dos eventos e da chamada "propaganda" para o consumidor final, incluem-se na **comunicação empresarial a assessoria de imprensa e as relações públicas**. A assessoria de imprensa, em algumas empresas, é considerada uma área nobre no sistema de comunicação das organizações. Também chamada assessoria de comunicação, essa área tende a fundir-se com a área de relações públicas. Segundo Torquato,[13] os países não têm mais fronteiras dos pontos de vista político e econômico, e esse fato determina a necessidade de uma teia de comunicação global mais abrangente. Nesse contexto, a comunicação empresarial abrange todas as áreas da comunicação, incluindo ainda a publicidade e a propaganda.

A comunicação empresarial passa, então, a ter papel fundamental nos objetivos organizacionais da empresa, principalmente no que diz respeito aos públicos envolvidos com ela. Nesse momento, a comunicação empresarial resgata o conceito de *relações públicas*: "É a atividade e o esforço deliberados, planejados e contínuos para estabelecer e manter a compreensão mútua entre uma instituição pública ou privada e os grupos de pessoas a que esteja direta ou indiretamente ligada" (ABRP – Associação Brasileira de Relações Públicas).

Os grupos de pessoas com os quais a empresa se relaciona podem ser definidos como: funcionários, clientes, fornecedores, imprensa, governo, associações, entidades, sindicatos, comunidade e outros.

Os funcionários da empresa são considerados público prioritário na comunicação de uma organização, afinal, são eles que desempenham as atividades que resultam em dividendos. A comunicação direcionada a eles pode ser auxiliada pela agência e esse tipo de atividade tem-se mostrado bastante rentável, além de estreitar o laço profissional com os clientes. Confira em Curiosidades.

---

13 TORQUATO, Gaudêncio. *Tratado de comunicação organizacional e política*. São Paulo: Pioneira Thomson Learning, 2002, p. 82.

Curiosidades

PepsiCo e suas marcas

Contexto da Organização e Descrição do CaseMarcas das mais tradicionais do Brasil, Quaker e Coqueiro se uniram há mais de 30 anos, transformando-se em verdadeiros ícones de mercado. Hoje, estas marcas fazem parte do Grupo PepsiCo, que adquiriu a Quaker Oats em 2001, formando assim uma das maiores companhias do mundo do setor de alimentos e bebidas de conveniência.

Ao longo do tempo, um programa intenso e consistente de relações públicas e assessoria de imprensa foi implementado para as marcas, que envolveu desde a obtenção do Selo de Aferição SBC/ Funcor para Quaker, até a participação das marcas em congressos médicos, desenvolvimento de material científico e relacionamento com profissionais de saúde.

Finalmente em 2005, a Edelman propôs um novo passo para as marcas, com um novo objetivo: posicionar as marcas como *experts* em alimentação saudável. Nascia ali o projeto Nutrição Sem Complicação para um dia a dia mais saudável, uma iniciativa voltada para a imprensa. Descrição do *case* O Projeto Nutrição Sem Complicação para um dia a dia mais saudável é uma coleção em 12 fascículos digitais (em forma de CD) que aborda temas atuais sobre alimentação. Criado pela Edelman especialmente para as marcas Quaker e Coqueiro, o conteúdo dos fascículos foi desenvolvido pela renomada nutricionista Rosana Perim.

O grande objetivo do projeto desde sua concepção foi posicionar as marcas Quaker e Coqueiro como autoridades em alimentação saudável e estreitar o relacionamento com a imprensa, auxiliando o jornalista na elaboração de suas matérias. Assim, e é importante ressaltar, o projeto não visava gerar cobertura de imprensa para as marcas, nem ser avaliado em número de *clippings*.

Planejamento de Relações Públicas

1. *Briefing* – A Edelman foi a responsável pela apresentação da ideia para o cliente, o planejamento e desenvolvimento do projeto, que constavam de:
   - Uma coleção de 12 temas sobre nutrição;
   - Os temas seriam escolhidos em conjunto e desenvolvidos totalmente por um profissional de nutrição terceirizado, imprimindo isenção e credibilidade ao material;
   - A cada três temas haveria um encontro pessoal com os jornalistas e a nutricionista, configurando um *workshop* para a imprensa;
   - O formato escolhido seria digital, a fim de facilitar a navegação e aproveitamento dos jornalistas.
- No primeiro fascículo, o jornalista receberia um estojo/ fichário para armazenar os CDs nos 11 meses seguintes.
2. Objetivos – Posicionar as marcas Quaker e Coqueiro como autoridades em alimentação saudável;
   - Estreitar o relacionamento com os jornalistas;
   - Prestar serviço para a imprensa, auxiliando-os na elaboração de matérias.
3. Estratégias de Relações Públicas – Criar material de comunicação que focasse em assuntos gerais de alimentação;
   - Desenvolver temas em 12 meses para manter a constância;
   - Não citar marcas ou produtos nos temas. As marcas são promotoras da informação e não objeto de discussão.
4. Ações – Os temas escolhidos para a coleção Nutrição Sem Complicação para um dia a dia mais saudável foram:

(continua)

1º Tema: O que são Alimentos Funcionais
2º Tema: Crescendo Forte e com Saúde
3º Tema: O Papel das Fibras Alimentares na Dieta
4º Tema: O Papel das Gorduras na Dieta
5º Tema: As Gorduras do Bem
6º Tema: Nutrição e Atividade Física
7º Tema: De Olho nos Rótulos
8º Tema: Alimentação Saudável no Verão
9º Tema: As Dietas da Moda Valem a Pena?
10º Tema: Saúde da Mulher
11º Tema: Um Bom Coração: quatro passos fundamentais
12º Tema: 20 Perguntas Atuais sobre Nutrição

Os *workshops* acorreram a cada três meses, totalizando quatro encontros com a imprensa no ano do projeto. Foram dois encontros na Editora Abril e dois na Editora Símbolo, alternadamente.

O *mailing* de jornalistas do projeto totalizava 50 profissionais em São Paulo, com foco nas publicações de circulação nacional.

5. Metodologia de Avaliação – Relatórios mensais eram elaborados para o cliente, de forma bastante qualitativa, retratando a resposta ao tema do mês e comentários adicionais dos jornalistas. Outros requisitos do processo também eram constantemente avaliados, como respeito aos prazos de entrega de material e finalização do fascículo, consultas realizadas à nutricionista Rosana Perim e assertividade dos temas com os jornalistas.

Além disso, foi possível acompanhar o real aproveitamento dos fascículos por meio das respostas da imprensa e matérias publicadas. O objetivo do projeto não era gerar matérias para as marcas, mas passava sim pela meta de ser uma fonte de informação para matérias sobre nutrição e alimentação saudável.

Foi possível identificar várias matérias produzidas de acordo com os temas e conteúdos do Nutrição Sem Complicação.

6. Resultados – A coleção Nutrição Sem Complicação para um dia a dia mais saudável inspirou, fundamentou e auxiliou na elaboração de matérias sobre saúde, nutrição e alimentos com benefícios funcionais. Pesquisa realizada pela Edelman demonstrou que os jornalistas consideraram os temas de relevância ou muita relevância, aproveitando-os para pesquisas ou fundamentação de matérias. Isso demonstra também a atualidade dos assuntos debatidos e sua sintonia com as discussões globais sobre alimentação e nutrição.

Matérias em diferentes veículos foram produzidas, como:

- Revista *Dieta Já*, agosto de 2006: "Carboidratos, sim senhor"
- Revista *SAÚDE*, abril, 2007 "Gordura, ingrediente da fertilidade"
- Fantástico, 16/09/07: "Pesquisa surpreendente: gorduras e açúcares importantes para o crescimento das crianças." Matéria cita ômega 3 e traz a nutricionista Rosana Perim como porta-voz.

Para Edelman e PepsiCo, o projeto Nutrição Sem Complicação para um dia-a-dia mais saudável atingiu seus objetivos de comunicação, e deixa a possibilidade de continuidade. Por enquanto, encerra-se com a certeza da missão cumprida.

Explore mais no site:
http://www.conrerp2.org.br/index.php?mact=News,cntnt01,detail,0&cntnt01articleid =453&cntnt01detailtemplate=POP&cntnt01returnid=113

Para se comunicar com seus diversos públicos, a empresa possui várias ferramentas: materiais impressos, atividades para empregados, *house organs*, relatórios para os acionistas, publicações empresariais (balanços, licitações), filmes institucionais, eventos com fornecedores etc. Algumas dessas ferramentas já foram concebidas neste capítulo; outras, como as campanhas e a assessoria de imprensa, serão abordadas a seguir.

A *assessoria de imprensa* é outra atividade que a agência pode desenvolver para atender seus clientes. Todas as informações que a organização quiser publicar podem ser trabalhadas por um jornalista (assessor de imprensa), cuja atividade mais primária é o *release*. O comunicado à imprensa, *release* ou *press-release* é um artigo ou uma matéria cujo destino são os jornalistas da mídia em geral: rádio, TV, revistas, jornais etc. Pode-se enviar junto fotos, vídeos ou qualquer outro material que ilustre a matéria escrita e que nesse caso recebe o nome de *press-kit* ou kit-imprensa.

Ao receber o *release*, o jornalista do meio de comunicação analisará a matéria e decidirá se irá publicá-la ou não. Caso decida publicar, não haverá custos para a empresa. É por esse motivo que se afirma que a assessoria de imprensa não é paga. Paga-se sim o assessor de imprensa, mas não a matéria publicada.

Se a matéria provocar curiosidade no jornalista dos meios de comunicação ou se ele quiser mais detalhes, uma entrevista com o porta-voz da empresa pode ser solicitada.

A assessoria de imprensa também pode convocar todos os jornalistas para uma entrevista com a diretoria da empresa para divulgar algum lançamento de produto, esclarecimentos ou algum fato inédito. Esse procedimento é chamado de coletiva de imprensa. Nesses casos, o assessor de imprensa providencia um local, eventualmente um almoço, e um farto material promocional da empresa (folhetos, brindes etc.) que acompanhará o *press-kit*.

Quando a verba das organizações permite, é possível realizar uma coletiva de imprensa mais sofisticada. Confira os resultados em Curiosidades.

O resultado do trabalho de assessoria de imprensa nos veículos de comunicação é a publicação de matéria. Por não ser paga, alguns fatores influenciam a publicação:

- o grau de intimidade entre o assessor de imprensa e os jornalistas;
- a importância da matéria e do produto para o público do veículo;
- o envolvimento da matéria com a atualidade;
- a forma como é redigida.

A forma como a matéria é redigida identifica o bom profissional. O assessor de imprensa deve ser hábil o suficiente para redigir matérias diferentes sobre o mesmo assunto para várias editorias, seja econômica, esportiva, culinária, estética etc.

Tente imaginar a seguinte situação: uma empresa de cosméticos pesquisou em laboratórios e descobriu que a lesma possui uma substância que retarda o

Curiosidades

Assessoria mobiliza imprensa com campanha contra o câncer de pele

Izabela Vasconcelos

Apostar no interesse público de uma campanha de saúde nacional foi essencial para que a Máquina da Notícia, contratada pela Sociedade Brasileira de Dermatologia (SBD), divulgasse a 10ª Campanha Nacional de Prevenção do Câncer da Pele com ações de comunicação diferenciadas da divulgação na mídia tradicional.

A agência convidou celebridades para que aderissem à campanha, vestissem a camisa e posassem para fotos em prol da ação. Além disso, conseguiu espaço na TV Minuto, do Metrô de São Paulo, que atinge um público de 3 milhões de usuários diariamente, e lançou boletins diários reforçando a campanha durante a semana do evento.

Outra iniciativa diferente foi o contato com empresas de energia e bancos para a inclusão de uma frase alusiva à campanha nas contas das companhias elétricas e em extratos de bancos de todo o País. A intenção era se aproximar ao máximo do público, onde ele estivesse.

A campanha reuniu dermatologistas da SBD, que realizaram consultas e exames gratuitos em 165 postos de atendimento, em todas as regiões brasileiras. O evento aconteceu no dia 8/11/08, com o objetivo de esclarecer a população sobre o câncer de pele, diagnosticar e prevenir a doença.

O evento teve destaque nos principais telejornais do Brasil e em programas como o Mais Você, CQC e Hoje em Dia. Além de matérias nos principais jornais, revistas, sites, agências de notícias e emissoras de rádio, num total de 830 matérias nas diferentes mídias e cobertura de mais de 30 emissoras, em todo o Brasil – o dobro do ano anterior.

- Resultados de exposição na mídia
- 830 matérias nas diferentes mídias
- Impacto estimado em 155 milhões de *media impressions*
- Televisão: mais de 30 emissoras cobriram o assunto (Principais telejornais e programas como Mais Você, CQC e Hoje em Dia)
- Jornais e revistas: mais de 100 matérias em veículos regionais e nacionais, como *Folha de S. Paulo, O Estado de S. Paulo, Diário de São Paulo, Jornal da Tarde, O Globo, O Dia, Correio Braziliense, Estado de Minas, Gazeta do Povo, A Tarde, Jornal do Commércio, Diário do Nordeste*, entre outros.
- Revistas de variedades e femininas também deram a ação com gancho nos famosos, entre elas a *Caras, Contigo* e *Gente*.
- Web: quase 250 reportagens em agências de notícias e *on-line*.
- Rádios: mais de 450 emissoras nacionais e regionais falaram sobre a campanha e entrevistaram *speakers*. Entre elas a CBN, Eldorado, BandNews, Radiobras, Globo e Band.

Explore mais no site:
http://www.escoladecomunicacao.com.br/news/news.asp?id=296

envelhecimento. Decidiu então utilizá-la na produção de seus cosméticos e obteve resultados altamente positivos. O assessor de imprensa foi chamado para divulgar tal fato aos meios de comunicação.

O bom profissional que trabalha como assessor de imprensa não hesitará em fazer uma pesquisa sobre lesmas. De posse dos dados obtidos, ele escreverá matérias diferentes para cada um dos veículos de comunicação. Assim, por exemplo, para o caderno de economia, abordará assuntos relacionados à criação de lesmas e o quanto esse mercado é rentável. Dados de mercado serão transportados para a matéria, enfatizando a descoberta da empresa de cosméticos. Outra opção a ser abordada seria o quanto a empresa estima faturar com os investimentos realizados nas lesmas.

Para uma revista esportiva, a exemplo de *Quatro Rodas*, o enfoque deve ser outro. Como você redigiria esse artigo? A versatilidade na redação é um dos filtros para a escolha de um profissional de assessoria de imprensa.

CAMPANHAS

Qualquer que seja o público a que se destina a comunicação empresarial, um planejamento de ações se faz necessário. Às vezes, uma peça publicitária atende às necessidades do planejamento. Outras vezes, a comunicação exige a elaboração de **duas ou mais peças**. Quando isso acontece, realizamos uma **campanha de comunicação**. Muitos autores não consideram as ações de relações públicas e assessoria de imprensa como campanhas, no entanto, elas podem conter ou não peças publicitárias.

A comunicação interna é necessária para ajustar o discurso, criar uma linguagem solidária, sistêmica, harmônica e integrada ao objetivo de efetuar a aproximação entre os objetivos da empresa e os de seus participantes. Na comunicação externa, a necessidade reside em tornar a empresa mais conhecida no mercado e entender os consumidores.[14] Tanto na comunicação interna quanto na externa, um *mix* de peças e campanhas pode ser utilizado.

As campanhas de comunicação variam em função do objetivo da comunicação e do público a ser atingido. Elas podem ser de vários tipos: campanha institucional, campanha de propaganda, campanha guarda-chuva, campanha de promoção, campanha de promoção de vendas, campanha de incentivo, campanha cooperada.

Campanha institucional

Com a globalização, a interligação das economias mundiais e a evolução tecnológica alteraram o comportamento das organizações, não só em suas estruturas, mas também em relação à forma de comunicar seus valores à população de um modo geral. Um dos problemas enfrentados pelas grandes organizações se refere à cultura.

---

14 TORQUATO, Gaudêncio. *Tratado de comunicação organizacional e política*. São Paulo: Pioneira Thomson Learning, 2002, p. 82.

Figura 3.3 Campanha institucional da Chevrolet.
http://www.mccann.com.br/blog/?cat=3

A comunicação globalizada visa ganhar um espaço na mente do consumidor e a obtenção de um grau de *share of mind* está intimamente relacionada com a cultura de cada país.[15] A divulgação global de um produto torna-se, muitas vezes, um entrave para as organizações, em função da diversidade de culturas existentes no mundo. Divulgar a empresa como um todo é uma das opções. As empresas de porte médio nem sempre possuem recursos financeiros para a divulgação individualizada de seus produtos e a campanha institucional é uma opção de sobrevivência.

Assim, a campanha institucional promove a marca, o pessoal ou a reputação de uma organização, objetivando a melhoria das relações públicas, ou seja, a melhoria do relacionamento com todos os públicos com os quais a empresa está envolvida, além de conceituar a marca, fixar a imagem da empresa e identificar o segmento de atuação da organização. O anúncio da Chevolet é uma peça publicitária que faz parte da campanha institucional da marca, cujo objetivo é incentivar formas conscientes de utilização do automóvel. Anúncio criado pela McCann Erickson.

Há também as chamadas campanhas institucionais de serviço público. Em geral, elas são realizadas pelo governo, entidades, associações, Organizações Não-Governamentais (ONGs) ou outros grupos afins. O adesivo "Brinque o carnaval com responsa" é uma das peças publicitárias da campanha institucional promovida pela Secretaria do Estado da Saúde da Paraíba.

Campanha de propaganda

A campanha de propaganda cria demanda para um determinado produto ou serviço, podendo ainda ser realizada para a divulgação de eventos. Sua principal característica é a divulgação do produto, informando seus benefícios, características e atributos. É comumente utilizada nos lançamentos de produtos em que a necessidade de informação se faz presente. Seus principais

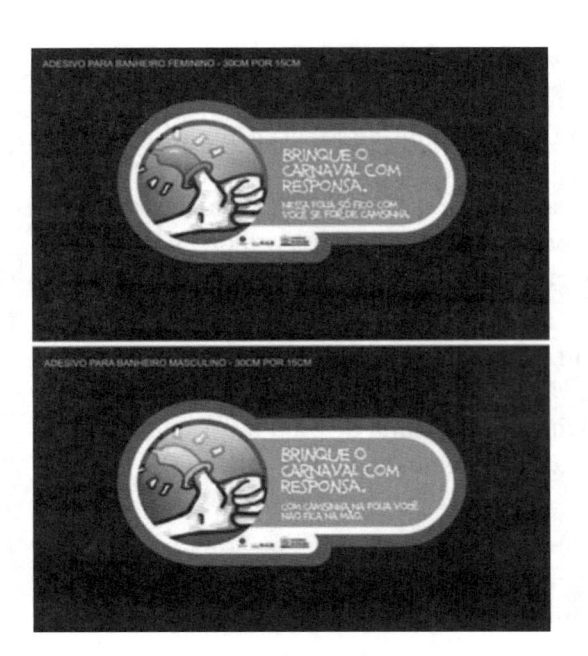

Figura 3.4 Campanha institucional de serviço público.
http://www.aids.gov.br/data/Pages/lumisc0b6e05
citemid305ce72f0eb64eb1ac08cb60d5c7be68
ptbrie.htm

---

15 SEMENIK, Richard Jr. *Promotion and integrated marketing comunication.* Canadá: Thomson Learning, 2002, p. 228.

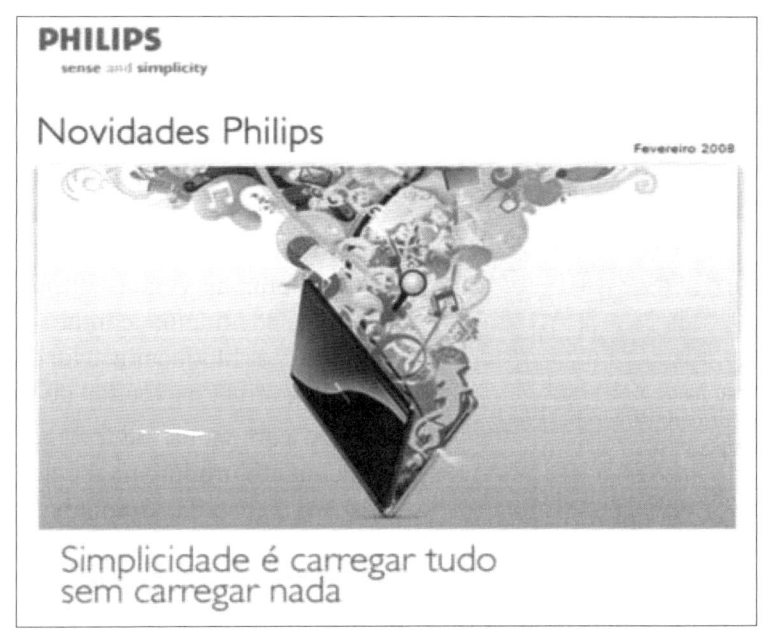

Figura 3.5 Campanha de propaganda.
http://www.vesoloski.eti.br/blogdagabi/labels/Ads.php

objetivos são tornar a marca conhecida e levar o consumidor à ação de compra. A campanha de propaganda também é utilizada para sustentar as vendas de um produto, mantendo sua imagem em evidência. A peça publicitária da Philips demonstra o lançamento da empresa, ressaltando a leveza do equipamento.

Campanha guarda-chuva

Também chamada campanha de linha de produtos, a campanha guarda-chuva reúne as características da campanha institucional e as da campanha de propaganda. É utilizada por empresas que não possuem marcas nominais em seus produtos e, em geral, têm uma linha de produtos com modelos diferentes. É o caso de empresas que divulgam suas linhas de geladeiras e de televisores, como a Consul ou a Semp Toshiba, por exemplo. As empresas de eletrodomésticos, de modo geral, realizam dois tipos de campanhas: institucional, quando abordam a empresa como um todo, ou guarda-chuva, evidenciando determinada linha de produtos.

Campanha de promoção

A campanha de promoção, assim como a campanha de propaganda, também se concentra em criar uma demanda para um produto ou linha de produtos. No entanto, algumas características a diferenciam da campanha de propaganda.

A campanha de promoção é realizada por um período predeterminado e limitado e, com frequência, gera vendas rapidamente. Sua principal característi-

Figura 3.6 Campanha de promoção.
http://www.revistafator.com.br/ver_noticia.php?not=53930.

ca é a interatividade com o consumidor e seu dinamismo; geralmente a campanha de promoção solicita algo do consumidor, dando-lhe alguma coisa em troca. Além de divulgar o produto, objetivando tornar a marca conhecida e levar o consumidor à ação de compra, caracteriza-se também por acelerar as vendas durante um certo período, por manter contato direto com o público, por bloquear a ação da concorrência e por ativar as vendas de um produto.

A campanha de promoção ajuda a posicionar o produto na mente do consumidor. Foi o caso da campanha da M&M em que os consumidores deviam enviar SMS para o número 49221 a fim de concorrer a uma viagem para Hollywood por semana e uma filmadora por dia.

Quando um concorrente entra com uma campanha promocional, certamente terá sua marca evidenciada. Para que isso não aconteça, deve-se bloquear a ação da concorrência entrando ao mesmo tempo e com o mesmo tipo de campanha: campanha promocional. Ambos os produtos concorrentes aumentam suas vendas, porém, nenhum dos dois têm suas marcas evidenciadas.

Campanha de promoção de vendas

A campanha de promoção de vendas diferencia-se da campanha de promoção por algumas características. Enquanto a campanha de promoção divulga o produ-

Figura 3.7 Campanha de promoção de vendas.
http://bulletnews.wordpress.com/2007/08/17/bullet-cria-%E2%80%9Cpromocao-sua-consul-recheada%E2%80%9D/.

to ou empresa, torna a marca conhecida, interage com o público solicitando-lhe algo e dando-lhe alguma coisa em troca, a campanha de promoção de vendas volta-se à redução de preço de formas diversas: liquidação, compre 1 e leve 2, 50% de desconto, brindes, entre outras. É o caso da peça publicitária criada pela Bullet para a Consul, promovendo seus refrigeradores, "Compre sua geladeira e ganhe um kit de produtos para recheá-la". Esse tipo de campanha faz parte das estratégias de venda da empresa e normalmente é realizado para reduzir estoques.

Campanha de incentivo

A campanha de incentivo é semelhante à campanha de promoção, contudo seu público não é o consumidor final. Ela é dirigida ao público interno, sejam eles vendedores da empresa, balconistas de clientes ou funcionários de modo geral. Seu objetivo principal é o de incentivar as vendas, além de proporcionar uma melhoria no relacionamento entre empresa, cliente e funcionários.

Figura 3.8 Campanha de incentivo.
http://paulinhomoreira.wordpress.com/2008/09/30/campanha-de-incentivo-vivo-motorola

Sua semelhança com a campanha de promoção se dá na disputa pelos melhores prêmios. Por exemplo, o vendedor que conseguir vender um maior número de produtos ganhará uma viagem a Paris, com todas as despesas pagas. Assim como todas as outras, a campanha de incentivo poderá ser realizada em parceria com outra empresa.

Campanha cooperada

A campanha cooperada é típica das empresas de varejo que veiculam os produtos de seus fornecedores, em geral as indústrias. Por esse motivo é também conhecida como campanha de varejo. Exemplos: Carrefour, Pão de Açúcar, Ponto Frio, Marabraz etc. As principais características desse tipo de campanha são: levar o consumidor ao ponto de venda, além de promover o giro dos produtos e o giro de pessoas nas lojas.

Como o próprio nome diz, a campanha cooperada tem seus custos "cooperados", isto é, os custos são rateados entre os participantes do anúncio.

INTERNET

Uma das grandes contribuições da Internet para o mundo contemporâneo foi a possibilidade de integração, proporcionada pela interatividade instantânea, característica que nenhuma outra mídia proporciona.

Com formatos diferenciados os anunciantes da Internet podem optar por *sites* de informação e ou entretenimento que agregam valor aos produtos e empresas, para divulgação de uma marca. Podem optar também pelos *hot-sites* ou *micro-sites*, planejados para divulgar uma ação de comunicação.

O *hot-site* é caracterizado por possuir uma estratégia de comunicação. Geralmente, possui uma vida útil menor e está ligado a uma ação específica de marketing, ou seja, lançamento de produtos, eventos, ações de relacionamento, entre outras. Com apelo visual forte, os hot-sites são focados em públicos específicos, atendendo às necessidades deste alvo. O *hot-site* também oferece diversas atividades para o internauta, tais como fazer *download* de imagens, de sons, de *games*, transferir um arquivo de um computador remoto para o seu próprio computador, dentre outros entretenimentos.

Outra forma de promover a marca dos produtos ou organizações consiste em patrocinar determinado evento ou página na Internet. É importante lembrar que a adequação do produto ou empresa aos eventos ou páginas patrocinadas são fundamentais para o *recall* da marca.

Comparada às mídias *off-line*, a veiculação de comerciais e anúncios na Internet apresenta algumas vantagens, segundo Zeff e Aronson[16]:

Dirigibilidade: proporciona ampla gama de possibilidades para dirigir as mensagens publicitárias a públicos específicos. É importante ressaltar aqui que ainda não é possível determinar um público-alvo específico na Internet, principalmente com base em características geográficas. No entanto, é possível trabalhar com preferências do consumidor usuário. Daí a possibilidade de dirigir mensagens focadas nas preferências do alvo.

Rastreamento: é possível rastrear o modo como os usuários interagem com as marcas de produtos e serviços e identificar o que é de interesse dos usuários. Uma livraria, por exemplo, pode descobrir quais são os temas de preferência de um usuário, quais são os autores preferidos e até com que frequência ele compra um livro. O mesmo pode ocorrer com CDs de músicas, ou com marcas de automóveis.

Acessibilidade: é possível acessar a Internet a qualquer momento e a qualquer hora do dia, sem interrupção.

Flexibilidade: total, pois se pode lançar uma campanha, alterá-la, trocá-la a qualquer tempo, sem que isso gere custos proibitivos de produção.

Interatividade: o usuário poderá interagir de forma mais efetiva com os produtos e marcas e de forma imediata.

---

16 ZEFF, Robbin and ARONSON, Brad. *Advertising on the Internet*. New York: John Wiley & Sons, 1997, p. 13.

A Internet, já consolidada como veículo de comunicação, é "considerada relativamente pouco dispendiosa e rápida, transferindo a mensagem, com som, cor e movimento, para qualquer parte do mundo, a fração de custo de muitas outras mídias"[17].

Embora consolidada, a comunicação mercadológica na Internet ainda tem muito crescer. Quando a TV digital convergir à interatividade, muitas outras formas de comunicação surgirão.

Patrocínio

Associar a marca de uma organização a um evento que não seja o da própria empresa requer cuidados especiais. As empresas sabem que a manutenção e o fortalecimento de uma marca estão diretamente ligados a seus produtos e suas atitudes, refletindo na opinião de seus consumidores. Assim, a determinação do que ou de quem patrocinar deve estar associada aos objetivos gerais da organização.

Centenas de esportistas, clubes, pesquisadores, artistas em geral – fotógrafos, atores, escritores – sonham em conseguir um patrocínio. Muitos deles esboçam um projeto e o enviam às empresas. Minha experiência me permite afirmar que 90% das propostas recebidas pelas empresas são recusadas, e o motivo, na maioria das vezes, é a falta de verba. Essa falta de verba alegada pelas empresas nem sempre é uma verdade absoluta, porém, é a justificativa mais forte a ser dada e que não provoca insistência.

Conseguir um patrocínio não é tão difícil quanto possa parecer e há dois, e somente dois, caminhos muito claros a percorrer: ou a empresa tem interesse financeiro no evento, ou quem pediu o patrocínio é alguém muito próximo à diretoria e esta resolve apoiá-lo.

Quando há um interesse financeiro por parte de uma organização, o projeto é analisado minuciosamente. Esse interesse financeiro se traduz em trocas de favores. Por exemplo, uma entidade filantrópica resolve promover vários shows com artistas renomados e solicita o patrocínio de uma instituição financeira. Qual seria o interesse dessa instituição financeira em patrocinar esse projeto? A resposta dependerá certamente dos objetivos da empresa. Se o projeto apresentar uma proposta financeira, em que a instituição fique com 50% da arrecadação da bilheteria, a chance de aprovação do patrocínio passa a ser muito maior.

Se não for possível atender ao interesse financeiro das empresas, outro caminho deve ser perseguido por quem solicita o patrocínio. O primeiro passo é conhecer os segmentos de atuação da empresa e, na sequência, tomar ciência dos objetivos da organização quanto à comunidade. Se a organização não tem um objetivo claro quanto a esse público, resta saber se a empresa possui alguma estratégia voltada à divulgação da marca e que tipos de ações ela vem desenvolvendo.

---

17 PINHO, José Benedito. *Publicidade e Vendas na Internet: técnicas e estratégias*. São Paulo: Summus Editorial, 2000, p. 107.

O segundo passo é desenvolver um projeto objetivo e claro, de forma que a organização perceba as vantagens que terá ao patrocinar tal evento. Muitos projetos não incluem *layout* nem mídia, restringindo-se a inserções de logotipia em lugares estratégicos (camisetas, chaveiros, bonés). Esses itens são fundamentais.

Um último passo é a apresentação do projeto. Não espere que a diretoria da empresa leia todas as páginas de seu projeto, principalmente se ele não for de interesse da organização. Não mande fita de vídeo. Ela retornará intacta. Não mande pelo correio. Não mande via *e-mail*. O melhor a fazer é marcar uma reunião, com tempo determinado, e expor seu projeto verbalmente, apoiado por um *datashow*. Se a empresa não concordar, justificando falta de tempo, o melhor será procurar outra empresa, pois esta certamente não está interessada em patrocinar seu projeto.

Parcerias/Permutas

As parcerias são mais maleáveis que os patrocínios. Quando há interesses comuns, o resultado é sempre positivo. Em outras épocas, a parceria recebia o nome de apoio. Os espetáculos teatrais podem ser exemplos. Em seus anúncios, é comum aparecer a assinatura de uma companhia aérea ou mesmo do jornal que está veiculando o anúncio. A parceria pode ocorrer em permutas de passagens aéreas ou de espaços nos veículos por ingressos da peça de teatro. Há ainda as empresas que permutam materiais para o cenário em troca da inserção de um logotipo em anúncios ou nos programas do espetáculo.

As parcerias não se restringem a pequenas empresas. As grandes são mais exigentes, e com razão, e não gostam quando suas marcas aparecem em meio de tantas outras, emboladas em um rodapé de um anúncio. Observe os *outdoors*. Eles fazem parte de uma campanha desenvolvida para o Projeto Pomar por estudantes de uma universidade. Os estudantes encontraram um caminho mais claro para os parceiros. A campanha era composta por tantos *outdoors* quanto o número de parceiros, e seriam distribuídos pelas margens do rio Pinheiros, local onde o Projeto Pomar se desenvolvia. A cada dois ou três *outdoors* exclusivos dos patrocinadores, um era inserido, convocando a população a participar do projeto. Embora no *outdoor* apareçam todos os parceiros, a sequência evidenciava cada um separadamente.

Comunicação Global

A globalização não só desencadeou um processo de mudança nas organizações, mas também criou uma discussão acirrada entre anunciantes, agências, veículos e produtoras com a institucionalização das marcas nos quatro cantos do mundo. A polêmica no meio publicitário reside no "como agir" perante uma campanha global. Uma campanha publicitária deve ser padronizada no mundo todo ou deve ser adaptada de acordo com a região em que será veiculada?

Figura 3.9 Suzano e Projeto Pomar.

Figura 3.10 *Outdoor* Projeto Pomar.

A questão de optar por uma ou por outra é polêmica. Até há bem pouco tempo, as empresas simplesmente colocavam suas marcas em mercados externos, para logo em seguida descobrirem que elas não eram apropriadas para alguns desses mercados, seja por problemas relacionados à pronúncia, por falta de significado ou até por serem nomes jocosos naquelas culturas. Sendo assim, muitas empresas anunciantes optaram pela estratégia de colocar o mesmo produto em vários mercados, com diferentes marcas, ocasionando altos custos decorrentes da elaboração de embalagens, rótulos e da comunicação. Aquelas que optaram pela marca global se beneficiaram, em alguns blocos econômicos, pelos anúncios padronizados e cobertura de mídia, capitalizando o fato de proporcionar ao usuário a sensação de ser um cidadão do mundo, já que o produto por ele utilizado é visto, comprado e consumido em várias partes do globo.

Nesse contexto, deve-se levar em consideração que a comunicação global pode ser padronizada ou adaptada. As estratégias podem ser: marca padronizada e comunicação padronizada; marca padronizada e comunicação adaptada; marca adaptada e comunicação padronizada; marca adaptada e comunicação[18] adaptada.

a) *Marca padronizada e comunicação padronizada*: para Semenik, o desenvolvimento de uma marca global verdadeiramente padronizada com uma mensagem também globalmente padronizada só terá sucesso se for possível identificar ne-

---
18 SEMENIK, Richard J. *Princípios de marketing:* uma perspectiva global. São Paulo: Makron Books, 1995, p. 482.

cessidades, sentimentos ou emoções semelhantes entre as culturas para as comunicar. Isso significa dizer que o anunciante e a agência, em um trabalho conjunto, terão de identificar apelos comuns às diversas culturas, sendo a existência de segmentos homogêneos condição primordial para o sucesso. Exemplos: cartões de crédito, perfumes, produtos de luxo em geral, entre outros, podem ter como alvo as faixas mais altas do mercado, uma vez que os hábitos de compra se assemelham independentemente da região. No entanto, apesar de universais, algumas necessidades e emoções sofrem influências culturais e econômicas, podendo interferir no processo de comunicação globalizada.

b) *Marca padronizada e comunicação adaptada*: levando em conta as diferenças culturais, econômicas, o comportamento de compra e os diferentes estágios no ciclo de vida do produto em diferentes países, a comunicação é adaptada para atender o consumidor local. A estratégia de comunicação adotada pelo McDonald's é um bom exemplo de não adaptação. A figura do Ronald McDonald pode ter significado para o público americano, no entanto, não se têm notícias de que seja um símbolo para as crianças brasileiras.

c) Na estratégia *marca adaptada e comunicação padronizada* adapta-se o produto a diferentes mercados utilizando a mesma estratégia de comunicação no mundo inteiro. Exemplo disso é demonstrado pela estratégia mercadológica da Levi Strauss, que adapta seus produtos – versões, modelos – aos diferentes gostos locais e à adequação física de cada etnia. A comunicação não se volta ao produto, mas ao estilo de vida das pessoas e, sendo assim, a comunicação padronizada pode ser veiculada mundialmente.

d) *Marca/produto adaptado e comunicação adaptada:* a adaptação do produto, assim como da comunicação para os diferentes mercados em que atua, faz da Dunkin' Donuts um dos melhores exemplos de como se utilizar dessa estratégia com sucesso. Ao entrar no mercado brasileiro e tentar colocar o seu produto com as mesmas características do americano, a Dunkin' Donuts percebeu que o brasileiro preferia outros tipos de recheio para os seus donuts, além de exigir uma quantidade maior de açúcar. A empresa adaptou seus produtos às exigências desse novo mercado. Em sua comunicação, emprega, com muita propriedade, as oportunidades ambientais em cada praça que atua.

A agência de comunicação deve, ainda, dominar as características da mídia globalizada, considerando a disponibilidade e as barreiras legais potenciais sobre o que pode ser dito, de que maneira e a quem. O grande desafio das agências é desenvolver um senso de empatia cultural para o processo de comunicação em mercados distantes, desenvolvendo mensagens que possam ser compreendidas e motivando a resposta desejada dos receptores da comunicação.[19]

Embora as mídias sejam teoricamente as mesmas na maioria dos países, considera-se que o fator tecnológico é determinante para a comunicação global. Enquanto nos países ditos de Primeiro Mundo ela se encontra em patamares alta-

---

19 SEMENIK, Richard J. *Princípios de marketing: uma perspectiva global*. São Paulo: Makron Books, 1995, p. 437.

mente desenvolvidos, em alguns países menos desenvolvidos, onde vivem aproximadamente dois terços da população mundial, a mídia de massa é, no máximo, rudimentar. Esse é, portanto, um fator limitante, restringindo a oportunidade das empresas anunciantes de atuarem simultaneamente nos quatro cantos do mundo.

No Japão, o espaço para anúncios em jornais é bastante limitado, sendo privilegiadas as agências que mantêm um estreito canal de comunicação com eles. Por essa razão, a reserva de espaço publicitário é feita com muito tempo de antecedência e a custos elevados, não permitindo assim a inserção de mensagens de oportunidade. Por outro lado, em alguns países, a diversidade de subculturas e dialetos fez surgir um infindável número de títulos, acarretando uma situação na qual a cobertura se torna fragmentada.

De qualquer forma, as diferentes nuanças tecnológicas predominantes em vários países devem ser dominadas, se não pelos anunciantes, pelas agências de comunicação.

CRITÉRIOS DE AVALIAÇÃO DE UMA AGÊNCIA

Se por um lado há alguns anunciantes que conhecem superficialmente a função da comunicação, por outro, há aqueles que dominam com muita propriedade os critérios de avaliação de uma agência. Para avaliar as agências com as quais trabalham, os anunciantes utilizam uma série de critérios, como sugere Arens no Quadro 3.1.

Apesar de bastante completa, outro item deve ser acrescido à lista de critérios de Arens.

Globalização

- Conhecimento de outros mercados.
- Criatividade na adaptação de campanhas.
- Habilidade para detectar oportunidades em outros países.

Conhecer e aprimorar o potencial da agência tornou-se uma vantagem competitiva para as agências de comunicação, principalmente quando se pretende atender a empresas anunciantes com uma diversidade de serviços.

Quadro 3.1 Critérios para a avaliação das agências

Avaliar cada agência em uma escala de 1 (fortemente negativo) a 10 (fortemente positivo).

Informações gerais

Tamanho compatível com nossas necessidades.

Características (formação, experiência, perfil) da diretoria e demais funcionários.

Estabilidade financeira.

Compatibilidade com outros clientes.

Leque de serviços oferecidos.

Custos dos serviços e facilidade de crédito.

Informações de marketing

Habilidade para oferecer consultoria e aconselhamento em marketing.

Entendimento do nosso público.

Experiência em lidar com nosso público.

Antecedentes de sucesso.

Habilidades criativas

Criatividade bem elaborada; relevância para a estratégia.

Qualidade de arte.

Qualidade do texto.

Qualidade criativa geral.

Eficácia comparada ao trabalho dos concorrentes.

Produção

Fidelidade ao conceito criativo e à execução.

Cumprimento de prazos e orçamentos.

Habilidade para controlar serviços externos.

Mídia

Existência e validade de pesquisa de mídia.

Eficiência da estratégia de mídia.

Habilidade para alcançar os objetivos dentro do orçamento.

Força para negociar e executar programações.

Personalidade

Personalidade, filosofia ou postura geral.

Compatibilidade com o pessoal e a administração do cliente.

Disposição para designar uma conta para pessoas da cúpula.

Referências

Avaliação fornecida por clientes atuais.

Avaliação fornecida por antigos clientes.

Avaliação feita pela mídia ou por auditores.

Fonte: ARENS, Willians F. *Contemporany Advertising*. 6ª ed. Burr Ridge, III, Irwin, 1996, p. 93.

Atividades da Agência

SERVIÇOS DA AGÊNCIA E A COMUNICAÇÃO EMPRESARIAL

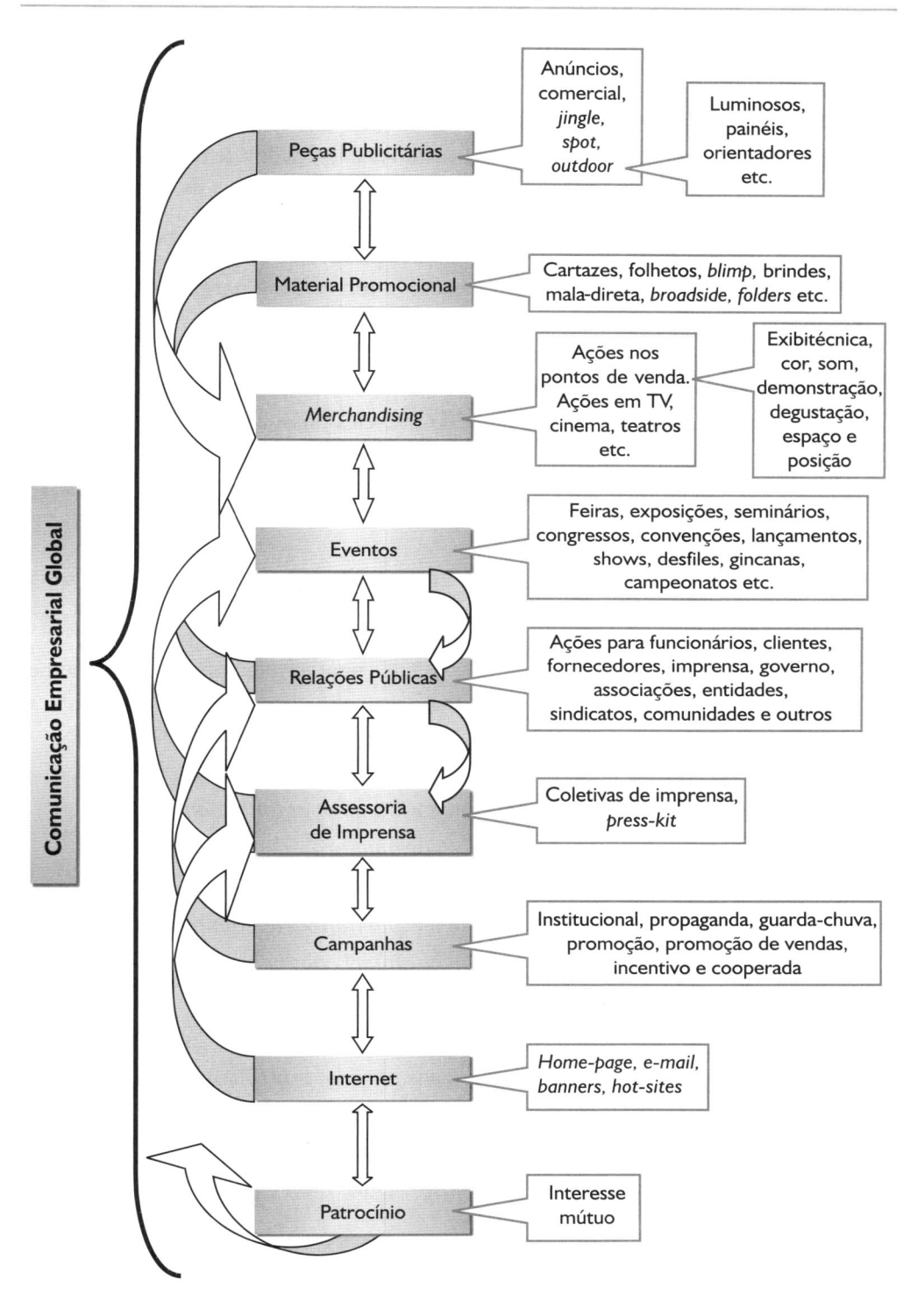

Comunicação Empresarial Global

- **Peças Publicitárias** — Anúncios, comercial, *jingle*, spot, *outdoor* / Luminosos, painéis, orientadores etc.
- **Material Promocional** — Cartazes, folhetos, *blimp*, brindes, mala-direta, *broadside*, *folders* etc.
- **Merchandising** — Ações nos pontos de venda. Ações em TV, cinema, teatros etc. / Exibitécnica, cor, som, demonstração, degustação, espaço e posição
- **Eventos** — Feiras, exposições, seminários, congressos, convenções, lançamentos, shows, desfiles, gincanas, campeonatos etc.
- **Relações Públicas** — Ações para funcionários, clientes, fornecedores, imprensa, governo, associações, entidades, sindicatos, comunidades e outros
- **Assessoria de Imprensa** — Coletivas de imprensa, *press-kit*
- **Campanhas** — Institucional, propaganda, guarda-chuva, promoção, promoção de vendas, incentivo e cooperada
- **Internet** — *Home-page*, *e-mail*, *banners*, *hot-sites*
- **Patrocínio** — Interesse mútuo

QUESTÕES PARA REVISÃO E DISCUSSÃO

1. Faça uma visita a um supermercado com um colega de sala de aula e, na volta, tente relacionar as diversas ações e técnicas de *merchandising* que vocês observaram no ponto de venda.
2. Tente imaginar que você e seus colegas estão encarregados de realizar a Semana de Comunicação em sua faculdade. Classifique esse evento e faça um *checklist* especial para ele.
3. Qual a diferença entre uma ação de relações públicas e uma ação de assessoria de imprensa? Escolha um produto e escreva um *release* para dois veículos de editoriais diferentes.
4. Selecione três anúncios, um de uma campanha de propaganda, outro de uma campanha de promoção e um terceiro de uma campanha cooperada. Quais são as características que os diferenciam? O que eles possuem em comum?
5. Por que conhecer a comunicação de forma global é importante?
6. O que é e o que compreende a comunicação empresarial?

Navegando pela Internet

Visite os sites abaixo relacionados para conhecer outros serviços possíveis que uma agência pode oferecer à empresa anunciante.

www.talent.com.br
www.linkpropaganda.com.br
www.ama.org
www.rp.portal.com.br
www.portfolioarte.com.br
www.aberj.com.br
www.lvba.com.br
www.globo.com.br
www.propaganda10.com.br
http://bullet.com.br/
http://clickaqui.agenciaclick.com.br/
http://www.revistafator.com.br/

Capítulo 4

Os Anunciantes, os Meios, os Fornecedores

Objetivos

Ao término do capítulo, o leitor deverá ser capaz de:

- Identificar os diversos tipos de clientes.
- Conhecer o perfil de cada meio de comunicação.
- Conhecer os diferentes tipos de fornecedores de uma agência.
- Compreender os caminhos que percorre um *job*.

Esquema

Anunciantes
    Anunciantes de Bens de Consumo
    Anunciantes de Serviços
    Anunciantes de Bens Industriais
    Anunciantes Intermediários
    • Varejo
    • Atacadistas
    • Franquia
    Anunciantes de Entretenimento
    Associações
    Governo
Meios de Comunicação
    Jornais
    Revistas
    Propaganda ao Ar Livre
    Rádio
    Televisão
    Cinema
    Internet
    Outros Meios
Fornecedores
    Fornecedores Gráficos
    Fornecedores de Imagens
    Produtoras de RTVC
    Institutos de Pesquisa
    • Pesquisa de Mercado
    • Pesquisa de Comunicação
    • Pesquisa de Mídia
    Outros Fornecedores
Fluxograma

> **Senor Abravanel**
>
> Silvio, porque a mãe assim o chamava. Santos, porque os santos ajudam. É assim que Senor Abravanel explica a origem do nome Silvio Santos. Um dos mais renomados nomes da comunicação brasileira, Silvio assinou seu primeiro contrato com a Rádio Nacional em 1954, exercendo a função de locutor. Em 1962, estreou o Programa Silvio Santos na TV Paulista. Ainda em 1962 criou a empresa Publicidade Silvio Santos Ltda. Em 1975 ganhou a concessão do canal 11 do Rio de Janeiro. O Programa Silvio Santos foi apresentado nas TVs Tupi e Record, após sua saída da Rede Globo em 1976. Em 19 de agosto de 1981 nasce o Sistema Brasileiro de Televisão (SBT).
>
> *Silvio Santos*
> A Fantástica História de
> Silvio Santos/Arlindo Silva

Os Anunciantes, os Meios, os Fornecedores

Silvio Santos não escolheu sua profissão, mas melhor que ninguém soube tirar proveito das oportunidades do mercado. Sua criatividade e seu espírito empreendedor permitiram que ele se enveredasse pelo mundo da comunicação e se tornasse, ao mesmo tempo, um anunciante e um meio de comunicação.

O SBT, além de fazer parte dos meios de comunicação, é também um anunciante de entretenimento. Neste capítulo o leitor terá a oportunidade de conhecer os diferentes tipos de empresas anunciantes, os diversos meios de comunicação e os fornecedores de serviços da agência.

Anunciantes

Em geral, os médios e grandes anunciantes utilizam os serviços de uma agência de comunicação para divulgar seus produtos, marcas ou serviços, concentrando seus esforços nos veículos da mídia tradicional, como a televisão, o jornal, as revistas etc. Os pequenos anunciantes iniciam o processo de comunicação com material promocional, promoção de vendas, eventos e, por vezes, por meio de veículos dirigidos.

Se analisarmos a evolução da comunicação nos últimos 50 anos, observaremos que ela é cíclica. Talvez pela falta de opção ou mesmo pela falta de verba, os anunciantes iniciaram o processo de divulgação de forma bastante tímida, dirigindo a comunicação a determinados segmentos. Com a crescente expansão dos mercados, os anunciantes ampliaram sua área de atuação e a comunicação se tornou massificada. Atualmente, mesmo os grandes anunciantes tentam focar seus produtos e a própria comunicação nos veículos dirigidos, retomando o movimento cíclico da comunicação.

Como afirma Don Peppers,[1] houve um momento em que as empresas se especializaram em determinados segmentos e procuravam vender um serviço único para um maior número de clientes possível. Hoje o marketing se volta à individualização e as empresas passam a vender vários serviços para um único cliente. Em uma agência de comunicação, esse conceito se aplica perfeitamente, porém, é preciso, antes de tudo, conhecer e entender a empresa anunciante, seu cliente.

O anunciante é concebido como toda organização que possui a necessidade de comunicar alguma coisa para o público. Há no mercado empresas anunciantes dos mais diversos tipos, tamanhos e estruturas, desde pequenas empresas, grandes conglomerados multinacionais, até empresas sem fins lucrativos e órgãos governamentais como empresas públicas ou mistas. Entre elas encontram-se empresas com estruturas organizacionais diferentes, por vezes simples, por vezes complexas e sofisticadas. Há ainda aquelas que trabalham com bens de consumo, serviços, bens industriais, intermediários, entretenimento, as associações e o governo.

ANUNCIANTES DE BENS DE CONSUMO

Os anunciantes de bens de consumo compreendem as empresas que dirigem seus produtos para o consumidor final e utilizam a comunicação para difundir a marca da empresa assim como divulgar seus produtos. Pertencem a esse segmento empresas que se dedicam à fabricação de alimentos, bebidas, eletrodomésticos, automóveis etc. Essas empresas dificilmente vendem seu produto diretamente ao consumidor final. Vendem em primeira instância a intermediários – supermercados, concessionárias, distribuidores –, que por sua vez vendem ao consumidor final. Embora não tenham contato direto com o comprador final, as empresas de bens de consumo precisam divulgar seus produtos e marcas. Nesse caso a comunicação tem a função de criar uma identidade, posicionando a empresa, seus produtos ou serviços, além de auxiliar os intermediários na comercialização destes ao consumidor final.

Tipos de Anunciantes:
- de bens de consumo;
- de serviços;
- de bens industriais;
- intermediários
- de entretenimento;
- associações;
- governo.

ANUNCIANTES DE SERVIÇOS

O mercado de serviços é bastante diversificado, incluindo desde a pequena escola de inglês até a grande instituição financeira. Dependendo do segmento de atuação, a comunicação possui funções diferentes. Nos bancos, por exemplo, a função principal é fixar a marca, enquanto em uma imobiliária as principais funções são a informação, a divulgação de características dos imóveis, preços e condições de pagamento.

---

1 PEPPERS, Don; ROGERS, Marta. *Marketing um a um*: marketing individualizado na era do cliente. Rio de Janeiro: Campus, 1996, p. 17-45.

Anunciantes de Bens Industriais ou Business to Business

Business to Business – B2B – é o termo utilizado para designar as organizações que produzem bens que serão consumidos por outras empresas. A Cibié, por exemplo, é um fabricante de faróis e seu grande mercado é a indústria automobilística. Sendo os consumidores as próprias empresas, é natural que o número de compradores seja bem menor que o número de consumidores do mercado de consumo em geral.

As compras no mercado B2B são altamente racionais e as informações técnicas são de extrema importância. Nesse setor, a função da comunicação é mais informativa, de exposição e comparação de características, de divulgação de preços e condições de vendas.[2] Ela também tem a função de posicionar a empresa.

Anunciantes Intermediários

Os intermediários são empresas que compram os produtos dos fabricantes e dedicam-se às vendas aos consumidores finais ou a outro intermediário de menor porte. Os intermediários podem ser tanto o varejista como o atacadista ou a franquia. O supermercado Pão de Açúcar, a Kalunga e O Boticário são exemplos.

O *varejo* sobrevive da rotatividade de seus produtos e precisa da comunicação. Pela enorme quantidade de concorrentes e por suas características, a divulgação no varejo tem a função de informar sobre a disponibilidade do produto, ofertas, condições de pagamentos, preços etc. É comum no meio varejista a propaganda cooperada, isto é, a divulgação da marca do varejo em conjunto com a indústria fabricante do produto. Exemplos comuns são os anúncios do Carrefour, Ponto Frio e Extra.

Os *atacadistas* revendem os produtos dos fabricantes para o varejo de menor porte ou para o consumidor final. A comunicação dos atacadistas para o varejo de

Figura 4.1 www.extra.com.br/por_dentro_extra.asp

---

2 SAMPAIO, Rafael. *Propaganda de A a Z*: como usar a propaganda para construir marcas e empresas de sucesso. Rio de Janeiro: Campus, 1995, p. 93.

menor porte é mais restrita e mais dirigida, enquanto para os consumidores finais é mais ampla. Em ambos os casos, a função é informativa, a exemplo do varejo.

No caso de *franquia*, por exemplo McDonald's, a comunicação é feita pelo franqueador e os custos são rateados entre os franqueados. Nesse caso, a função assume um papel de posicionamento da marca.

ANUNCIANTES DE ENTRETENIMENTO

O mercado de entretenimento compreende uma gama de segmentos, incluindo espetáculos teatrais, cinema, shows, discos, emissoras de TV, rádio, editoras, parques de diversão etc. Em sua maioria, a comunicação tem a função informativa. Dependendo do segmento, as empresas utilizam a comunicação para expor suas características e/ou para promover a venda, divulgando seus preços.

Figura 4.2 www.playcenter.com.br/Playcent.htm

ASSOCIAÇÕES

O termo associação é bastante amplo e pode incluir associações de empresas (Anfavea), clubes, cooperativas (agropecuaristas), associações comerciais (shopping centers) etc. Pelo caráter intrínseco das associações, a comunicação assume diversos papéis: explicar posições, esclarecer fatos, divulgar benefícios, informar características, preços, condições de pagamento, entre outros.

GOVERNO

Os governos municipal, estadual e federal têm o dever e o direito de utilizar a comunicação, principalmente no que se refere à informação da utilização dos recursos financeiros, oriundos da população. São inúmeros os setores do governo que precisam de comunicação: educação, segurança, serviços públicos, saúde, além daqueles que exigem o cumprimento da lei, como, por exemplo, as licitações públicas. Em todos os casos, o papel da comunicação é informar.

O conhecimento do tipo de anunciante com que a agência pode trabalhar facilitará a escolha dos meios de comunicação adequados. Conhecidos os diversos tipos de anunciantes, as agências precisam conhecer os diferentes meios de comunicação e suas características.

MEIOS DE COMUNICAÇÃO

Os meios de comunicação (rádio, jornal, TV) transmitem as mensagens para o consumidor final. Comumente denominados mídia impressa e mídia eletrônica, classificam-se em: visuais, auditivos, audiovisuais e funcionais.[3]

> *House organ* é um canal de comunicação interno das organizações. Periódico editado para o público interno e alguns segmentos do público externo.

1. Meios visuais: para serem lidos ou vistos.
   - Imprensa: jornais, revistas, periódicos.
   - Propaganda ao ar livre: *outdoor*, cartazes, painéis, luminosos etc.
   - Folhetos em geral: catálogos, *folders*, *house organs*, mala direta.
   - Exibições: *display*, vitrines, exposições, faixa de gôndola.

2. Meios auditivos: para serem ouvidos.
   - Emissoras de rádio.
   - Alto-falantes.

3. Meios audiovisuais: para serem lidos, ouvidos e vistos.
   - Televisão.
   - Cinema.
   - Multimídia.
   - Internet.

4. Meios funcionais: para desempenhar determinada função.
   - Brindes.
   - Amostras.

Presume-se que a combinação dos diferentes tipos de meios possa resultar em uma comunicação eficaz, contudo, é necessário conhecer as vantagens e desvantagens de cada um.

Para que o leitor não fique confuso, o termo *meio* se refere aos meios de comunicação, como a televisão, o rádio, as revistas, os jornais etc.; e o termo *veículo* se refere ao nome específico do meio, tais como TV Globo, Rádio Bandeirantes, revista *Veja*, jornal *O Estado de S. Paulo* etc. No entanto, são vários os autores que aplicam o termo *veículo* como sinônimo de *meio*, além de ser comumente utilizado no mundo empresarial. Utilizaremos, a partir de agora, ambos os termos, indistintamente.

JORNAIS

A invenção de Gutenberg data de 1450 e desde essa época a imprensa vem contribuindo com o mundo da propaganda. O jornal e os folhetos foram, e ainda são, os grandes veículos da comunicação.

---

[3] SANT'ANNA, Armando. *Propaganda*: teoria, técnica e prática. 6ª ed. São Paulo: Pioneira, 1996, p. 194.

O jornal é o segundo veículo mais utilizado pelos anunciantes. Segundo o Inter-Meios,[4] o jornal é responsável por 15,9% dos investimentos publicitários no Brasil.

Os investimentos em jornal, no Brasil, vêm dos diversos setores da economia nacional, sendo o comércio varejista o que mais investe.

Tabela 4.1 Investimentos Publicitários em Jornal por Setor da Economia Brasileira

	Setores	% sobre os investimentos
1	Comércio – Varejo	40,33%
2	Mercado Imobiliário	15,29%
3	Serviços ao Consumidor	10,00%
4	Cultura, Lazer, Esporte e Turismo	8,73%
5	Veículos, Peças e Acessórios	7,21%
6	Mídia	5,92%
7	Mercado Financeiro e Seguros	4,78%
8	Serviços Públicos e Sociais	3,19%
9	Telecomunicações	2,95%
10	Internet	1,60%
	TOTAL DE INVESTIMENTOS	100,00%

Fonte: Ibope Monitor. Considerando tabela, sem descontos[5].

Há jornais de todas as tendências, de todos os credos, desde os mais conservadores até os mais radicais; os sérios e os que não merecem credibilidade, que divulgam sua tiragem nem sempre de forma verídica. A tiragem (número de exemplares impressos) e a circulação (número de exemplares que circula entre o público) de um jornal estão intimamente ligadas ao custo da publicação e ao público a que se destina, e é para terem ainda mais credibilidade que as editoras se filiam ao IVC (Instituto Verificador de Circulação). O IVC é uma organização que tem por objetivo estabelecer a autenticidade da circulação de jornais e revistas, além de autenticar a audiência de *websites*.

Como meio de comunicação, o jornal possui vantagens e desvantagens, conforme é demonstrado a seguir.

---

4   Projeto Inter-Meios. http://www.projetointermeios.com.br/controller.asp#. Ano 2008. visitado em 18/3/2009.
5   Ibope Monitor 2008. In: Associação Nacional de Jornais. Site: www.anj.org.br

Vantagens

- Apelo universal: alcança qualquer tipo de público. Indicado para produtos de consumo em geral.
- Maleabilidade: o anúncio pode ser inserido, modificado, trocado ou cancelado com rapidez.
- Resposta rápida: o jornal estimula o consumidor e provoca uma reação quase imediata quanto à decisão de compra.
- Multiplicidade de assuntos: possui variedade de matérias, incluindo cadernos específicos para públicos específicos.
- Formador de opinião: conceitua e transmite credibilidade em suas mensagens publicitárias.
- Imediatista: transfere atualidades e permite anúncios de oportunidade.
- Encartes: permite a inclusão de encartes local ou regional.
- Espaço: possibilita maior volume de informações sobre os produtos ou serviços anunciados.
- Controle: é de fácil verificação no caso da publicação do anúncio. É passível de auditoria pelo IVC.

Desvantagens

- São lidos às pressas.
- Índice baixo de leitura regular.
- Por ter vida curta, exige frequência de inserções.
- Qualidade de impressão questionável para determinados produtos.
- Circulação restrita geograficamente.

REVISTAS

As revistas possuem um público amplo e diversificado e respondem por 8,5% dos investimentos publicitários brasileiros.[6]

Apesar de a maioria das revistas brasileiras circular nacionalmente, há aquelas que visam atingir um público específico. Por seu caráter seletivo, há muitas revistas segmentadas, especializadas ou técnicas que atendem a uma classe socioeconômica mais alta ou que possui interesses especializados.

As revistas são classificadas por gênero, tais como interesse geral, femininas, masculinas, esporte/automobilismo, entre outras. Dependendo do gênero, elas podem assumir um caráter de especializadas ou dirigidas. Por exemplo, a

---

6 Projeto Inter-Meios. In: Associação Nacional de Jornais. Ano 2008. Sitewww.anj.org.br

Curiosidades

Os maiores jornais brasileiros em circulação
IVC (Instituto Verificador de Circulação): média diária 2008
Explore mais no site *www.anj.org.br*

	Jornal	Empresa Editora	Circulação	Formato
1	Folha de S. Paulo	Empresa Folha da Manhã S.A.	311.287	Standard
2	Super Notícia	Sempre Editora S.A.	303.087	Tabloide
3	Extra	Infoglobo Comunicações Ltda.	287.382	Standard
4	O Globo	Infoglobo Comunicações Ltda.	281.407	Standard
5	O Estado de São Paulo	O Estado de S. Paulo	245.966	Standard
6	Meia Hora	Editora O Dia S.A.	231.672	Tabloide
7	Zero Hora	Zero Hora Editora Jornalística S.A.	179.934	Tabloide
8	Diário Gaúcho	Zero Hora Editora Jornalística S.A.	166.886	Tabloide
9	Correio do Povo	Empresa Jornalística Caldas Júnior	155.569	Tabloide
10	Lance!	Arete	113.715	Tabloide

revista *Exame* é de interesse geral, porém de negócios, enquanto a *National Geographic Brasil,* embora também seja uma revista de interesse geral, é dirigida ao segmento de turismo.

Uma revista dificilmente é lida por uma única pessoa, assim como ninguém a joga fora depois de lê-la. A vida útil de uma revista é bastante grande e sua permanência entre os consumidores é a maior dentre todos os meios de comunicação. Sua periodicidade é outro fator que contribui para o aumento da vida útil das revistas, podendo ser semanal, quinzenal, mensal, trimestral ou mesmo anual. Suas principais vantagens e desvantagens são apresentadas a seguir.

Reprodução Revista *Veja*, 12/11/2002, Editora Abril.

Vantagens

- Visual atraente: a qualidade de impressão permite a produção de anúncios mais sofisticados, melhorando a aparência. Permite o uso variado de cores.
- Longevidade: tem vida útil mais longa, permitindo a leitura com mais vagar. Os anúncios possuem um efeito de comunicação prolongado.
- Espaço: possibilita maior volume de informações sobre o produto ou serviços.
- Audiência: possui um número de leitores maior por exemplar, o que aumenta a audiência da revista. É passível de auditoria pelo IVC.
- Seletividade: permite dirigir mensagens a públicos específicos, pois há títulos para os mais diversos segmentos.
- Equilíbrio: é a mídia que melhor equaciona aspectos racionais e emocionais.
- Encartes: permite a inclusão de encartes ou caderno de anúncios local, regional ou nacional.

Desvantagens

- Não possui maleabilidade para troca rápida de anúncios.
- Não permite anúncios de oportunidade.
- Desperdício de verba com campanhas estritamente locais.
- Baixa cobertura se comparada com os meios TV e rádio.

MÍDIA EXTERIOR

Mídia exterior é a denominação dos meios de comunicação que expõem propaganda ao ar livre. Pode também ser chamada Mobiliário Urbano e responde por 2,7% dos investimentos publicitários no Brasil (veja relação no Quadro 4.1).

RÁDIO

O rádio é o meio publicitário mais democrático dentre todas as mídias. Atinge toda a população brasileira, não representando diferença significativa entre as classes sociais. A programação do rádio é, fundamentalmente, de lazer, entretenimento, prestação de serviços e educação, o que responsabiliza esse veículo por 4,2% dos investimentos publicitários no Brasil.

São cerca de 3,5 mil emissoras cobrindo o território nacional com programação dirigida em função das áreas geográficas em que atuam. Aguçando a capacidade de imaginação de seus ouvintes, o rádio é muito eficiente, pois permite alta frequência de veiculação por custo bastante reduzido se comparado com outros meios de comunicação.

Quadro 4.1 Relação de Disponibilidade de Mídia Exterior[7]

Mídia	Disponibilidades
Abrigo de ponto de ônibus	Painéis luminosos/acrílico
Aeroporto	Painéis adesivos e luminosos internos e externos
Aerovídeo	Circuito fechado de TV em aeroportos – Salas de espera
Audiotrans	Veiculação de comerciais em ônibus
Backlight/Frontlight	
Balão	Ar quente e frio – adequação de formato ao produto/embalagem
Banca de jornal	Painel luminoso, painel adesivo
Busdoor	Painéis adesivos internos e externos em ônibus
Cabine telefônica	Painel luminoso
Carrinho de bagagens em aeroportos	Placas frontais
Carrinho de bebê	Dentro dos shoppings – placa adesiva
Carrinhos de supermercado	Placas frontais
Cartaz rebocado por barcos/carros/motos	Painéis
Cartões telefônicos	
Coletor de papel	Lixeira
Comanda para padarias	
Display ecológico	Protetor para árvores
Empena (parede lateral de um edifício)	Painel gigante de parede (pintura, tela vinílica)
Estádios/ginásios de esporte	Painel fixo e móvel
Grades de proteção para pedestre	Esquinas e avenidas de grande tráfego de veículos
Guarita de salva-vidas	Praias
Luminosos em acrílico e neon	Topo de prédio
Metrô	Painéis de estação, painéis de trem, adesivação de trem e bilhete
Orientador/sinalizador de rua	
Painel de estrada	
Painel de supermercado	Lojas de construção e informática – sinalização interna e estacionamento

continua

---

7 *www.gm.org.br/MidiaDados/exterior/242.htm*

Painel eletrônico	
Painel em bebedouro	Escola, clube, academia, cinema e teatro
Painel com relógio	Temperatura
Passe escolar	
Propaganda aérea	Faixa publicitária rebocada por avião
Propaganda em caixa 24 horas	Tela do monitor
Raio *laser*	Shows, promoção de eventos
Relógio termômetro	
Salas de cinema	Cartaz/luminoso
Sky mídia	Helicóptero com mensagens luminosas na base
Tapa-sol em papelão para automóveis	
Táxi	Luminoso no teto, adesivo nas portas e encostos de banco
Telefone – Fale Grátis	Após ouvir um comercial de 30 segundos, o usuário não paga a ligação – máximo de 2 minutos de conversa
Terminal rodoviário	Painéis e circuito fechado de TV
Toalha de mesa	Lanchonetes e restaurantes
Trem	Painéis nas estações
Trio Elétrico	
Vídeo a bordo	Veiculação de comerciais a bordo das aeronaves
Videotronics	Mensagens eletrônicas nos pontos de venda

Explore mais no site: www.gm.org.br/MidiaDados/exterior/242.htm

Vantagens

- Entretenimento: é um meio que proporciona diversão e o ouvinte pode acessar a qualquer hora.
- Maleabilidade: é possível cancelar, trocar ou inserir uma mensagem publicitária rapidamente.
- Impacto: pelos efeitos sonoros e pela capacidade imaginativa, os textos publicitários criam impacto.
- Atenção paralela: é possível ouvir o rádio e exercer outras atividades, sem desvio da atenção.
- Cobertura: possui alta penetração na população.

- Baixo custo: permite alta frequência nas inserções.
- Eficiência: é eficiente para mensagens mais sintéticas.

Desvantagens

- É um veículo local.
- Vida útil curta.
- Ao contrário da mídia impressa, a mensagem não pode ser "revista".
- Inadequado para temas complexos, textos técnicos ou longos.
- Age exclusivamente pela audição.
- Rotatividade de audiência: a emissora que é líder hoje pode não ser amanhã.

Curiosidades

A TV Brasileira[8]

Quando a TV Tupi entrou no ar, em 18 de setembro de 1950, apenas cinco pessoas tinham televisores no país. O empresário Assis Chateaubriand, idealizador e dono da primeira emissora de televisão do país, a Tupi, instalou mais alguns aparelhos no Jockey Club de São Paulo, na praça da República e no saguão do prédio onde ficava o Museu de Arte de São Paulo (Masp), na rua 7 de abril, em São Paulo. Do auditório do museu partia a primeira transmissão oficial: a TV na Taba.

Em seu início, a televisão brasileira era puro improviso. O primeiro programa atrasou uma hora por causa de problemas com a câmera. A abertura ficou por conta da atriz Iara Lins. Homero Silva fez a apresentação, Lolita Rodrigues substituiu Hebe Camargo, que estava com gripe, e Mazzaropi fez alguns números de humor. Ainda houve divulgação de jogos de futebol e peças de teatro. Mas quando tudo terminou, veio a pergunta: "O que faremos amanhã?". Ninguém havia pensado nisso.

Em 1952, a primeira telenovela brasileira, "Sua vida me pertence", era captada em mais de 7 mil residências do eixo Rio-São Paulo (hoje, estima-se em 15 milhões o número de residências com TV nos dois estados). Já existia a Tupi do Rio de Janeiro e a de São Paulo ganhava uma concorrente, a TV Paulista.

Nessa época não havia videoteipe e tudo era feito ao vivo, qualquer gafe era flagrada na hora por milhares de pessoas. O intervalo comercial muitas vezes era usado para salvar uma situação difícil, mas também tinha seus problemas: certa vez, a garota-propaganda enfrentou uma verdadeira luta-livre com um sofá-cama que estava anunciando. O móvel só abriu com a ajuda de um bombeiro.

Em 1953, a TV Paulista criaria o programa circense mais famoso da televisão, o "Circo do Arrelia", e começou a transmitir "A Praça da Alegria", com Manoel da Nóbrega e Ronald Golias. Foi na "Praça" que Silvio Santos estreou na TV e até hoje mantém o programa em seu Sistema Brasileiro de Televisão.

Coincidência ou não, a TV Paulista foi comprada pela TV Globo em 1966, e a TV Tupi de São Paulo foi concedida ao Grupo Silvio Santos em 1981.

---

8 Texto adaptado: *Nosso tempo*. Publicado por Turner Publishing, Inc. Edição Brasileira produzida e adaptada por Klick Editora, São Paulo, 1995, p. 397.

Televisão

A televisão, ao contrário do rádio, exige olhos e ouvidos e, portanto, requer a atenção de quem a assiste. Pelo seu caráter intrínseco, o uso eficaz de sons e imagens a torna o maior meio publicitário do país, responsável por 58,8% dos investimentos.

A TV é a mais eficiente mídia de caráter nacional pela facilidade com que pode ser programada em rede. Permite a programação regional e local por meio de emissoras que podem inserir comerciais desvinculados da rede nacional. Permite também diversos formatos: 15, 30, 45 e 60 segundos. Dependendo da emissora e da negociação, é possível inserir os chamados infomerciais (informação e comerciais que permitem explicar os produtos com maior profundidade, com duração de meia hora ou mais) e programas como o "Polishop" e o "Shop Tour", nos quais o consumidor encontra produtos e serviços para comprar.

Para o meio publicitário, a televisão apresenta alguns pontos negativos: além dos custos altos de inserção e de produção de filmes, o uso constante do controle remoto nos intervalos da programação desestimula o anunciante.

Vantagens

- Entretenimento: é um meio que proporciona diversão e o telespectador pode acessar a qualquer hora.
- Cobertura: é possível inserir comerciais em níveis nacional, regional ou local.
- Impacto: os efeitos da cor, o som e os movimentos atraem o telespectador.
- Atenção: quando inseridos comerciais ao vivo ou *merchandising* nos programas.
- Atinge a todos: independentemente da faixa etária, classe social ou grau de instrução.

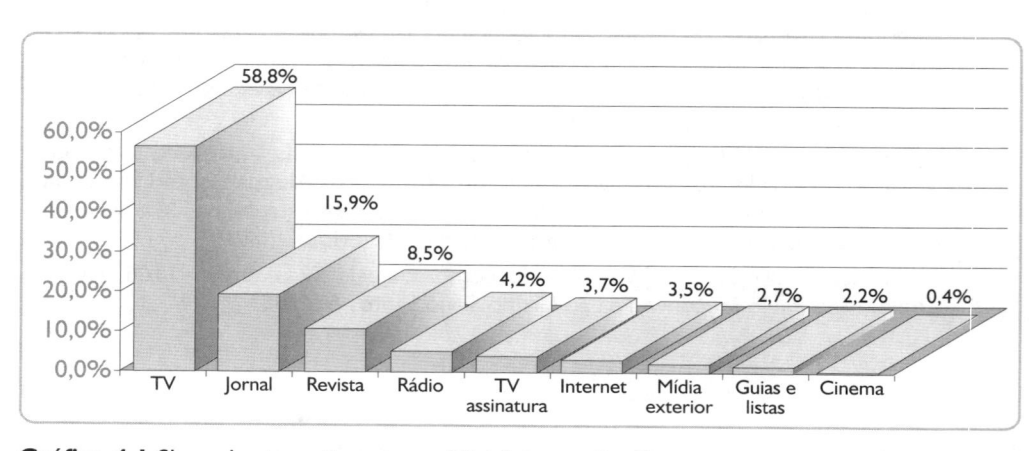

Gráfico 4.1 *Share* dos investimentos publicitários no Brasil.

TV	Jornal	Revista	Rádio	TV assinatura	Internet	Mídia exterior	Guias e listas	Cinema
58,8%	15,9%	8,5%	4,2%	3,7%	3,5%	2,7%	2,2%	0,4%

Desvantagens

- Não é seletiva.
- Custo elevado e de difícil negociação.
- É dispersiva para produtos seletos.
- O efeito *zapping* do controle remoto permite a fuga dos comerciais.
- Assim como no rádio, a mensagem não pode ser "revista".

CINEMA

Apesar de o cinema apresentar boa adequação para veiculação de comerciais, é o meio menos utilizado pelos empresários brasileiros. A participação do meio cinema no bolo publicitário é de 0,4% com cerca de 2 mil salas em todo o país.

O cinema possui pouco alcance na população em geral, no entanto, é um veículo que causa grande impacto pelas dimensões da tela, cor, imagens, som e movimento. A grande vantagem do cinema para a publicidade é a atenção total do consumidor, uma vez que nada desvia seus olhos da tela.

Vantagens

- Alto impacto: retém a atenção pelo tamanho da tela.
- Seletivo: é eficiente para atingir faixas etárias mais jovens e de maior poder aquisitivo.
- Completo: reúne imagem, movimento, som e cor.
- Baixa dispersão: a atenção é exclusiva.

Desvantagens

- Baixa cobertura.
- Depende dos "*best movies*" para ter boa audiência.

INTERNET

Apesar de a Internet oferecer uma audiência mundial, ainda não passível de mensuração fidedigna, não se pode esquecer que segmentar um público dessa amplitude é bastante complexo. No entanto, estar presente nesse meio publicitário é, sem dúvida, uma vantagem competitiva para as organizações, principalmente pelos baixos custos das mensagens publicitárias. Os investimentos publicitários neste meio vêm crescendo ano a ano e representam cerca de 3,5%.

Um dos entraves para o desenvolvimento do meio Internet está na condição socioeconômica da população. Além de a grande maioria não possuir condição financeira para aquisição do equipamento e do acesso à Internet, os que possuem

Tabela 4.2 Quem tem acesso à Internet?[9]

	Mercado	100%
1	Grande São Paulo	33%
2	Grande Rio de Janeiro	20%
3	Grande Belo Horizonte	7%
4	DF/Brasília	7%
5	Grande Porto Alegre	6%
6	Grande Curitiba	6%
7	Grande Salvador	5%
8	Grande Recife	4%
9	Fortaleza	4%
10	Campinas	3%
11	Grande Belém	2%
12	Baixada Santista (cinco cidades)	2%
13	Londrina	1%

têm dificuldades de acompanhar as evoluções tecnológicas, e as mensagens publicitárias mais atraentes utilizam recursos visuais sofisticados, necessitando de *hardware* e *softwares* específicos.

Os internautas cuja condição financeira permite acompanhar as evoluções tecnológicas possuem os *softwares* que inibem a aparição de mensagens publicitárias, como o *anti-spam*, o *antipop-up*, entre outros. Esses são motivos suficientes para os empresários se mostrarem cautelosos quanto à utilização dessa mídia. Resta-nos apenas aguardar.

Vantagens

- Cobertura: alta cobertura geográfica.
- Seletiva: os anúncios podem ser dirigidos a sites específicos.
- Custo baixo.

Desvantagens

- Filtros eletrônicos, como o *anti-spam*, *antipop-up*.
- Poluição visual em função da quantidade de informações na tela.
- Formatos invasivos interrompem a navegação.
- Quantidade excessiva de *e-mails* sem segmentação específica.

---

9 http://www.gm.org.br/MidiaDados/internet/consumo.htm

Outros Meios

Os pequenos brindes e as amostras, de um modo geral, fazem parte do material promocional das organizações. Eles são criados com a função de fixar a marca de uma empresa, produto ou serviço. Distribuídos de forma aleatória, os brindes dificilmente são jogados fora. Chaveiro, boné, camiseta, guarda-sol, toalha etc. são alguns exemplos. As amostras, usadas para introduzir um produto no mercado, possuem a característica de criar um posicionamento na mente do consumidor.

Fornecedores

Quem assiste a um comercial de TV não imagina quantas pessoas e empresas estão envolvidas na realização de um filme de apenas 30 segundos. Os mais conhecidos são os criativos da agência, mas com eles está uma série de fornecedores de serviços: as gráficas, os birôs, os fotógrafos, as agências de modelos, as produtoras de áudio e vídeo, os institutos de pesquisa, as montadoras de estandes, os fornecedores de brindes e muitos outros.

Os Fornecedores Gráficos

Há algum tempo os fornecedores gráficos ofereciam às agências basicamente três serviços: a composição do texto, os fotolitos e a impressão. Alguns fornecedores mais especializados ofereciam os serviços de modificação ou fusão de imagens, juntando duas ou mais fotos ou ilustrações.

Com o advento do computador, surgiram no mercado os chamados birôs, que realizavam um processo de tratamento da imagem mais apurado e, por vezes, um fotolito de qualidade inferior ao oferecido pelas gráficas tradicionais. Quando o produtor gráfico de uma agência necessitava de um trabalho mais sofisticado e mais rápido, recorria a esses fornecedores para depois confeccionar a impressão, ainda no processo *off-set*.

Com o desenvolvimento da tecnologia na área gráfica, surge o processo de impressão digital sob demanda. O nome se justifica pela possibilidade de se imprimirem pequenas quantidades eliminando-se o filme, dando assim mais agilidade ao processo. Surge também o *computer to plate* (CTP) permitindo gravação direta das chapas *off-set* sem a necessidade do filme.

Dependendo da qualidade exigida e do tempo disponível para realizar uma impressão, as agências recorriam a diversos fornecedores. Esse procedimento exigiu uma reação das gráficas tradicionais para não perderem faturamento e hoje estão investindo em equipamentos que atendam às necessidades de seus clientes e do mercado. Muitas delas operam com os dois sistemas, o tradicional e o de impressão digital sob demanda.

Embora a tecnologia gráfica se desenvolva no ritmo da velocidade da luz, nem os produtores gráficos das agências, nem os técnicos das gráficas, nem os especialistas dos birôs e nem mesmo os clientes estão preparados para a substituição da impressão tradicional de *off-set* para a impressão digital, seja por falta de conhecimento dos resultados que essa tecnologia oferece, seja pelos custos envolvidos na impressão digital, seja pela necessidade de administrar os bancos de imagens para extrair o máximo das possibilidades de impressão de conteúdo variável.

Se os birôs se concentrarem apenas na manipulação de imagens, eles correm o risco de desaparecer, pois existe uma tendência muito forte de essa atividade ser encampada pelas grandes agências de comunicação e pelas próprias gráficas, para atender às agências de menor porte, e os clientes que trabalham diretamente com as gráficas.

O momento é de grandes transformações, porém, o importante é que as agências precisam de impressos e quem os fornece é o meio gráfico.

Os Fornecedores de Imagens

Não é à toa que muitas pessoas são adversas ao computador. Enquanto ele abriu grandes perspectivas de trabalhos para alguns, inibiu várias atividades de outros. É o caso dos fotógrafos.

Se por um lado as atividades dos fotógrafos foram reduzidas com a possibilidade de digitalização e pela locação de imagens, por outro, alguns fotógrafos se especializaram em segmentos específicos e isso beneficiou as agências de comunicação. Fotografar um modelo requer técnicas diferentes de fotografar um produto, assim como máquinas e equipamentos de grande porte.

O trabalho do fotógrafo não se resume ao clique; ele se envolve na produção do cenário, na iluminação, na escolha dos modelos e na revelação e retoque das fotos. O resultado físico é um cromo (espécie de filme) cujas imagens poderão ser transportadas para um computador e agregadas à peça publicitária. Serão então encaminhadas à gráfica para impressão, no caso de folhetos, ou à editora para publicação do anúncio.

Há também os bancos de imagens, empresas que alocam imagens para utilização diversa por um período determinado. Muitos fotógrafos se filiam a esses bancos de imagens, fornecendo suas fotos e aumentando assim sua possibilidade de faturamento.

Fornecedores da Agência
- Gráficas
- Birôs
- Fotógrafos
- Agência de modelos
- Produtoras
- Institutos de pesquisa
- Outros

As Produtoras de RTVC

A prestação de serviços de rádio, televisão e cinema está agrupada e, nas grandes agências, ela é de responsabilidade do diretor de RTVC. As de médio e pequeno portes buscam as produtoras de áudio e vídeo, sob a coordenação do diretor de criação ou criativos.

Em geral, a produção de sons publicitários se baseia no *jingle*, no *spot* e na trilha sonora. São raras as vezes que a agência chega a uma produtora com texto e música definidos para a gravação de um *jingle*. Esse trabalho é uma parceria dos criativos da agência com o pessoal da produtora.

Uma boa produtora de som possui profissionais de várias áreas, tais como compositores, maestro, arranjadores, músicos, técnicos ou engenheiros de som, um bom cadastro de locutores, cantores e imitadores, além de muitos efeitos sonoros especiais.

Os elementos que compõem um *jingle* ou um *spot* (locução, música etc.) são gravados separadamente para depois serem mixados e acrescidos, se necessário, dos efeitos especiais. Findo esse processo, a produtora de som tirará as cópias solicitadas pelo mídia da agência, que as enviará para as emissoras de rádio.

A produção de um comercial para televisão e cinema é um pouco mais complexa e é também um trabalho de parceria entre as agências e as produtoras. Em princípio, a realização de um comercial compreende: o argumento, o roteiro técnico, a preparação, a pré-produção, a produção, a filmagem, a mixagem e a finalização. A preparação para a filmagem envolve a escolha de intérpretes, cenários,

Curiosidades

Criação do estúdio da Standard Ogilvy & Mather[10]

Em 1939, a Standard implantou seu Departamento de Rádio, um estúdio completo para gravação de *jingles*, *spots*, radionovelas e programas de qualquer gênero. Construído por exigência da Colgate-Palmolive, o estúdio da Standard irradiava diretamente para as emissoras do Rio de Janeiro. Em 1941, Leuenroth, o dono da agência, contratou José Scatena. Dois anos depois, o proprietário da agência estimou em 65% as verbas dos clientes destinadas ao rádio.

Cabe à Standard o pioneirismo de lançar a primeira novela do rádio brasileiro, "Em busca da felicidade", produção cubana traduzida e adaptada por Gilberto Martins, em capítulos apresentados três vezes por semana.

Outras novelas vão ao ar nos anos seguintes, como "Tarzan" e "O vingador" e ainda minisséries da Goodyear distribuídas para emissoras de todo o Brasil. Ainda não existia fita e as gravações eram feitas diretamente sobre o disco de acetato – matéria-prima escassa durante a guerra. Não se podia errar e, se o disco quebrasse no caminho, o que era comum, à emissora restava apenas repetir o capítulo anterior.

O estúdio da Standard, no fim da década, transforma-se em RGE-Rádio Gravações Especializadas, um estúdio independente que passou a prestar serviços às agências.

---
10 Texto adaptado do original. CADENA, Nelson Varón. *Brasil – 100 anos de propaganda*. São Paulo: Edições Referência, 2001, p. 106.

figurinos, maquiagem, iluminação, locação de móveis etc. Quando há filmagens externas, outras providências precisam ser tomadas, como autorizações, transporte, alimentação, entre outras.

Quando tudo estiver pronto, a filmagem tem seu início efetivamente. As cenas são rodadas de acordo com os locais preparados em função da praticidade e não necessariamente na ordem em que as vemos nos comerciais.

O resultado da filmagem é o copião, ou seja, é a fita na íntegra de todas as cenas do filme, que será utilizado para a seleção das cenas que irão compor o comercial. O próximo passo é a edição: selecionadas e editadas as cenas, trilha sonora e efeitos especiais se agregarão para o resultado final: o comercial pronto.

A exemplo de *jingle* e *spot*, a produtora de vídeo tirará tantas cópias do filme quantas forem solicitadas pelo mídia da agência, que as enviará para as emissoras de televisão e exibidoras de cinema.

Os Institutos de Pesquisa

A função básica da pesquisa é coletar, qualificar e analisar os dados levantados. Ela deve ser entendida como um instrumento capaz de orientar tendências, de dar diretrizes para quem as utiliza e jamais como ferramenta de definição de caminhos. A definição de estratégias é dada pelo contratante da pesquisa, que as interpreta. Muitos empresários não são adeptos da pesquisa, pois acreditam que ela é a culpada por grandes fracassos empresariais, no entanto, esquecem que as informações contidas nelas devem ser interpretadas e contextualizadas de acordo com o momento econômico e financeiro da organização. Para as agências de comunicação é uma ferramenta indispensável.

IBOPE

As pesquisas mais comumente utilizadas no meio publicitário são as de mercado, de comunicação e as de mídia.

Pesquisas de mercado: em geral, colhem-se informações sobre o produto, os consumidores, a concorrência. O produto pode ser pesquisado quanto a seus benefícios, cor, embalagem, gosto, durabilidade, forma de apresentação, preços ou ainda sobre possíveis alterações e sua aceitação no mercado. Os consumidores são pesquisados para que se possa identificar seu perfil, suas preferências, atitudes em relação à compra, seu comportamento de compra etc. A política de preço, as condições de pagamento, os novos lançamentos e outras tantas informações podem ser levantadas com a concorrência.

Pesquisas de comunicação: levantam dados sobre a eficiência das peças publicitárias, antes e depois da veiculação. *Antes*, para testar os conceitos usados nas peças, assim como modelos, títulos, *slogans*, e, *depois*, para verificar a eficiência da comunicação, o índice de *recall*, a pertinência dos veículos utiliza-

Curiosidades

E surge o IBOPE[11]

A curiosidade em torno das notícias da guerra e a cobertura de todo o país através de ondas curtas da Rádio Nacional aguçam a curiosidade do mercado sobre a audiência do veículo. Esse não é o fator determinante, mas é uma das motivações que levam o jornalista, advogado e auditor de guerra Auricélio Penteado a fundar o Instituto Brasileiro de Opinião Pública e Estatística (IBOPE), em 1942.

Penteado reúne toda a literatura disponível sobre pesquisa nos Estados Unidos e cria o Instituto, sob o pretexto de atender a um pleito da Rádio Kosmos de São Paulo, que quer conhecer os seus índices de audiência. As rádios paulistas não aceitaram a influência da Rádio Nacional e mobilizaram a opinião pública contra ela. O que Penteado não imaginava era que essas mesmas rádios de São Paulo tudo fariam para fechar o Instituto, incomodadas com os índices divulgados.

Após a guerra, o Ibope deixa de ser um órgão exclusivo de pesquisa de audiência para o rádio, através da metodologia de flagrante domiciliar, e diversifica na pesquisa de opinião.

Penteado infelizmente não obtém o devido reconhecimento de seu trabalho. Exemplo disso é um explosivo artigo publicado na revista PN, em 1955, que lhe valeu a condenação das maiores lideranças da propaganda de São Paulo. Crucificado pelos desafetos e abandonado pelos amigos, Penteado, que já havia deixado o Ibope, apressa sua retirada da cena pública, após uma passagem pela Alcântara Machado.

Hoje o Ibope é considerado o maior e mais diversificado fornecedor de informações nas esferas empresarial, política e governamental. Possui mais de mil funcionários e sedes em São Paulo e no Rio de Janeiro, filiais nas principais cidades brasileiras e empresas coligadas nas maiores capitais latino-americanas, além de um escritório em Nova York.

dos na campanha. Outros tipos de levantamento podem ser realizados, como, por exemplo, verificar que tipo de apelo deve ser usado em uma campanha: sexual, informativo ou humorístico.

Pesquisas de mídia: o foco recai sobre os veículos de comunicação, como o levantamento de dados sobre a área de abrangência, cobertura, audiência, potencial de consumo da população e penetração dos meios de comunicação nesses públicos.

OUTROS FORNECEDORES

Muitas outras empresas prestam serviços ou vendem seus produtos para as agências de comunicação. É o caso das empresas que oferecem serviços de montagem de estandes, confecção de brindes e tantos outros cujo envolvimento da agência não é tão complexo, implicando levantamento de orçamento, aprovação, amostras, acompanhamento, entrega, recebimento e distribuição.

---

11 Texto adaptado do original. CADENA, Nelson Varón. *Brasil – 100 anos de propaganda*. São Paulo: Edições Referência, 2001, p. 107. *Site*: www.ibope.com.br

FLUXOGRAMA

Até este capítulo abordamos, de forma geral, as atividades dos profissionais da agência, os serviços que ela presta ao cliente e seus fornecedores. É o momento de entender qual é o caminho percorrido por um *job* em uma agência. A esse caminho se dá o nome de fluxograma.

O fluxograma apresentado retrata resumidamente o caminho que uma campanha percorre em uma agência de comunicação, desde a abertura de um *job* até a entrega dos materiais para os veículos. Sabemos que no dia-a-dia da agência o processo não é tão simples como o demonstrado. Por vezes o cliente solicita várias modificações, por outras ele é envolvido no processo como um todo, participando de quase todas as etapas.

FLUXOGRAMA DE UMA CAMPANHA

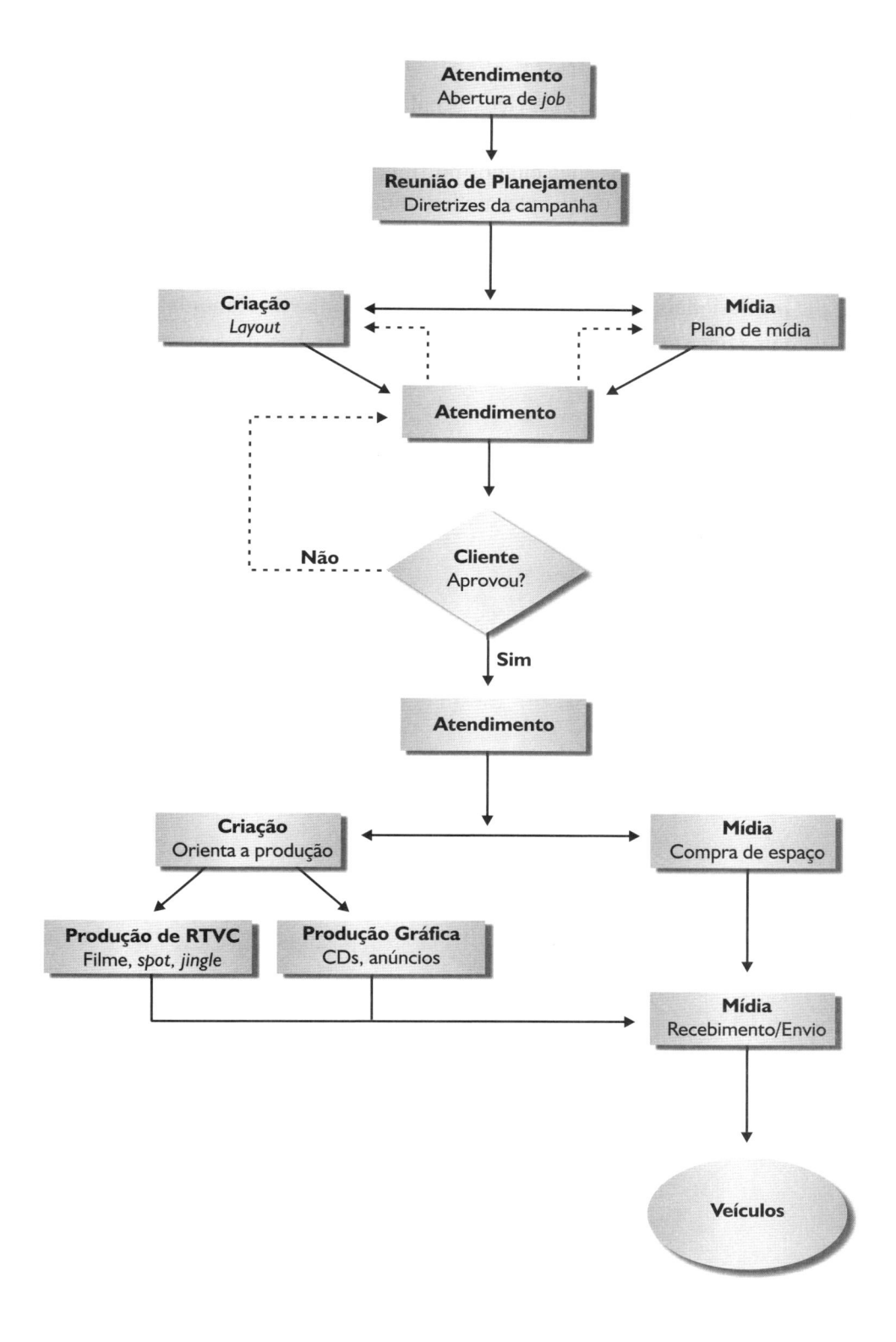

Atendimento
Abertura de *job*

↓

Reunião de Planejamento
Diretrizes da campanha

↓

Criação
Layout

Mídia
Plano de mídia

↓

Atendimento

↓

Cliente
Aprovou?

- Não → (retorna para Atendimento)
- Sim ↓

Atendimento

↓

Criação
Orienta a produção

Mídia
Compra de espaço

↓

Produção de RTVC
Filme, *spot*, *jingle*

Produção Gráfica
CDs, anúncios

↓

Mídia
Recebimento/Envio

↓

Veículos

Questões para revisão e discussão

1. Quais são as características que diferenciam o anunciante de bens industriais do anunciante intermediário?
2. Escolha um anunciante de serviços. Analise os meios de comunicação e escolha três meios que mais se ajustem a ele. Justifique sua resposta.
3. Faça uma pesquisa nos sites citados no fim deste capítulo. Relacione o tipo de fornecedor e os serviços que eles podem oferecer.
4. Reúna seus amigos, escolha uma campanha que esteja sendo veiculada e faça um teste de *recall*.
5. Que profissionais são envolvidos em uma campanha de comunicação?
6. Tente imaginar um evento de lançamento de um produto. Descreva as atividades da agência e desenhe um fluxograma para cada uma delas separadamente.

A INTER-RELAÇÃO ANUNCIANTES, AGÊNCIAS, FORNECEDORES E MEIOS

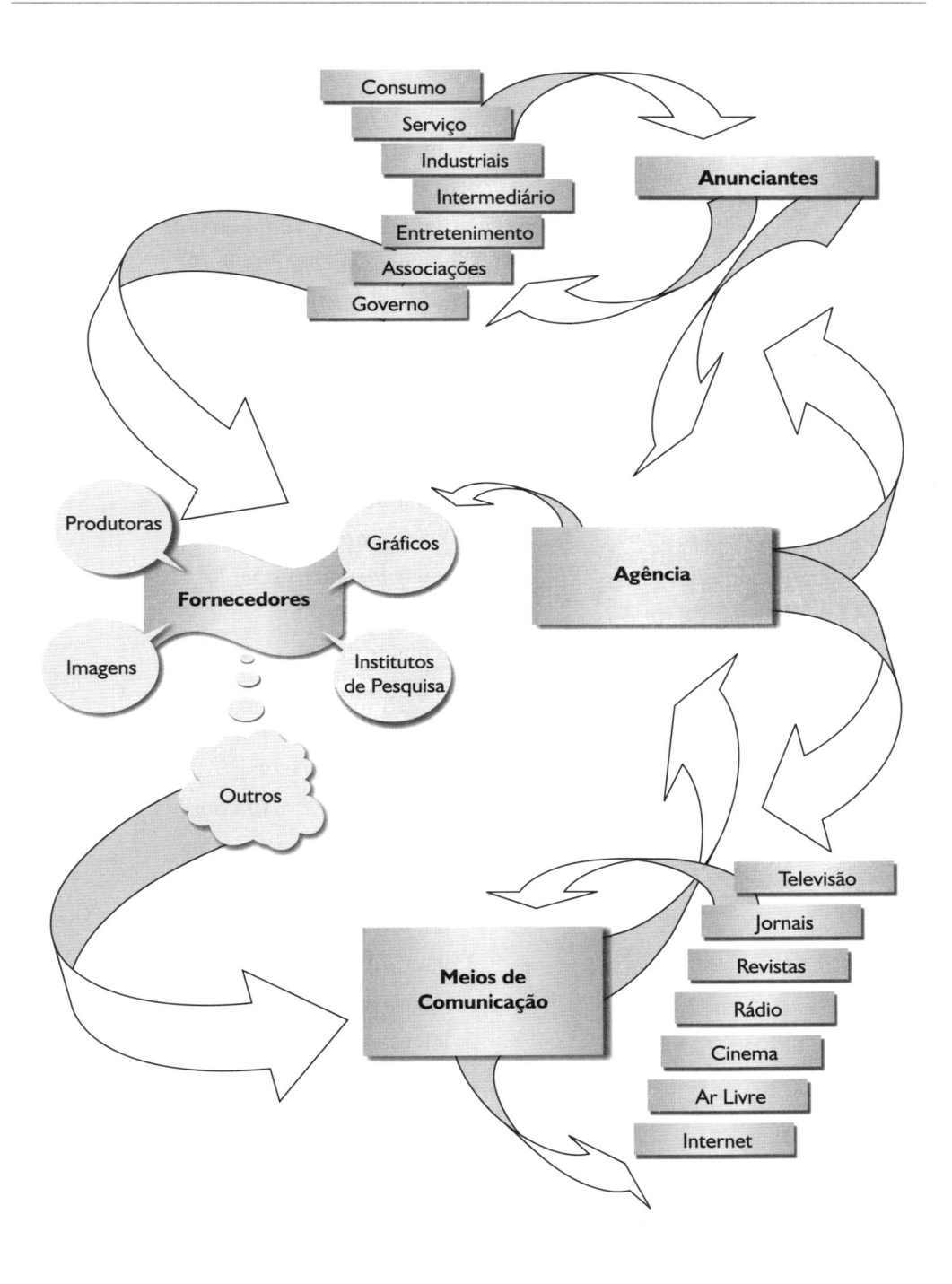

Anunciantes
- Consumo
- Serviço
- Industriais
- Intermediário
- Entretenimento
- Associações
- Governo

Fornecedores
- Produtoras
- Gráficos
- Imagens
- Institutos de Pesquisa
- Outros

Agência

Meios de Comunicação
- Televisão
- Jornais
- Revistas
- Rádio
- Cinema
- Ar Livre
- Internet

Navegando pela Internet

Os sites relacionados abaixo pertencem a alguns fornecedores de serviços às agências, outros expressam curiosidades do meio. Explore-os.

www.burti.com.br
www.sptelefilm.com.br
www.twisterstudio.com.br
www.pancrom.com.br
www.jrduran.com.br
www.teccine.com.br
www.outdoor.com.br/
www.maianga.com.br
www.tv1.com.br
www.microfone.jor.br
www.jodaf.com.br
www.insonoris.com.br
www.anj.org.br
www.zerofilmes.com.br
www.danmess.com
www.O2filme.com.br
www.abert.org.br
www.avozdobrasil.com.br
www.intermeios.com.br
www.discovoador.com.br
www.timbre.com.br
www.ivc.org.br
www.redeoutlight.com.br
www.stockphotos.com.br
www.sapesp.org.br
www.academiadefilmes.com.br
www.shutterstock.com/
www.fotosearch.com.br/
www.bancodeimagem.com.br/

Capítulo 5

Verba de Comunicação, Remuneração da Agência e Negociação

Objetivos

Ao término do capítulo, o leitor deverá ser capaz de:

- Reconhecer as diversas origens da verba de comunicação do cliente.
- Conhecer a forma de remuneração de uma agência, estabelecida por lei.
- Estabelecer as diferenças entre as diversas outras formas de remuneração de uma agência de comunicação.
- Entender os princípios de uma negociação.

Esquema

Origem da Verba de Comunicação da Empresa Anunciante
    Porcentual de Vendas
    Prática Comercial Anterior
    Valor Fixo por Unidade
    Paridade com a Concorrência
    Disponibilidade de Recursos
    Objetivo/Tarefa
    Objetivo x Valor Fixo
Origem da Verba Cooperada
Negociando com os Clientes
Remuneração da Agência
    Comissões Estabelecidas pela Lei nº 4.860
    Fee Mensal Fixo
    Remuneração por Resultados
    Fee Mensal Fixo Acrescido de um Porcentual sobre os Resultados
    Markup
    Honorários Acrescidos de Cláusula de Resultados
    Comissões Estabelecidas pela Lei com Descontos Progressivos
    Contrato de Participação
Negociando com os Veículos
Bonificação de Agência/Programas de Incentivo
Princípios da Negociação

> Márcio Miranda é um empresário de sucesso, reconhecido no meio empresarial pela sua extrema habilidade como negociador. É colaborador do site e ex-comentarista do programa "Pequenas Empresas, Grandes Negócios" da Rede Globo de Televisão. Autor do livro *Negociando para Ganhar*, acredita que a negociação é vital para a vida do ser humano. "A todo instante somos obrigados a enfrentar oponentes que procuram, cada um a seu modo, fazer o melhor negócio possível. Se a negociação é uma arte que pode ser aprendida, é óbvio que se sairá melhor quem mais profundamente conhecer e souber aplicar as técnicas de negociação."
>
> www.workshop.com.br
>
> *Márcio Miranda*

VERBA DE COMUNICAÇÃO, REMUNERAÇÃO DA AGÊNCIA E NEGOCIAÇÃO

A habilidade de negociar é hoje uma das mais valorizadas em uma organização. Tudo precisa ser negociado, desde a mais simples tarefa até as fantásticas verbas que envolvem o mundo das comunicações. No mercado publicitário, como em qualquer outro, ganhar nem sempre significa ter o preço mais baixo em uma negociação. Significa ter a melhor relação custo-benefício, que está intimamente relacionada aos objetivos organizacionais.

A habilidade de negociação e o conhecimento dos meios de comunicação permitirão à empresa anunciante e à agência firmarem acordos operacionais benéficos para ambas as partes. Neste capítulo, o leitor terá a oportunidade de conhecer alguns elementos que o auxiliarão a firmar esses acordos. O conhecimento da verba de comunicação do anunciante, assim como os sistemas possíveis de remuneração de uma agência, facilitarão as negociações entre os anunciantes, as agências e os fornecedores.

ORIGEM DA VERBA DE COMUNICAÇÃO DA EMPRESA ANUNCIANTE

Quando uma empresa anunciante realiza seu planejamento estratégico, é comum que defina um montante de verba para cada um de seus departamentos, a fim de que estes possam realizar os objetivos organizacionais.

Ao receber a informação dos objetivos globais e do valor da verba atribuída a ele, o gerente de comunicação da empresa anunciante traça os objetivos departamentais e seu *budget*. O *budget* é um orçamento, ou seja, é uma previsão de despesas das atividades do setor. Portanto, ele compreende um rol de tarefas e um valor para cada uma delas.

Os itens que compreendem um *budget* de comunicação variam de empresa para empresa, incluindo diversas atividades. Entre as mais comuns estão as campanhas para lançamento de produtos, campanhas de sustentação de produtos existentes, promoções, eventos, material promocional e outras. Há empresas que incluem no orçamento uma verba para campanhas cooperadas.

Nesse momento é oportuno questionar: de onde vem a verba que é atribuída ao departamento de comunicação? Existem vários métodos para a definição da verba de comunicação da empresa anunciante: porcentagem de vendas; prática comercial anterior; valor fixo por unidade; paridade com a concorrência; disponibilidade de recursos; objetivo/tarefa; e objetivo x valor fixo. Não existe um método correto ou incorreto, mais eficiente ou menos eficaz; as empresas definirão o método que melhor lhes convier, dependendo de seus objetivos.

> Métodos para a definição da verba de comunicação da empresa anunciante:
> - porcentagem de vendas;
> - prática comercial anterior;
> - valor fixo por unidade;
> - paridade com a concorrência;
> - disponibilidade de recursos;
> - objetivo/tarefa;
> - objetivo x valor fixo.

PORCENTAGEM DE VENDAS

O método de *porcentagem de vendas* é baseado na determinação de um porcentual sobre as vendas estimadas. Trata-se de um método comumente aplicado, pois, além de ser fácil de calcular e justificar, geralmente proporciona maior volume de verba na medida em que as vendas aumentam. Por exemplo, se a empresa decidir aplicar 3% de suas vendas em comunicação e prever um total de vendas de $ 5.000.000 no ano, então sua verba de comunicação será de $ 150.000 (ou seja, $ 5.000.000 x 0,03). Caso as vendas aumentem no decorrer do ano, a verba também aumentará.

> O método de **porcentagem de vendas** é baseado em um porcentual sobre as vendas estimadas.

Esse método, no entanto, tem suas desvantagens. Quando as vendas caem, a verba de comunicação diminui. Se o motivo da queda de vendas for a entrada de um concorrente no mercado, a verba de comunicação deveria aumentar e não diminuir.

Algumas empresas adotam o método de porcentagem de vendas passadas da empresa, retroagindo um ano. Essa prática pode trazer efeitos desastrosos, uma vez que a economia do país dificilmente se comporta da mesma forma de um ano para outro, além de não considerar as estratégias atuais da concorrência.

Em qualquer dos casos, o objetivo de vendas pode ser cumprido, mas não necessariamente o objetivo de comunicação. Se o objetivo de comunicação for o de posicionar uma marca no mercado, independerá dos resultados de vendas.

PRÁTICA COMERCIAL ANTERIOR

A prática comercial adotada em anos anteriores se justifica quando a empresa possuir um programa de comunicação institucional que tenha dado resultados, elevando o *share of mind* da organização. É um método que envolve poucas decisões sofisticadas, bastando apenas atualizar os custos efetuados com a comunicação.

> O método de **prática comercial anterior** se baseia no reajuste dos valores da verba do ano anterior.

As empresas que utilizam esse método são aquelas que cortam radicalmente os investimentos em comunicação quando as condições econômicas do mercado não são favoráveis. É uma estratégia totalmente equivocada, porém adotada por muitas empresas que consideram a comunicação despesa e não investimento. Não priorizam, portanto, os objetivos de comunicação.

Valor Fixo por Unidade

O método de *valor fixo por unidade*[1] consiste em alocar uma quantia fixa para a verba de comunicação com base em cada unidade de produto vendida ou produzida. Por exemplo, imagine uma empresa fabricante de televisores que decida investir $ 30,00 em comunicação por TV vendida. Prevendo a venda de 50 mil televisores/ano, a verba será de $ 1.500.000,00 (ou seja, 50.000 TVs x $ 30,00).

> O método de **valor fixo por unidade** consiste em alocar uma quantia fixa com base em cada unidade de produto vendida.

Com esse método é possível controlar os investimentos de comunicação com certa facilidade e o valor investido é embutido no preço do produto. Outra vantagem é que os valores atribuídos para a comunicação não podem ser computados como gastos, afinal, são cobrados e podem ser considerados investimentos. Apesar das vantagens apresentadas, esse método de determinação de verba também não considera os objetivos de comunicação.

Paridade com a Concorrência

Estabelecer o método de *paridade com a concorrência* significa definir um valor com base nos investimentos publicitários dos concorrentes. A empresa toma conhecimento do montante da verba e dos veículos de comunicação que o concorrente utilizou pelas associações de classe e também pelos levantamentos dos institutos de pesquisas. Estes apresentam os veículos e a mídia considerando os valores de tabela e não os negociados.

> O método de **paridade com a concorrência** baseia-se nos valores que os concorrentes investem em sua comunicação.

A definição da verba de comunicação pelo método de *paridade com a concorrência* não leva em consideração os objetivos do produto, de comunicação ou mesmo da empresa, correndo o risco de não atingir as metas programadas.

Disponibilidade de Recursos

Algumas empresas utilizam o método de *disponibilidade de recursos*[2], em que o orçamento de comunicação é baseado no que elas julgam que podem investir.

---

1 CHURCHILL, Gilbert A.; PETER, Paul. *Marketing*: criando valor para o cliente. São Paulo: Saraiva, 2000, p. 460.

2 KOTLER, Philip; ARMSTRONG, Gary. *Princípios de marketing*. 7ª ed. Rio de Janeiro: Prentice-Hall, 1995, p. 323.

Essas empresas justificam a utilização do método afirmando que a organização não pode gastar mais do que dispõe. Não leva em consideração nenhum objetivo e, portanto, corre o risco de despender recursos indevidamente, não aproveitando a vantagem que a comunicação proporciona.

> O método de *disponibilidade de recursos* consiste em investir os valores disponíveis da empresa.

OBJETIVO/TAREFA

O leitor observou que nenhum dos métodos apresentados se volta aos objetivos de comunicação da organização. O método que mais se aproxima é o de *objetivo/tarefa*. É a metodologia mais lógica, na qual a empresa define o orçamento de comunicação com base no que pretende realizar. Se o objetivo de comunicação for, por exemplo, aumentar o *recall* do produto, passando a liderar o *share of mind* de sua categoria, o departamento de comunicação deverá desenvolver ações para que obtenha resultados para esse objetivo.

Para tanto, o método *objetivo/tarefa* envolve algumas decisões:
- a definição clara dos objetivos específicos da comunicação;
- a determinação de tarefas necessárias para atingir esses objetivos;
- a estimativa de custos para a execução dessas tarefas.

> O método de *objetivo/tarefa* consiste em realizar ações necessárias de comunicação independentemente da verba.

O somatório desses custos representará a verba de comunicação da empresa.

Apesar de ser o método mais indicado, não é fácil decidir qual tarefa atingirá determinados objetivos nem que elementos devem ser considerados no *mix* de comunicação. Pode também resultar em um orçamento de comunicação muito elevado e a saída é rever os prazos para o cumprimento dos objetivos ou encontrar outras formas mais econômicas de alcançar os objetivos propostos.

OBJETIVO X VALOR FIXO

O cruzamento do método *objetivo/tarefa* e do método *valor fixo por unidade* pode levar a empresa a obter resultados positivos. Um estudo do valor obtido no método *objetivo/tarefa* vem a ser interessante na medida em que ele determina o valor de comunicação investido por unidade de produto. Vejamos: o orçamento de comunicação do método objetivo/tarefa foi da ordem de $ 3.000.000,00. A empresa pretende vender 100.000 peças de determinado produto. Para tanto, ela determinará o valor de $ 30,00 (3.000.000/100.000) por unidade de produto a ser investido em comunicação. Esse valor – $ 30,00 – será acrescido ao custo do produto. Se seu preço final não for competitivo com esse acréscimo, a empresa poderá reduzi-lo a níveis negociáveis, sem afetar o desenvolvimento dos objetivos de comunicação.

> O método de *objetivo x valor fixo* alia as necessidades da comunicação ao acréscimo de um valor absoluto por produto.

Tabela 5.1 Origem da verba de comunicação do anunciante.[3]

Método	Vantagens	Desvantagens
Porcentagem de vendas	Simples de usar.	Definição com base nas vendas esperadas implica ideia de que a comunicação não pode melhorar o desempenho das vendas. Quando as vendas caem, a verba de comunicação diminui. Não considera os objetivos de comunicação.
Prática comercial anterior	Fácil de calcular.	Não contempla os objetivos do produto nem de comunicação.
Valor fixo por unidade	Controle dos investimentos em comunicação. A verba de comunicação aumenta nos períodos de crescimento de vendas.	Redução no orçamento de comunicação durante períodos de queda nas vendas pode ser desastroso em alguns casos. Não considera os objetivos de comunicação.
Paridade com a concorrência	Leva em consideração as atividades dos concorrentes. As quantias orçadas serão razoáveis se a concorrência estiver investindo com eficácia.	Pode levar ao crescimento constante dos orçamentos de comunicação. Supõe que os concorrentes tenham os mesmos objetivos. Com base na concorrência, não considera nenhum objetivo da empresa.
Disponibilidade de recursos	Leva em consideração recursos limitados. Pode estimular a criatividade para fazer com que os recursos rendam o máximo.	Tomar empréstimos pode ser uma tentativa válida para custear algumas estratégias de comunicação. Não contempla os objetivos de marketing.
Objetivo/tarefa	Baseia-se no plano de comunicação. Utiliza eficazmente os recursos.	É difícil calcular qual será o custo para se alcançar um determinado objetivo. Pode resultar em um orçamento muito elevado.
Objetivo x valor fixo	Considera os objetivos de comunicação.	Exige dedicação e tempo. Pode demandar negociações ou redução da verba.

---

3 CHURCHILL, Gilbert A.; PETER, Paul. *Marketing:* criando valor para o cliente. São Paulo: Saraiva, 2000, p. 461.

É evidente que esse método requer um exercício que demanda mais tempo, no entanto, faz sentido utilizá-lo, pois considera explicitamente os objetivos de comunicação e o retorno dos investimentos.

ORIGEM DA VERBA COOPERADA

Conforme mencionado no Capítulo 3, a campanha cooperada também pode ser realizada entre empresas que possuem objetivos comuns, por exemplo, Omo e Hering. Nesse caso, a empresa deverá incluir em seu orçamento uma verba para esse tipo de ação cooperada.

O tipo de campanha cooperada mais comum é a que envolve um fabricante e um varejista que dividem o custo da comunicação. A produção das peças normalmente é feita pelo varejista, pois envolve vários fabricantes.

Todas as vezes que o varejista comprar os produtos de um fabricante, este lhe concederá um desconto que é "guardado" em uma conta corrente. Quando o varejista quiser anunciar os produtos, o fabricante autorizará a veiculação e se utilizará dessa conta corrente para pagar sua parte na campanha cooperada. A vantagem de adotar esse método para a campanha cooperada é do fabricante. Ele possui um controle rígido sobre a verba.

Conhecer a origem da verba de comunicação dos anunciantes facilita o trabalho da agência no que diz respeito à criação de estratégias competitivas.

Muitos estudiosos das áreas de administração e marketing buscam estratégias para criar vantagens competitivas para as organizações. Entre as vantagens competitivas estudadas está o preço, que possui uma importância significativa, pois é o valor recebido pelos produtos que determina o nível de receita gerada pela empresa. É possível encontrar, e com muita facilidade, os métodos de atribuição de preços, descritos em diversos livros que abordam o assunto. Algumas empresas determinam o preço de seus produtos em função de custos, outras em função dos concorrentes, e há ainda aquelas que o determinam em função da demanda. Quando se tem um produto tangível para trabalhar, é relativamente fácil estudar e definir estratégias que determinarão o preço de produtos. Mas e quando o produto não é tangível? E quando se vende um serviço, a exemplo de uma agência de comunicação? Como estabelecer o preço?

NEGOCIANDO COM OS CLIENTES

A agência de comunicação é uma prestadora de serviços e como tal não possui um preço preestabelecido como as empresas que trabalham com produtos tangíveis. Como o próprio nome diz, é uma agenciadora, intermediária entre os anunciantes e os veículos de comunicação. Por ser intermediária, seus serviços são comissionados.

Como qualquer outra empresa do mercado, as agências de comunicação negociam com seus clientes a melhor forma de remuneração.

Remuneração da Agência

A remuneração da agência ocorre, em sua maioria, por meio das comissões, porém essa não é a única forma. São elas: as comissões estabelecidas pela Lei nº 4680, o *fee* mensal fixo, a remuneração por resultados, o *fee* mensal fixo acrescido de um porcentual sobre os resultados, o *markup*, os honorários acrescidos de cláusula de resultados, as comissões estabelecidas pela lei com descontos progressivos e o contrato de participação.

Comissões estabelecidas pela Lei nº 4680

A comissão da agência é baseada na Lei nº 4680/65, regulamentada pelo Decreto nº 57.690/66, que rege a profissão de publicitário e as relações entre anunciantes, agências e veículos de comunicação, incidindo sobre a produção e a mídia (veja Anexo 1).

De acordo com a Lei, a agência receberá 20% sobre os serviços prestados em mídia, e 15% sobre os serviços prestados na área de produção. Ainda segundo a lei, os 20% sobre a mídia são pagos à agência pelos veículos e não pelo cliente. Em outras palavras, os honorários da agência já estão embutidos no preço do veículo de comunicação.

Mas quem paga quem? A agência autoriza os meios a iniciar a veiculação. O veículo emite uma nota fiscal em nome do cliente e a envia para a agência. A agência cobra o cliente. O cliente paga à agência. A agência paga o veículo, porém, retém nesse momento sua comissão. Exemplo: um cliente Alpha autoriza a agência a veicular a programação de mídia na TV Globo, em um total de $ 1.000.000, pelo período de um mês. Ao término do mês, a TV Globo emitirá uma fatura em nome do anunciante Alpha, no valor de $ 1.000.000 e a enviará à agência. Após conferir seus valores e a programação, a agência cobrará do cliente o mesmo valor. Ao receber do cliente, a agência deverá pagar à TV Globo, porém, o valor a ser pago será de $ 800.000. Os $ 200.000 restantes (20% do custo total da veiculação) serão retidos, pois são a comissão da agência.

Tabela 5.2 Comissão da agência sobre mídia.

Veiculação do anúncio ou comercial		
Preço cobrado pelo veículo e pago pelo cliente	$ 1.000.000	100%
Comissão ou honorários da agência	$ 200.000	20%
Valor pago ao veículo pela agência	$ 800.000	80%

Para que esse mecanismo seja possível, é necessário o credenciamento das agências junto aos veículos. Se o cliente for diretamente aos veículos e inserir seu comercial, deverá pagar os mesmos $ 1.000.000, pois ele não está credenciado como agenciador para ter direito à comissão.

> O sistema de **comissões estabelecidas pela Lei nº 4.860** compreende 15% sobre os serviços de produção e 20% sobre os serviços de veiculação.

Retomando a Lei nº 4680/65, todos os serviços de produção realizados pela agência deverão ser acrescidos de 15% e pagos pelo cliente. Entenda-se como produção os serviços realizados por terceiros, a pedido da agência: fotolito, impressão, produção do comercial de TV, documentários, produção de *spots*, *jingles*, maquetes de estandes etc.

Resgatemos o exemplo anterior: o cliente Alpha autorizou a inserção dos comerciais na TV e pagou pela veiculação. Entretanto, foi produzido um filme e seu custo foi de $ 5.000. O procedimento é semelhante. A agência autoriza a produtora a realizar o filme. A produtora emite uma nota fiscal em nome do cliente Alpha no mesmo valor e a encaminha para a agência. Esta acrescenta ao valor do filme 15% relativos a seus honorários e encaminha ao cliente uma fatura no valor total de $ 5.750 ($ 5.000 + 15%).

Tabela 5.3 Comissão da agência sobre produção.

Produção (anúncio, comercial, fotolito etc.)		
Preço cobrado pelo fornecedor	$ 5.000	100%
Comissão ou honorários da agência	$ 750	15%
Total a ser pago pelo cliente	$ 5.750	115%

Embora seja estipulado por lei, os porcentuais de 20% sobre veiculação e 15% sobre produção são considerados altos pelos anunciantes, que pressionam as agências de comunicação a reduzi-los.

A pressão exercida pelos empresários levou, em 1997, a Secretaria Social da Presidência da República a editar o Decreto nº 2.262, que permitiu a negociação da comissão dos 20%, tornando lícitas as transações entre anunciantes e agências.

Naquele mesmo ano, representantes de agências de comunicação, veículos e anunciantes se propuseram a estudar o problema sob os aspectos comercial, ético e legal. O resultado desse estudo foi a criação do CENP (Conselho Executivo de Normas-Padrão) em dezembro de 1998, constituído pelas entidades: ABA (Associação Brasileira de Anunciantes), ABAP (Associação Brasileira de Agências de Publicidade), FENAPRO (Federação Nacional das Agências de Propaganda), ANJ (Associação Nacional de Jornais), ANER (Associação Nacional de Editores de Revistas), ABERT (Associação Brasileira de Emissoras de Rádio e Televisão), ABTA (Associação Brasileira de Telecomunicações por Assinatura) e Central de Outdoor.

O CENP estabeleceu as Normas-Padrão da Atividade Publicitária, cujo objetivo principal é garantir o compromisso dos veículos de comunicação a conceder a comissão de 20% à agência sobre os serviços prestados de mídia. É preciso frisar que só são beneficiadas as agências que forem devidamente cadastradas no órgão.

Mesmo não tendo a força de uma lei, as Normas-Padrão representam um esforço conjunto que merece todo respeito, embora haja ainda muitos empresários pressionando as agências para reduzir suas comissões. Apesar da lei e das Normas-Padrão, muitas agências apostam no seu poder criativo e em sua capacidade efetiva de gerar resultados e buscam caminhos alternativos.

Fee mensal fixo

É um valor fixo mensal que o anunciante paga à agência. O sistema de remuneração de *fee mensal fixo* é semelhante ao utilizado por consultores, em que o valor cobrado tem como base as horas trabalhadas. Pode, também, ser calculado pela média salarial das pessoas envolvidas no *job*.

> O sistema de remuneração **fee mensal fixo** compreende um valor fixo por mês, desconsiderando comissões.

O *fee mensal fixo* deve ser acordado, previamente, entre o cliente e a agência, definindo-se quais serão as atividades e qual o período de tempo demandado para a realização das tarefas. As despesas decorrentes de viagens e os materiais extras deverão ser computados além do *fee fixo*.

Embora justo, esse sistema tende a desgastar o relacionamento entre a agência e o cliente em razão dos custos imprevistos ou mesmo da falta de credibilidade por parte do cliente nas despesas apresentadas.

Remuneração por resultados

Nesse caso, a agência não cobra sua comissão de mídia nem de produção. A remuneração da agência está condicionada aos resultados positivos obtidos pelo cliente após a realização da campanha. Pode ser um porcentual ou um valor fixo previamente acordado entre as partes.

O sistema de *remuneração por resultados* exige de ambas as partes, agência e anunciante, uma confiança mútua. Essa confiança tem seu início no planejamento de marketing que deve ser realizado a quatro mãos, definindo os objetivos e as tarefas minuciosamente para que se permita a mensuração dos resultados no término da campanha.

> O sistema de **remuneração por resultados** pode compreender tanto um porcentual quanto um valor fixo, se os objetivos forem atingidos.

Os resultados não podem ser avaliados única e exclusivamente com base no aumento de vendas. A avaliação dos resultados deve levar em consideração a realização de objetivos específicos. Se um dos objetivos estabelecidos for aumentar o *share of mind* de determinado produto, uma pesquisa após a campanha deve ser realizada, independentemente do número de produtos vendidos. Por outro lado, se o objetivo for fazer com que os consumidores troquem a marca do concorrente pelo produto do cliente, aí sim o aumento de vendas é o indicador da avaliação. A Procter & Gamble adota esse sistema desde o ano 2000 para mais de duzentas de suas marcas.[4]

Fee *mensal fixo acrescido de um porcentual sobre os resultados*

O sistema de fee *mensal fixo acrescido de um porcentual sobre os resultados* do cliente é uma remuneração que combina as duas alternativas anteriores. Nesse caso, ambos os sistemas terão um valor mais baixo.

> O sistema de **fee mensal fixo acrescido de porcentual sobre os resultados** alia dois outros sistemas: o *fee* fixo mensal e o de remuneração por resultados.

Markup

Algumas agências usam porcentagens de *markup* para determinar o valor de seus serviços. Normalmente o preço final a ser cobrado do cliente deve ser mais alto do que o preço cobrado pelos fornecedores (custos), afinal, a agência precisa cobrir as despesas operacionais e ainda gerar lucro. A diferença entre o preço final e o custo é o *markup*.

O sistema de remuneração baseado no *markup* consiste, portanto, em um acréscimo ao preço dos serviços realizados por terceiros, determinados em função das necessidades de cobrir os custos da agência. A maneira mais fácil de definir esse acréscimo é com uma porcentagem. Assim, a agência, de comum acordo com o cliente, adicionará um *markup* sobre os serviços, por exemplo, de fotografia, produção, veiculação, pesquisa, impressão etc.

> O sistema de ***markup*** compreende um acréscimo aos serviços de terceiros ou a determinação de um valor fixo para os serviços.

Outra maneira de definir o *markup* consiste em acrescentar um valor ao preço do projeto como um todo. Por exemplo, a agência pode definir um preço para a realização de cada peça publicitária – $ 5.000 –, independentemente do tamanho e da complexidade da peça.

No Brasil, o sistema de *markup* não é muito utilizado, porém, nos EUA, é adotado pelas agências cujos serviços não envolvem o uso contínuo da mídia tradicional. O porcentual atribuído a esse tipo de remuneração varia de 17,65% a 20%.[5]

Honorários acrescidos de cláusula de resultados

O sistema de remuneração por *honorários acrescidos de cláusula de resultados* consiste na cobrança de uma comissão sobre os serviços prestados, acrescida de um valor absoluto, caso os objetivos do cliente sejam atendidos.

A comissão sobre os serviços prestados poderá ser a mesma para a veiculação e produção ou não, desde que acordados entre as partes.

> O sistema de ***honorários acrescidos de cláusula de resultados*** é composto de uma comissão obrigatória, além de um valor absoluto se os objetivos forem alcançados.

---

4 SEMENIK, Richard J. *Promotion and integrated marketing communications*. Canadá: Thomson Learning. 2002, p. 50-52.

5 Idem. Ibidem.

> O sistema de **comissões estabelecidas pela lei com descontos progressivos** compreende os 15% sobre os serviços de produção e 20% sobre os serviços de veiculação. Esses percentuais são reduzidos quando a verba aumenta.

Caso os objetivos sejam atingidos, um valor absoluto também previamente convencionado será pago à agência.

Esse sistema de remuneração, a exemplo da remuneração por resultados, requer transparência e confiança entre a agência e o cliente.

Comissões estabelecidas pela lei com descontos progressivos

Esse sistema é bastante tradicional e adotado por empresas do setor público e por grandes organizações multinacionais ou nacionais. Nele, as comissões sobre os serviços de veiculação e produção são os estabelecidas pela Lei nº 4680, e os descontos são concedidos conforme o investimento do cliente: quanto mais alto for o investimento, maior será o desconto.

> O sistema de **contrato de participação** compreende a remuneração exclusiva por um porcentual sobre as vendas do cliente no fim do mês.

Contrato de participação

No sistema por *contrato de participação,* as agências são remuneradas única e exclusivamente por um porcentual fixo sobre as vendas do cliente. Esse porcentual deverá ser acordado previamente com o cliente e vincula o resultado da agência aos resultados obtidos pelo cliente. Esse método difere da *remuneração por resultados* em dois pontos: a agência não participa do planejamento de marketing do cliente e não precisa esperar o término da campanha para aferir os resultados.

NEGOCIANDO COM OS VEÍCULOS

A palavra negociação está implícita nas transações comerciais. Tudo o que se compra ou se vende é negociado. A agência de comunicação não foge à regra. Apesar de negociar com todos os seus fornecedores, os veículos de comunicação merecem destaque especial. São eles que oferecem as bonificações por volume e as bonificações de agências, conhecidas tão-somente como BV.

BONIFICAÇÃO DE AGÊNCIA/PROGRAMAS DE INCENTIVO

A bonificação de agência é uma prática existente no mercado publicitário há muitos anos e exercida por todas as agências de comunicação sem exceção.

As bonificações de agências consistiam em um desconto, oriundo da negociação entre a agência e os veículos, na compra de espaços publicitários. Esses descontos podiam ser concedidos de duas formas: a primeira em bonificação de

Tabela 5.4 Remuneração da agência.

Sistema	Vantagens	Desvantagens
Comissões estabelecidas pela Lei nº 4.860	Os porcentuais são preestabelecidos e consistem na simples aplicação. Garantido pelo CENP.	As empresas anunciantes consideram os porcentuais altos e pressionam as agências a reduzi-los.
Fee mensal fixo	A agência saberá exatamente o valor de sua remuneração por determinado período.	Não incentiva um esforço maior por parte das agências.
Remuneração por resultados	O planejamento de marketing é feito em conjunto com a agência, somando-se assim os esforços. A qualidade da agência é evidenciada pelos resultados.	A mensuração de resultados só é realizada no término da campanha. Se uma ou outra parte cometer algum erro, pode comprometer os resultados.
Fee mensal fixo acrescido de um porcentual sobre os resultados	Garantia mínima pelo fee mensal fixo. A agência se esforça para obter resultados positivos.	A mensuração de resultados só é realizada no fim da campanha. Acomodação da agência pelo recebimento do fee fixo.
Markup	Definição prévia de porcentuais que cobrirão os custos da agência. Cobrança de valores absolutos relativamente altos para peças publicitárias simples.	Dependendo da negociação, a agência corre o risco de não cobrir seus custos.
Honorários acrescidos de cláusula de resultados	A agência se esforça para conseguir o "prêmio".	O resultado pode se aproximar do alvo, porém não necessariamente ser atingido, causando frustração.
Comissão estabelecida pela lei com descontos progressivos	O aumento do desconto só decorre de aumento de verba.	Não há controle sobre os valores a serem recebidos pela agência.
Contrato de participação	A qualidade da agência é evidenciada pelos resultados. Não precisa esperar o término da campanha para receber sua remuneração.	Não participa do planejamento de marketing do cliente.

espaço e a segunda em bonificação monetária, ou seja, um desconto sobre o valor total da compra.

As grandes agências compravam espaços para vários clientes, formando assim um grande volume e, em suas negociações, obtinham descontos financeiros além de bonificações em espaço. Esses descontos e espaços, por vezes, eram repassados aos clientes, outras vezes, não. O motivo da retenção pela agência se justificava em função de suas estratégias mercadológicas. Um espaço "ganho", por exemplo, poderia ser concedido a um cliente incrédulo, comprovando assim que um anúncio poderia dar resultados. Outras vezes essa bonificação poderia ser concedida a um cliente para reavivar o relacionamento entre agência e cliente. A agência poderia ainda utilizá-la para fazer sua própria comunicação.

Ficava a critério da agência repassar ou não as bonificações aos clientes. Este era um assunto bastante polêmico no meio publicitário e alguns empresários consideravam a prática antiética.

Consideradas até 1998 como práticas que feriam a ética publicitária, as bonificações de agência foram traduzidas como Programas de Incentivo pelas Normas-Padrão, instituídas pelo CENP em 10 de dezembro de 2000. Ver o texto "Programas de Incentivo".

Como pode ser constatado no texto, o programa de incentivo tornou-se uma prática normatizada pelo CENP, em que as agências poderão participar se e quando atingidas as metas quantitativas e qualitativas, estabelecidas pelos veículos de comunicação. Se a agência obtiver a bonificação, ela não deverá transferi-las aos clientes, aumentando dessa forma a sua rentabilidade.

Ainda segundo as Normas-Padrão, as bonificações em espaços, sejam em jornais, revistas ou qualquer outro meio, conseguidas nas negociações com os veículos, deverão, estas sim, serem repassadas aos clientes.

Princípios da Negociação

A agência de comunicação, por sua natureza e essência, não possui preços ou taxas, mas formas de calcular sua remuneração. Esse cálculo é oriundo de um processo de negociação que envolve não só o cliente, mas também fornecedores. Em diversas situações, a habilidade de negociação e a venda representam o diferencial de uma empresa.

A primeira premissa do negociador é evitar ceder de imediato qualquer coisa, seja uma oferta condizente, seja algo oferecido de graça. As ofertas com preços altos ou considerados justos têm de ser negociadas e as de valor reduzido não atraem uma negociação nem são valorizadas. É preciso ser hábil, e a habilidade consiste em saber jogar o jogo de ambos os lados, seja como comprador, seja como vendedor de serviços.

Curiosidades

Programas de Incentivo[6]

O CENP, a propósito dos "Planos de Incentivos dos Veículos de Comunicação", reitera as seguintes informações a respeito de usos e costumes do mercado e das práticas comerciais relativos ao relacionamento "agência/veículos".

1. Os Planos de Incentivos são instrumentos corriqueiros, antes das "Normas-Padrão" conhecidos como "bonificações de agências". Assim, entre fabricantes e canais de distribuição, entre companhias de transporte aéreo e agentes de viagens, entre companhias seguradoras e corretores, estabelecem-se relacionamentos empresariais de longo prazo, visando ao fomento de negócios, fidelização, consecução de metas qualitativas e quantitativas etc.

2. No mercado publicitário brasileiro, de igual forma, os principais veículos de comunicação também mantêm planos de incentivos dirigidos às agências de publicidade. A rede Globo, por exemplo, instituiu seu programa de incentivo há mais de 30 anos. Estabelecidos em caráter singular, os programas contemplam as principais agências, seu potencial de crescimento nos mercados em que atuam, a capacitação para atender plenamente às necessidades de comunicação dos clientes e veículos. Os Programas de Incentivo às Agências conferem relevância a vários aspectos, dentre os quais a contribuição criativa da agência; a disponibilidade de instrumental de pesquisa de audiência e de mídia destinado a amparar as recomendações da agência, a idoneidade no trato dos recursos financeiros recebidos dos anunciantes e destinados ao pagamento das faturas de veiculação emitidas pelos veículos de comunicação; a adesão ao Código Brasileiro de Autorregulamentação Publicitária e às Normas-Padrão da Atividade Publicitária etc.

3. Se e quando atingidas as metas qualitativas e quantitativas, o veículo atribui às agências incentivadas frutos ou bônus não transferíveis aos clientes, seguindo a praxe segundo a qual os frutos do plano de incentivo que um fabricante de produto de consumo de massa atribui ao supermercado também não são transferidos diretamente, em pecúnia, ao consumidor. No caso da publicidade, tais frutos não se confundem com as bonificações em espaço. Enquanto os frutos (incentivos) derivam do relacionamento empresarial veículo-agência, amparado em plano preestabelecido, de longo prazo, bonificações em espaço/tempo resultam de um determinado negócio entre um veículo e uma agência/cliente – são descontos convertidos em mídia a ser utilizada pelo anunciante. Vantagem que pode ser proporcionada pela negociação comercial e será obrigatoriamente transferida ao cliente.

4. As "Normas-Padrão da Atividade Publicitária", de 16.12.98, nascida do acordo de auto-regulamentação comercial e melhores práticas, celebrado entre entidades representativas das agências de publicidade, dos diferentes segmentos de veículos de comunicação pela ABA, contemplam expressamente a instituição dos planos de incentivo (item 4.1) e ainda determinam o caráter intransferível dos respectivos frutos a clientes-anunciantes (itens 4.2 e 4.11). Referidas "Normas-Padrão" passarão a regular uma prática já consagrada, à qual podem ser atribuídas, em certa medida, a excelência do produto publicitário brasileiro.

5. A prática de mercado também sanciona o caráter sigiloso que reveste os planos de incentivo, mantidos ao nível da alta direção e setor financeiro das agências. Veículos costumam manter sob estrita confidencialidade suas iniciativas nesse campo. Assim, não são revelados detalhes relacionados à amplitude dos progra-

continua

---

[6] www.cenp.com.br/index_p.html

> mas (regiões e praças abrangidas), a periodicidade (anual, semestral ou mensal), o escopo (metas qualitativas e quantitativas), os frutos (pagamento contra a liquidação das faturas ou *a posteriori*). Tal descrição se impõe, principalmente, por duas razões: (1) o caráter estratégico que os incentivos efetivamente têm para a competição entre os veículos de mídia – uma rede de televisão não deseja revelar a uma editora de revistas quais agências são alvo do programa de incentivo ou detalhes a respeito; e (2) os veículos não pretendem influenciar o processo de seleção das agências, sagrada prerrogativa dos anunciantes.
>
> *São Paulo, 10/12/2000*
> *Petrônio Corrêa*
> *Presidente*

As negociações podem ser competitivas ou colaborativas.[7] As negociações serão competitivas se uma das partes quiser sair ganhando e isso significa que a outra parte sairá perdendo. O resultado poderá ser um confronto, fatalmente colocando em risco outras oportunidades de negócios.

As negociações serão colaborativas quando o resultado for bom para ambas as partes, sem que haja necessariamente um conflito entre elas. Assim, a negociação de um contrato ou o fechamento de um negócio pode ser descrito como um processo de obtenção de um acordo.

Não existe um modelo de negociação, mas um processo que deve ser seguido. Existem cinco fases, em qualquer processo de negociação, que precisam ser identificadas e compreendidas: o planejamento, a abertura da reunião, a proposta, a barganha e o fechamento do contrato.

PLANEJAMENTO

A fase de planejamento implica a preparação da negociação e é essencial para o sucesso. Ele compreende a definição dos objetivos, sua priorização e a verificação da existência de possíveis limitações.

Definição dos objetivos

Os objetivos deverão ser positivos, mensuráveis, realistas e viáveis, e precisam antever três momentos:

1. o que é preciso conseguir;
2. o que se pretende conseguir;
3. o que se gostaria de conseguir.

---

7 CLARKE, Greg. *Marketing de serviços e resultados*. São Paulo: Futura, 2001, p. 192.

O segundo passo é imaginar quais ofertas serão feitas. Para cada oferta, descreva os seguintes pontos:
- quais concessões serão passíveis de aceitação;
- do que é possível abrir mão;
- quais pontos não têm acordo.

Os próximos passos consistem em:
- coletar o máximo de informações acerca do assunto, pois isso prepara o negociador para discussões imprevistas ou possíveis impasses;
- estabelecer um preço inicial, realista para ambos;
- considerar um cronograma de atividades;
- comparar com a concorrência.

Em toda e qualquer reunião de negócios, esses pontos deverão ser ponderados antes da negociação.

A ABERTURA DA REUNIÃO

A abertura da reunião é um processo introdutório que possibilita descobrir as necessidades de ambas as partes. Se as duas partes forem colaborativas e estiverem devidamente preparadas, a negociação se desenvolve a caminho do sucesso. Caso a discussão enverede por caminhos competitivos, contorne o problema justificando que sua presença ali tem apenas o objetivo de discutir os principais aspectos que envolvem uma possível e futura negociação. A chance de sucesso mútuo é maior se houver entrosamento entre as partes e se o assunto exigir perguntas relacionadas às necessidades de cada um.

> As cinco fases do **processo de negociação:**
> - planejamento;
> - abertura da reunião;
> - proposta;
> - barganha;
> - fechamento do contrato.

PROPOSTA

Nessa fase os negociadores apresentarão e receberão as propostas. As propostas não devem ser imperativas, e sim flexíveis. Por exemplo, se você me der... (isso ou aquilo), eu lhe darei... (tal ou qual coisa), ou, se você me der... eu abro mão de...; ou ainda, se você conceder... eu tentarei...

Em uma negociação, a redução do preço nunca sai de graça, consequentemente, ela deverá ser pensada na relação custo-benefício e não só no preço. Se você tiver de abrir mão de alguma coisa, pense em algo cujo valor é variável, como uma palestra para os funcionários da empresa com a qual você está negociando, por exemplo. E lembre-se: a principal razão para a outra parte estar negociando é poder posteriormente afirmar que "fechou" um excelente negócio.

BARGANHA

O que vai ser feito e como será feito foi apresentado na proposta. Agora começa a fase de barganha. Por vezes, essas duas fases são inseparáveis e é por esse motivo que apresentar maior número de opções possíveis é uma estratégia decisória. Quando se tem várias cartas na mesa, o "adversário" se entreterá analisando-as, sem ter muito tempo para pensar em uma ou duas opções e, por consequência, retrucar.

A decisão de várias propostas é sua, no entanto, jogue-a para o outro. Teoricamente, a outra parte decidirá e ficará contente porque *ele* decidiu o negócio. Nesse momento, o trabalho de preparação da negociação, ou seja, o planejamento, se torna evidente.

Há ainda os acertos finais, as condições do contrato e as negociações referentes às datas e parcelas de pagamento.

Fechamento do Contrato

Acertadas todas as condições, é hora de oficializar o negócio. Caso a outra parte não queira oficializar o que foi discutido e acertado naquele momento, registre toda a negociação em um relatório e envie-o posteriormente. Esse documento será oportuno em qualquer outro momento.

Para tranquilidade de ambas as partes, um contrato simples e claro deve ser assinado.

Finalizada a negociação e assinado o contrato, um almoço inicia uma nova fase de relacionamento entre as empresas e as pessoas. Não deixe de pagar a conta!

Questões para Revisão e Discussão

1. A decisão da origem da verba de comunicação pertence à empresa anunciante. Na sua opinião, qual dos métodos discutidos no capítulo seria viável para uma empresa de serviços que atua no ramo de seguro de saúde? Justifique sua resposta.

2. Agrupe seus colegas em duas turmas. Uma delas defenderá a remuneração de uma agência baseada nas comissões estabelecidas por lei. A outra pela de *fee* mensal fixo. Sendo você uma pessoa exigente e tendo de decidir por uma, qual delas você escolheria baseando-se em exemplos concretos?

3. Imagine uma empresa-anunciante e defina, segundo um dos métodos, qual será a sua verba de comunicação. Em seguida, aplique um dos sistemas de remuneração e verifique qual será o faturamento que essa empresa dará à sua agência.

4. O que significa bonificação de agência ou bonificação de volume e como são conseguidas pela agência?

5. Quais são as malícias que um bom negociador deve possuir?

6. Faça um contrato de prestação de serviços entre sua agência e um provável cliente.

Curiosidades

Modelo de carta-acordo/contrato: agência e anunciante

Pelo presente instrumento particular, de um lado, ..., doravante denominada AGÊNCIA, com sede nesta capital, situada na ...., bairro .... inscrita no CNPJ sob nº................................, neste ato representada por seus Diretores, Srs. ...., e, de outro lado, doravante denominada CLIENTE, a empresa ...., situada na ...., bairro ...., inscrita no CNPJ sob nº................................. e Inscrição Estadual................................, neste ato representada por.., têm entre si justo e acertado o que segue:

1. A Agência fará a prestação de serviços de planejamento, criação, produção e veiculação de toda a comunicação publicitária do cliente e outros serviços relacionados às atividades de agência de comunicação, de acordo com as condições abaixo estipuladas.

2. O Cliente se compromete a não realizar, contratar ou autorizar, se não por meio da Agência, qualquer trabalho relacionados no item "1" acima.

    a. Quando o Cliente, para atender às suas conveniências, entender ser necessário autorizar anúncios aos veículos de comunicação, diretamente, sem interveniência da Agência, comunicará ao referido veículo o seu vínculo com a Agência, respeitando o direito desta no concernente à sua comissão.

    b. Toda veiculação aprovada pelo Cliente e autorizada pela Agência somente poderá ser cancelada de comum acordo com o veículo e atendendo às normas deste.

3. Os entendimentos efetuados entre o Cliente e a Agência serão sempre documentados, por meio do relatório de visitas que deverá relacionar as solicitações do Cliente, as indicações da Agência, os serviços apresentados, alterações, modificações e aprovação com citação dos valores de previsão de custos. Todos os assuntos constantes no relatório de visitas estarão automaticamente referendados pelo Cliente caso este o contradiga no prazo de 48 horas, após a entrega dele.

4. Os serviços da Agência serão remunerados da seguinte forma:

    a. Honorários ou comissões equivalentes ao desconto de 20% da Agência concedido pelo veículo de divulgação em conformidade com as Normas-Padrão das Atividades Publicitárias, normatizadas pelo CENP – Conselho Executivo de Normas-Padrão de 9 de outubro de 1997.

    b. Honorários mínimos de 15% sobre quaisquer serviços de terceiros, tais como impressos, fotografias, modelos etc., que a Agência vier a intermediar.

    c. Marcas, logotipos, rótulos, embalagens, desenho industrial, projeto de decoração, estandes e demais serviços especiais serão cobrados à parte, previamente ajustados pelas partes.

    d. Todo o material produzido terá a sua utilização vinculada a lei de direitos autorais. A Agência tem por norma transferir os direitos de criação de seus serviços internos para seus clientes. Ficam ressalvados os direitos de autor, de interpretação, de imagem e voz, de produção e outros determinados em lei, de peças em que se incluem trabalhos de terceiros cujos contratos deverão ser considerados à parte.

5. As despesas com o deslocamento de profissionais da agência ou de seus representantes, tais como viagens, estadas, alimentação etc., atendendo a interesses

continua

específicos do Cliente, serão por ele reembolsadas, à vista, pelo valor líquido, com correção da data das despesas e da data do pagamento sem incidência de honorários.

6. A Agência promete envidar todos os esforços no sentido de obter para o Cliente as melhores condições de negociação junto a veículos, fornecedores, transferindo ao Cliente os descontos e vantagens permitidos por lei e pelas Normas-Padrão.

7. As faturas da Agência serão liquidadas à vista ou no prazo máximo de quatro dias antes do vencimento das notas dos veículos e fornecedores, conforme preceituam a Lei nº 4.680/65 e o Decreto nº 57.690/66 e, no caso dos veículos que tenham condições específicas, o prazo será estabelecido em suas tabelas de preço.

8. A conferência das relações de publicidade (faturas da agência) não poderá dilatar o prazo de pagamento, fazendo os acertos provenientes dessas conferências na fatura seguinte, seja de débito ou a crédito.

9. A Agência faculta ao Cliente a auditagem por profissional credenciado, relativa ao controle de suas contas.

10. O Cliente compromete-se a fornecer à Agência dados e informações do produto ou serviços a serem veiculados, respondendo perante consumidores, autoridades, CONAR (Conselho Nacional de Auto-Regulamentação Publicitária) e terceiros pela qualidade, autenticidade dos dados e informações divulgadas com base naqueles por ele fornecidos. A responsabilidade, entretanto, será exclusiva da Agência na hipótese de divulgação de dados e informações não fornecidas, ainda que verbalmente, pelo Cliente ou em desacordo com elas.

11. Aplicam-se ao relacionamento Agência/Cliente as disposições da Lei nº 4.680/65, do Decreto nº 57.690/66, das Normas-Padrão e Código de Ética, incorporados ao sistema legal por força do art. 17 da Lei nº 4.680, bem como a Lei nº 5.988 (Lei de Direito do Autor).

12. O prazo de vigência do presente contrato é indeterminado, podendo ser rescindido por quaisquer das partes, mediante aviso prévio de 60 (sessenta) dias, sem qualquer penalidade, obrigando-se o Cliente a liquidar todos os pagamentos de compromissos a vencerem após o período de aviso prévio, decorrentes de trabalhos ou programações realizadas anteriormente à rescisão.

13. As partes elegem o foro da comarca de São Paulo, com exclusão de qualquer outro, por mais privilegiado que seja, para solução de quaisquer conflitos surgidos com a execução deste.

E, por estarem justos e acertados, firmam o presente instrumento, em três vias de igual teor, na presença de duas testemunhas que igualmente o subscrevem.

São Paulo, ...

De acordo:

....
           Agência   Cliente

Testemunha 1 ....

Testemunha 2 ....

Verba de Comunicação, Remuneração da Agência e Negociação

VERBA, PROCESSO DE NEGOCIAÇÃO, REMUNERAÇÃO

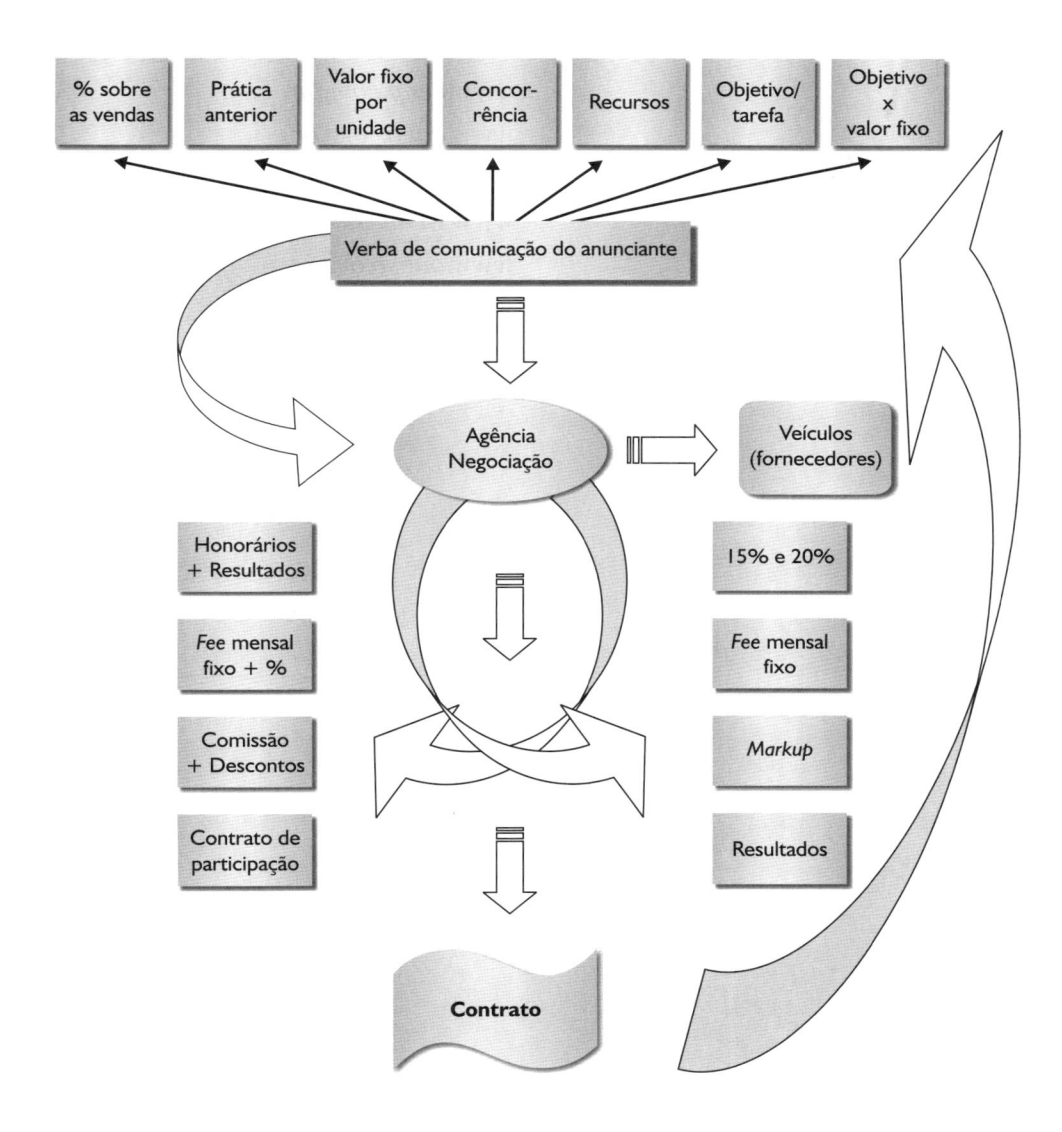

```
[% sobre as vendas]  [Prática anterior]  [Valor fixo por unidade]  [Concorrência]  [Recursos]  [Objetivo/tarefa]  [Objetivo x valor fixo]
                              ↓
              Verba de comunicação do anunciante
                              ↓
                       Agência Negociação  →  Veículos (fornecedores)

[Honorários + Resultados]                    [15% e 20%]
[Fee mensal fixo + %]                        [Fee mensal fixo]
[Comissão + Descontos]                       [Markup]
[Contrato de participação]                   [Resultados]

                          Contrato
```

Navegando pela Internet

Visite alguns dos sites abaixo relacionados para ampliar seus conhecimentos. São sites de entidades ligadas às agências de comunicação ou à legislação publicitária.

www.aba.com.br
www.cenp.com.br
www.conar.org.br
www.ampro.com.br
www.webleis.com.br
www.oabsp.org.br
www.fazenda.gov.br
www.pgfn.fazenda.gov.br

Capítulo 6

Em Busca do Lucro

Objetivos

Ao término do capítulo, o leitor deverá ser capaz de:

- Entender o que é o patrimônio empresarial e como ele é composto.
- Identificar contas de ativo e passivo.
- Conhecer a diferença entre faturamento, receita e lucro.
- Planejar despesas e receitas.
- Descobrir caminhos para a conquista de clientes.

Esquema

A Agência é seu Patrimônio
Receita e Despesas
Lucro ou Prejuízo
"Lei" 80/20
Em Busca de Clientes
    Conhecimento
    Relacionamento
    Especialização
    Palestras
    Aparência

> A agência de comunicação é uma empresa atípica. Os milhões de dólares que aparecem no faturamento entram por uma porta e saem por outra. A agência é apenas um intermediário. O anunciante paga à agência que, por sua vez, paga o veículo. O momento mais crítico e ao mesmo tempo mais importante na agência é o *budget* financeiro anual. Os clientes mais organizados planejam suas campanhas, porém, podem suspendê-las a qualquer momento, e as justificativas, embora coerentes, não pagam os salários e muito menos os encargos sociais a que estão sujeitas as agências.
>
> O contrato entre agência e anunciante, firmado no início do relacionamento, garante a fidelidade por um certo período, mas não assegura o faturamento. Ele só virá mediante a assinatura das autorizações de veiculação e produção.
>
> Por outro lado, existem os investimentos da agência. A conquista de um cliente também demanda tempo e dinheiro. Por isso o orçamento financeiro é importante. Se a alta direção não prever corretamente as despesas e a receita, as consequências serão desastrosas.
>
> M.L., 2009

EM BUSCA DO LUCRO

O *glamour* e os valores envolvidos no meio publicitário sempre foram alvos polêmicos da mídia de um modo geral. Primeiro por colocar os publicitários e algumas agências no *hall* da fama, segundo, pelo montante de dinheiro envolvido na área da comunicação. Quando uma agência entra para o *hall* da fama, isso não significa, necessariamente, que ela esteja em uma situação financeira favorável. Os publicitários podem ser famosos, mas se dedicam àquilo que gostam: criar. Geralmente se negam, por não gostarem, a disponibilizar parte de seu tempo às atividades administrativas e financeiras, mas gostam dos lucros.

Há um ditado popular que diz: "Só há dois motivos para você não gostar de um assunto. Primeiro, se você conhece pouco e não entende a lógica e, segundo, se você conhece muito e realmente não gosta". Posso afirmar com convicção que muitos publicitários não são adeptos a cálculos matemáticos, no entanto, todos sem exceção são favoráveis aos lucros que uma organização pode proporcionar, principalmente quando sua sobrevivência e sucesso dependem deles. O lucro é decorrente da boa administração, da escolha certa de clientes e fornecedores; é uma relação de despesas e receita. É esse assunto e suas implicações que abordaremos neste capítulo.

O objetivo, então, é proporcionar ao leitor uma noção de algumas variáveis na administração financeira e contábil que a agência terá ao longo de sua existência. Para tanto, algumas definições básicas são necessárias para a compreensão dos textos que se seguirão. Com certeza você terá um contador em sua agência e os serviços contábeis serão de responsabilidade dele e sua. Afinal, é você quem assina os cheques! Para obtenção de um conhecimento mais profundo, é recomendada a leitura de alguns livros sobre finanças e contabilidade.

A Agência é seu Patrimônio[1]

Tente imaginar a seguinte situação: você trabalha como *freelancer*, atendendo um cliente e pretende abrir sua agência de comunicação. Daí vem a seguinte pergunta: o que você precisa para abrir seu negócio? Resposta: precisa de *capital*. E, nesse caso, capital significa *dinheiro*.

Suponha então que você e seu sócio possuam uma importância em dinheiro que investirão para abrir a agência. Essa importância é chamada *capital inicial*. Com o capital inicial, é possível alugar uma casa e equipá-la com móveis, computadores, impressoras, *scanner*, telefones etc., e ir formando o *capital da empresa*. O próximo passo é contratar pelo menos uma pessoa, afinal, você e seu sócio estão buscando clientes e passam a maior parte do dia fora da agência. Nesse momento a agência já está instalada e as atividades estão se desenvolvendo naturalmente. O cliente está solicitando serviços e você começa a pensar nos lucros.

> **Capital da Empresa**
> É um conjunto de elementos que os sócios possuem para desenvolver as atividades da empresa, tais como dinheiro, móveis, equpamentos, imóveis, etc.

Para obter os lucros programados, você precisa realizar *vendas*. Atendendo às necessidades do cliente, você estará vendendo seus serviços. Eles dependem de sua criatividade e de fornecedores. Logo, você iniciará um processo de *compras*, seja de espaço publicitário, de impressos ou de outros materiais necessários.

Você comprou os serviços de seus fornecedores para realizar as solicitações de seus clientes e é preciso pagá-los. Também atendeu às necessidades de seu cliente e, portanto, precisa receber por isso. Iniciou-se, então, um processo de *recebimento* e *pagamento*.

Observe que com o capital inicial foi possível equipar a agência, o que nos permite afirmar que você já possui um *patrimônio* que está em movimento, em função de quatro operações principais: as *compras*, as *vendas*, os *pagamentos* e os *recebimentos*.

> **Contabilidade**
> É a ciência que permite, por meio de suas técnicas, manter um controle permanente do patrimônio da empresa.

Controlando essas quatro operações, é possível controlar o patrimônio da empresa, avaliar e verificar se o lucro pretendido está sendo atingido. A ciência que realiza esse controle é a Contabilidade.[2]

---

1 Para um principiante em assuntos contábeis, sugerimos a leitura do livro de Osni Moura Ribeiro, *Contabilidade Básica Fácil*. São Paulo: Saraiva, 1999. Parte do texto que se segue teve como base esse livro.

2 RIBEIRO, Osni Moura. *Contabilidade básica fácil*. 23ª ed. São Paulo: Saraiva, 1999, p. 13.

O patrimônio de uma empresa é um conjunto de bens, direitos e obrigações.

- Bens: são "coisas" que a empresa possui, seja para seu uso, para troca ou para seu consumo (dinheiro, equipamentos, veículos etc.).
- Direitos: são os valores que a empresa tem a receber.
- Obrigações: são os valores que ela deve pagar.

A representação gráfica do patrimônio é dada pela forma de **T**.

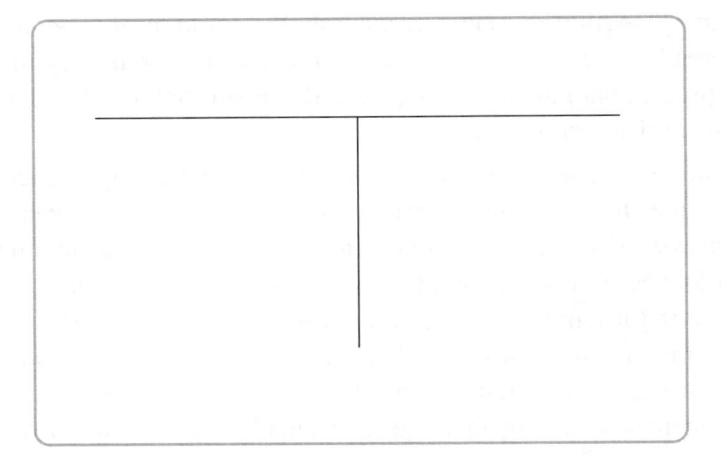

O lado esquerdo é chamado lado positivo ou **Ativo**, e nele são colocados os Bens (o que a empresa efetivamente tem) e os Direitos (o que ela tem a receber). Do lado direito, chamado lado negativo ou **Passivo**, são colocadas as obrigações (o que a empresa tem a pagar):

Patrimônio	
ATIVO	PASSIVO
Bens	**Obrigações**
Direitos	

Observe como fica, quando se especificam os bens, direitos e obrigações:

```
                    Patrimônio
        ATIVO         |      PASSIVO
----------------------|------------------------
**Bens**              | **Obrigações**
  Móveis              |   Salários a pagar
  Veículos            |   Duplicatas a pagar
  Caixa (dinheiro)    |   Impostos a pagar
**Direitos**          |
  Duplicatas a receber|
```

É interessante observar que o *passivo mostra a origem do capital*, isto é, como a empresa conseguiu os recursos que possui. O *ativo mostra a aplicação* desses recursos, ou seja, em que a empresa gastou o dinheiro que recebeu. É necessário, todavia, incluir os valores:

```
                        Patrimônio
        ATIVO             |      PASSIVO
--------------------------|-----------------------------
**Bens**                  | **Obrigações**
  Móveis ............ 10  |   Salários a pagar ......... 20
  Veículos .......... 20  |   Duplicatas a pagar ..... 25
  Caixa (dinheiro) .. 40  |   Impostos a pagar ....... 10
**Direitos**              |
  Duplicatas a receber.. 30|
```

Uma rápida conta pode ser feita e, nesse exemplo, o ativo é maior que o passivo, ou seja, a empresa possui mais bens e direitos do que obrigações, e isso representa um indício de lucro.

O total de bens mais o total de direitos menos o total das obrigações é chamado de situação líquida patrimonial:

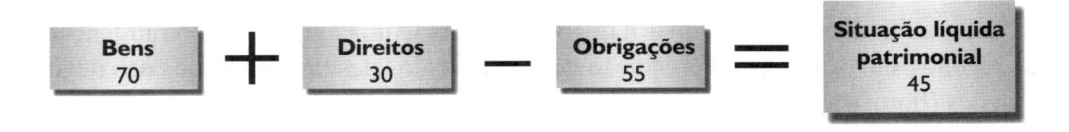

$$\text{Bens } 70 + \text{Direitos } 30 - \text{Obrigações } 55 = \text{Situação líquida patrimonial } 45$$

A situação líquida patrimonial é colocada no lado do passivo e deve ser somada (se o valor for positivo) ou subtraída (se o valor for negativo) às obrigações.

Patrimônio	
ATIVO	PASSIVO
Bens Móveis .... 10 Veículos .... 20 Caixa (dinheiro) .... 40 **Direitos** Duplicatas a receber.. 30 **Total 100**	**Obrigações** Salários a pagar .... 20 Duplicatas a pagar ...... 25 Impostos a pagar .... 10 **Situação líquida .... 45** **Total 100**

Nesse caso, a situação líquida da empresa é positiva e, sem dúvida, é uma situação confortável, porém, outras possibilidades são possíveis.

Observe que os valores de ambos os lados são iguais e esse equilíbrio é o que caracteriza os movimentos da empresa: as compras e as vendas, os pagamentos e os recebimentos, o lucro e o prejuízo. É nesse momento que chamamos a atenção do leitor. O que foi apresentado até o momento representa apenas uma introdução aos termos utilizados pela contabilidade, que culminará na apresentação do balanço da empresa. O Quadro 6.1 nos dá uma ideia dos itens que compõem um balanço, área exclusiva dos contadores. Para o futuro empreendedor, o importante é compreender o mecanismo da contabilidade e possuir algumas noções básicas para que ele possa planejar sua receita, suas despesas e seu lucro.

Receita e Despesas

Geralmente os recebimentos só ocorrem depois que os serviços forem concluídos e mediante a emissão de notas fiscais. O somatório dos valores monetários das notas fiscais, durante um certo período, denomina-se *faturamento*. Quando o faturamento é acrescido de valores de outras fontes (aplicações financeiras, por exemplo) recebe o nome de *receita*.

Para quem está iniciando um negócio, no caso, uma agência de comunicação, as receitas são oriundas da prestação de serviços, dos descontos obtidos nas negociações (bonificações de agência) e dos juros de eventuais aplicações. É da receita que a agência pagará suas despesas.

Quadro 6.1 Estrutura legal do balanço patrimonial.

Ativo	Passivo

Circulante
Disponibilidades
    Caixa e bancos
    Aplicações de liquidez imediata
Direitos realizáveis no exercício social subsequente
    Contas a receber de clientes
    (−) Títulos descontados
    (−) Provisões para devedores duvidosos
    Estoques
    Adiantamento a fornecedores
    Aplicações de liquidez não imediata
    Outros valores a receber
Despesas do exercício seguinte
    Seguros antecipados
 	
Realizável a longo prazo
Direitos realizáveis após o término subsequente
    Créditos da Eletrobrás
    Depósitos judiciais
    Impostos a recuperar
Valores a receber de coligadas/controladas
    Valores a receber de coligadas
    Valores a receber de acionistas
 	
Permanente
  Investimentos
    Aplicações permanentes em outras sociedades
        Controladas e coligadas
        Outras participações
    Direitos não classificáveis no ativo circulante e que não se destinam à atividade da empresa
        Outros investimentos
 	
  Imobilizado
    Imóveis e terrenos
    Máquinas e equipamentos
    Veículos
    Móveis, utensílios e instalações
    Imobilizações em andamento
    Marcas e patentes
 	
  Diferido
    Gastos pré-operacionais
	Circulante
	  Fornecedores
	  Salários e encargos sociais
	  Impostos e taxas
	  Dividendos a pagar
	  Impostos de renda a recolher
	  Instituições de crédito
	
	Exigível a longo prazo
	  Financiamentos
	  Debêntures
	  Impostos parcelados
	
	Resultados de exercícios futuros
	  Receitas de exercícios futuros
	  (−) Custos e despesas correspondentes
	
	Patrimônio líquido
	  Capital
	    Capital subscrito
	    (−) Capital a integralizar
	
	  Reservas de capital
	    Ágio na emissão de ações
	    Produto da alienação de partes beneficiárias
	    Prêmio na emissão de debêntures
	    Doações e subvenções
	    Correção monetária do capital
	
	  Reservas de reavaliação
	    Aumento de valor do ativo decorrente de novas avaliações
	
	  Reservas de lucro
	    Reserva legal
	    Reservas estatutárias
	    Reservas para contingências
	    Reservas de lucro a realizar
	
	Lucros ou prejuízos acumulados

Fonte: SILVA, José Pereira da. *Análise financeira das empresas.* 4ª ed. São Paulo: Atlas, 1999, p.101.

As *despesas* decorrem do consumo de bens e da utilização de serviços[3]. São consideradas despesas de um modo geral:

- energia elétrica;
- utilização de serviços telefônicos;
- água e esgoto;
- material de limpeza;
- café e lanches;
- contrato de aluguel;
- material de expediente (canetas, lápis, papéis, impressos etc.);
- salários;
- pró-labore;
- fretes (serviços de motoboy);
- juros bancários;
- prêmios de seguro;
- despesas bancárias;
- descontos concedidos;
- impostos e tributos (encargos sociais, taxas etc.).

Entre as despesas citadas, o salário, os impostos e o pró-labore merecem atenção especial.

Encargos Sociais
- Impostos
- 13º salário
- Férias
- Vale-transporte
- Vale-refeição
- Outros

A responsabilidade de uma empresa no que diz respeito a funcionários vai muito além do pagamento de salário no fim de cada mês. De acordo com a legislação brasileira, há uma série de encargos sociais que incidem sobre a folha de pagamento. Além de FGTS e INSS, a empresa deve se preparar mensalmente para as despesas referentes a férias e a 13º salário dos funcionários. Dependendo do número de funcionários, outras despesas são incluídas, como vale-transporte, vale-refeição, seguro-saúde etc. Dependendo também do porte e dos benefícios que a empresa proporciona a seus funcionários, um empregado pode custar a ela duas vezes o que ele recebe.

Além dos encargos sociais que incidem sobre a folha de pagamento, a empresa deve pagar alguns impostos, como:

- ICMS (Imposto sobre Circulação de Mercadorias e Serviços de transportes interestaduais e intermunicipais e de comunicação) – Imposto estadual que incide sobre a venda e a importação de bens, assim como sobre a prestação de serviços de transporte, frete, energia e comunicação. Uma vez que o ICMS é um imposto estadual, os valores variam de acordo com os estados.

- ISS (Imposto Sobre Serviços) – Imposto municipal que incide sobre a receita de prestação de serviços. Por ser um imposto municipal, as alíquotas variam de cidade a cidade.

---

3 RIBEIRO, Osni Moura. *Contabilidade básica fácil*. 23ª ed. São Paulo: Saraiva, 1999, p. 55.

- PIS (Programa de Integração Social) – Tributo federal destinado à formação de um fundo para os trabalhadores.
- Cofins (Contribuição para o Financiamento da Seguridade Social) – Contribuição federal instituída para financiar a seguridade social.
- IRRF (Imposto de Renda Retido na Fonte) – Imposto federal retido por ocasião de pagamentos sujeitos à retenção desse tributo, devendo a empresa retentora deste efetuar seu recolhimento.

As despesas nunca são bem-vistas, no entanto, fazem parte do jogo. Outra despesa, não tão desagradável, é o pró-labore.

O *pró-labore* pode ser considerado o "salário" dos sócios. Os proprietários das agências, assim como de qualquer outra empresa, não são funcionários e, portanto, não recebem um salário. Eles efetuam uma retirada mensal chamada pró-labore.

Os sócios da empresa, de comum acordo, determinam um valor que retirarão da empresa mensalmente.

Esses são alguns itens que devem ser considerados quando se pretende fazer uma previsão de despesas.

> **Pró-labore**
> É a retirada mensal efetuada pelos sócios da empresa.

Curiosidades

Caso Vitória – O bom senso prevalece[4]

Fundado há 35 anos por filhos de imigrantes italianos, os supermercados Vitória são uma pequena rede de mercados com cinco lojas situadas em dois bairros vizinhos na cidade de São Paulo. A quinta loja foi inaugurada há três anos e ocupa dois andares de um prédio próprio. Os fundadores acreditaram que pequenos mercados distantes das redes de maior porte atenderiam à população do bairro, principalmente pelo relacionamento personalizado com os clientes.

A rede Vitória não possui a estrutura das grandes empresas. No entanto, seus proprietários acreditaram no jovem Paulo W. Lima, um estudante de publicidade, que foi contratado para desenvolver um trabalho de comunicação com a comunidade local. Sua primeira atitude como assistente de gerência foi cadastrar os clientes e enviar mensalmente um folheto, que ele próprio criava, informando as ofertas do mês. Com o crescimento inesperado do mercado, Paulo iniciou a veiculação dos produtos e das ofertas no jornal do bairro.

O resultado aparece gradativamente, comprovado pelas compras efetuadas pelos clientes. Paulo não conhecia o faturamento que as cinco lojas proporcionavam,

continua

---

4 Paulo W. Lima é um pseudônimo. O nome verdadeiro não foi revelado a pedido do publicitário. Os valores também foram alterados em função da compreensão do contexto.

porém, conhecia o montante de verba de comunicação, que se aproximava de $ 150.000/ano. Sabia também que os proprietários tinham a intenção de abrir mais duas lojas em outros bairros, distantes das unidades já existentes.

Paulo trabalhava há um ano no que chamava de "seu departamento de propaganda", afinal, ele era o departamento. Gostava do que fazia e acreditava um dia ser capaz de comandar seu próprio negócio: uma agência de publicidade. Os próprios proprietários da Vitória o incentivavam para, em um futuro próximo, abrir seu negócio e prestar serviços de comunicação à rede de mercados.

Com algumas economias próximas dos $ 20.000, Paulo pensava em investir na futura empresa, porém, sua maior dúvida era saber se valia a pena deixar um negócio seguro e próspero, com um salário fixo por mês, com férias, 13º salário, para se arriscar em um negócio novo, cuja estabilidade ele desconhecia.

Conversando com seus pais e amigos, Paulo resolveu fazer um exercício para verificar qual seria sua receita se a rede de mercados Vitória fosse seu cliente e quais seriam suas despesas em seu negócio. Sua estimativa apresentou o seguinte resultado:

Receita

O ponto de partida era a verba de comunicação da empresa na qual Paulo trabalhava. Dos $ 150.000 anuais, 30% eram aplicados na produção de material promocional, como folhetos, faixas e cartazes do ponto de venda. O restante era utilizado para a veiculação. Paulo conhecia as opções que tinha sobre os sistemas de remuneração da agência e sabia que teria de negociar. No entanto, sua base de cálculo para a estimativa da receita foi estimada nos 15% sobre produção e 20% sobre veiculação.

Verba de comunicação: ....$ 150.000/ano

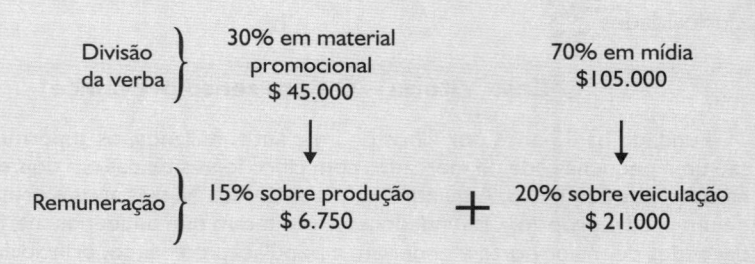

Divisão da verba:
- 30% em material promocional $ 45.000
- 70% em mídia $ 105.000

Remuneração:
- 15% sobre produção $ 6.750
+ 20% sobre veiculação $ 21.000

Remuneração da agência:..**$ 27.750/ano**

Esse montante representava a remuneração anual da agência, com um cliente único. E isso significava uma média de $ **2.312,50 mensais**. Apesar de ser um valor bastante baixo Paulo não desanimou e iniciou o cálculo das despesas.

Despesas

Folha de pagamento
- 2 funcionários da área...$ 1.000
- 1 faxineira ....$ 300
- Encargos ....$ 700
- Subtotal ....$ 2.000

continua

Despesas gerais
- Água, energia elétrica .... $ 100
- Telefone, provedor .... $ 300
- Material de limpeza .... $ 100
- Café, água, lanches .... $ 50
- Material de escritório .... $ 100

Subtotal .... $ 650

Contratos
- Aluguel da casa .... $ 2.000
- Contador .... $ 300
- Serviços de motoboy .... $ 200
- Serviços de cópias .... $ 100

Subtotal .... $ 2.600

Total .... **$ 5.250**

Paulo voltou a conversar com seus amigos e percebeu que havia sido bastante otimista em sua previsão de despesas e que alguns itens não foram computados. Faltavam os impostos que iriam incidir sobre o faturamento, o Imposto de Renda, um pró-labore para sua subsistência, entre outras despesas. Percebeu que seu conhecimento ainda estava se construindo e que sua experiência profissional era ainda pequena para assumir tal responsabilidade e ter sucesso. Na época recebeu uma oferta de trabalho de uma agência de comunicação e, apesar do salário baixo, resolveu investir no aprendizado.

Paulo teve a oportunidade de atuar em todos os departamentos da agência. Com o conhecimento que adquirira sobre o meio publicitário e sobre os diversos mercados em que atuavam seus clientes, resolveu que a hora de ter seu próprio negócio finalmente chegara. Hoje, dez anos depois, Paulo W. Lima é sócio-proprietário de uma das mais renomadas agências de publicidade brasileira.

LUCRO OU PREJUÍZO

A diferença entre a receita e as despesas será o *lucro* quando as receitas superarem as despesas, ou o *prejuízo*, quando as despesas superarem as receitas.

O lucro ou o prejuízo são apurados no término de um período, geralmente de um ano. Caso a empresa tenha lucro, é preciso decidir que destino dar a ele. Descontada a parcela do Imposto de Renda, o lucro poderá, a critério dos sócios, ser aplicado na própria empresa, como investimentos e possível crescimento; aplicado em um fundo de reservas; ser repartido entre os sócios ou ter outro destino. O mais prudente é repartir o lucro em vários campos de ação.

Caso a empresa tenha prejuízo, é importante verificar o motivo e refazer as previsões de despesas. Uma alternativa para reduzir as despesas é a redução de

> **Lucro**
> No fim de um determinado período, os sócios decidirão o destino do lucro:
> - aplicação na empresa;
> - fundo de reservas;
> - divisão entre os sócios;
> - outros destinos.

custos da empresa. Outra opção é fazer uma análise criteriosa sobre o retorno que cada cliente tem dado à agência. Dependendo do resultado, desistir de alguns clientes é um caminho válido, embora seja considerado por muitos um ato de desatino.

"Lei" 80/20

Em administração é comum encontrarmos a aplicação da "Lei" 80/20. Não se trata de uma lei propriamente dita, mas de um método adotado pelos administradores mais experientes. Essa "lei" recomenda que 80% do faturamento das empresas seja proveniente de clientes médios e pequenos, enquanto 20% do faturamento seja oriundo de clientes de grande porte. Se a empresa perder um grande cliente, ela continuará suas atividades sem grandes consequências. Se, por outro lado, a "lei" for aplicada de forma inversa – 80% do faturamento concentrado em grandes clientes e 20% em clientes de médio e pequeno portes –, a empresa corre o risco, ao perder um grande cliente, de perder boa parte de seu faturamento.

Essa lei também se aplica aos lucros. Cerca de 20% dos lucros obtidos pelas empresas são provenientes de 80% de seus clientes, enquanto aproximadamente 80% dos lucros têm origem nos 20% dos outros clientes.[5] O ideal é encontrar um equilíbrio entre o número de clientes de diversos portes, o faturamento e os lucros da empresa.

Esse equilíbrio só é possível se a busca de clientes for planejada. Um empreendedor deve buscar seus clientes e não o contrário. Essa é uma tarefa árdua, no entanto, bastante coerente.

Em Busca de Clientes

A conjuntura econômica e globalizada predominante nas empresas tem alterado ao longo dos anos o perfil dos clientes. São profissionais cada vez mais bem informados, dispostos e capacitados a conseguir elevar os lucros das organizações. Estão sempre em busca de um diferencial, principalmente quando procuram por um prestador de serviços. Considerando esse perfil, conquistar um cliente nem sempre é fácil, mas depende muito de quem procura e dos caminhos que percorre. O conhecimento, o relacionamento, a especialização, palestras e a aparência pessoal são algumas opções.

---

5 CLARKE, Greg. *Marketing de serviços e resultados*. São Paulo: Futura, 2001, p. 122.

Conhecimento

O único fator que diferencia um prestador de serviços do outro é o nível de atendimento percebido pelos clientes. Nesse contexto não se pode generalizar a percepção como uma regra comum a todos. O que é percebido por alguns não é percebido por outros. Portanto, conhecer o cliente é o primeiro caminho. Esse conhecimento vai além das características empresariais e do mercado. Implica, também, descobrir as características pessoais dos empresários, os assuntos de sua preferência, seus *hobbies,* atividades etc.

Relacionamento

O meio empresarial dificilmente escolherá uma agência de comunicação por meio de um anúncio ou uma mala direta. O chamado "marketing boca a boca" é considerado uma das maneiras mais eficientes na conquista de novos clientes. Portanto, a segunda regra consiste em possuir um bom e vasto relacionamento. Engajar-se nas associações de classe é um caminho.

Especialização

Associações como a ABA (Associação Brasileira de Anunciantes) ou ABAP (Associação Brasileira de Agências de Publicidade) possibilitam o aumento do relacionamento, proporcionando a indicação do publicitário aos empresários. Contudo, ela será mais eficiente se a agência for especializada em algum segmento da comunicação. Outro caminho, portanto, consiste em ser especializado em uma área da comunicação, sem deixar de ser um generalista, com possibilidade e conhecimento para atuar em todas as outras áreas do meio.

Palestras

Todos sabemos que no início de um negócio os investimentos são altos, mas é nessa fase que se deve plantar para mais tarde colher os frutos. Relacionar algumas empresas do segmento-alvo com as quais a agência se propõe a trabalhar e oferecer palestras e seminários sobre comunicação auxiliará na conquista de clientes.

Aparência

É interessante observar que toda empresa que presta serviços, como uma agência de comunicação, tem a "cara" do profissional que atende o cliente. Ela pode ter um *layout* bonito, ser muito bem equipada, ter profissionais competentes, mas, quando o cliente menciona a agência, uma figura humana lhe vem à mente: a pessoa que o atende. Por esse motivo, a aparência pessoal e o comportamento das pessoas que têm contato direto com os clientes são de fundamental importância.

Abrir um negócio, especificamente uma agência de comunicação, é um investimento cujo retorno se dará em longo prazo. A receita da agência não é uma constante nem é garantida todos os meses do ano. Há campanhas cuja programação de mídia garante três meses de receita, outras um ano. Há clientes que só trabalham com material promocional. Há ainda meses em que não há receita. Por esses motivos, planejar as ações, os clientes, as despesas e as receitas se tornam uma prática inerente à vida do publicitário empreendedor. Apesar de todos os obstáculos, vale a pena. E se você decidiu abrir seu negócio, boa sorte!

ALGUNS PASSOS PARA A BUSCA DO LUCRO

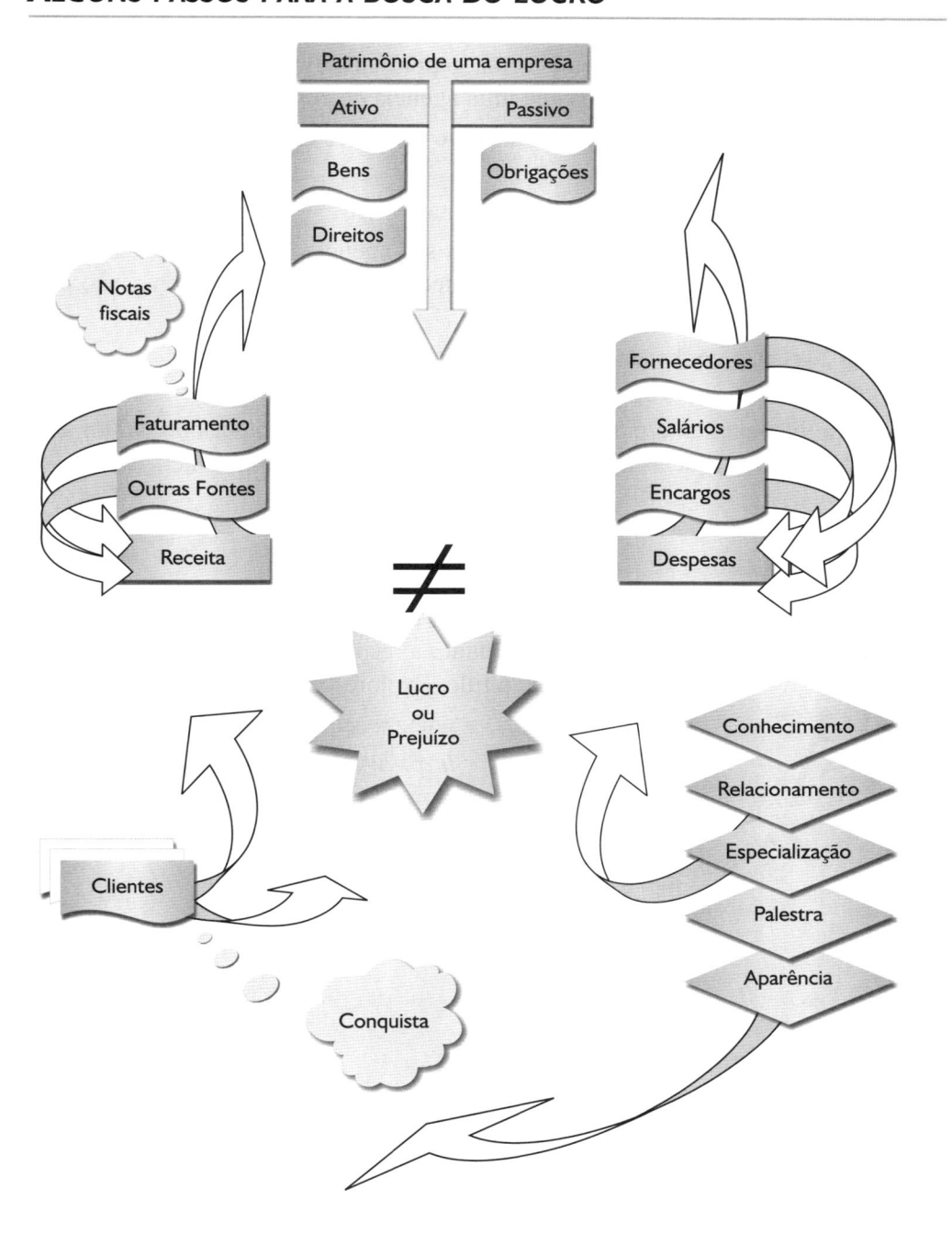

Patrimônio de uma empresa
- Ativo
  - Bens
  - Direitos
- Passivo
  - Obrigações

Receita:
- Notas fiscais
- Faturamento
- Outras Fontes
- Receita

$\neq$

Lucro ou Prejuízo

Despesas:
- Fornecedores
- Salários
- Encargos
- Despesas

Clientes — Conquista

- Conhecimento
- Relacionamento
- Especialização
- Palestra
- Aparência

QUESTÕES PARA REVISÃO E DISCUSSÃO

1. O patrimônio de uma empresa é formado por bens, direitos e obrigações. Faça uma relação de bens e direitos que uma agência de comunicação pode ter.
2. Em um balanço patrimonial, as contas são divididas em passivo e ativo. O que significa cada conta?
3. Qual a diferença entre faturamento, receita e lucro?
4. Imagine que você esteja planejando abrir sua agência. Descreva as despesas e receitas que poderá ter a partir de um cliente cuja verba de comunicação gira em torno de $ 500.000,00.
5. O que é preciso conhecer para se abrir um negócio, por exemplo, sua agência de comunicação?
6. Faça um planejamento para a conquista de clientes para o período de um ano. Descreva e justifique as ações e os clientes-alvo que você escolher.

Navegando pela Internet

Os sites relacionados abaixo possuem curiosidades a respeito do assunto tratado no capítulo. Explore-os.

www.receita.fazenda.gov.br

http://www.eac.fea.usp.br/

http://www.universia.com.br/materia/materia.jsp?materia=10742

http://www.sebrae.com.br/

# Capítulo 7

Um Negócio...
Um Empreendedor

Objetivos

Ao término do capítulo, o leitor deverá ser capaz de:

- Identificar o perfil de um empreendedor.
- Conhecer o tipo de empresa que a atividade publicitária pode atuar ante a lei.
- Conhecer os caminhos para realizar um plano de negócios.

Esquema

Perfil do Empreendedor
Tipos de Empresas
Planejamento
    Planejamento Estratégico
        • Análise Ambiental
        • Missão
        • Objetivos
        • Estratégias
    Planejamento Tático
    Planejamento Operacional

> Christina Carvalho Pinto é sócia-proprietária da Full Jazz, um dos grandes nomes da propaganda brasileira. Foi eleita a Profissional de Propaganda da Década pela Associação Brasileira dos Colunistas de Marketing e Propaganda. Liderou por sete anos o Grupo Young & Rubicam, sendo a primeira mulher na história da América Latina a presidir um grupo multinacional. Foi eleita para o *board mundial* da Young & Rubicam Inc., tornando-se a primeira profissional na América Latina a ter participação efetiva em decisões do grupo em esfera mundial. Apontada pela Abracomp como um dos cinco maiores profissionais de propaganda do País nos últimos 30 anos.
>
> www.fulljazz.com.br
> Revista Propaganda, nº 561
>
> *Christina Carvalho Pinto*

Um Negócio... Um Empreendedor

Ser um empreendedor como Christina Carvalho Pinto requer muita vontade, muita garra e muito estudo. Para abrir o negócio próprio e se tornar um profissional de sucesso a exemplo dela, o primeiro passo é conhecer as características de um empreendedor e verificar se você está apto para abrir uma empresa. O segundo passo é conhecer o mercado em que pretende atuar. Neste capítulo, o leitor terá a oportunidade de conhecer o perfil desejável do empreendedor, assim como receberá algumas dicas para abrir uma agência de publicidade.

É comum as pessoas utilizarem o termo "negócio" para designar qualquer coisa. Em administração, esse termo significa muito mais que isso: é algo resultante do trabalho de duas ou mais pessoas. Uma empresa é um negócio organizado e se presta a atender os consumidores e satisfazer seus desejos. Para tanto, pressupõem-se a análise, a identificação e a definição sobre quais caminhos percorrer para deixar os clientes encantados. Para que essa satisfação ocorra, é preciso refletir sobre como organizar uma empresa e qual perfil é recomendado para os sócios que a compõem.

Perfil do Empreendedor

Quem é você? Esta é uma pergunta que à primeira vista é fácil de ser respondida: *"Meu nome é Márcio Serra, sou publicitário, tenho garra, quero vencer na vida, não tenho medo do trabalho, quero ganhar muito dinheiro..."*. Mas será esse perfil suficiente para abrir e administrar uma empresa e ser um empreendedor? Certamente, não.

No meio empresarial, o termo empreendedor vem ganhando diferentes dimensões e tende a substituir o termo empresário. Mas qual a diferença entre os dois termos? Praticamente nenhuma, quando se analisa o objetivo de ambos.

O termo empreendedor vem sendo utilizado para designar o empresário que detecta oportunidades e as aproveita de forma inteligente, diferenciando-se no mercado de trabalho. O que diferencia o empresário do empreendedor é sua capacidade de empreender, ou seja, a capacidade de detectar e concretizar a realização das oportunidades, e é esse fator que constitui a capacidade de gerir uma empresa.

Perfil do Empreendedor
- Ousado
- Decidido
- Observador
- Curioso
- Organizado
- Líder
- Talentoso
- Independente
- Otimista

A capacidade de empreender requer do empreendedor algumas habilidades: correr riscos na tomada de decisão; saber aproveitar as oportunidades; conhecer o mercado de atuação; estar apto a organizar os recursos disponíveis; saber liderar; ter talento; ser independente e, sobretudo, ser otimista. Cada uma dessas características será comentada a seguir, propiciando ao futuro empreendedor a possibilidade de realizar uma auto-análise e a tomada de decisão na abertura de sua empresa.

RISCOS E TOMADA DE DECISÃO

Das várias características do empreendedor, destacam-se a coragem, a ousadia, os desafios e a escolha dos melhores caminhos a seguir.

- Você é desafiador? Ousado?
- Gosta de experimentar os limites de sua capacidade?
- Deixaria uma situação segura para arriscar-se em novas oportunidades?
- Sabe enfrentar riscos?

Perfil do Empreendedor
- Ousado

Os riscos fazem parte da vida moderna e as decisões que implicam riscos se apresentam em qualquer atividade de nossas vidas. A tomada de decisão diante de uma situação de risco significa enfrentar desafios, ousar e escolher os melhores caminhos de forma consciente. É decidir. Para o papa da administração, Peter Drucker, decidir é julgar. "É escolher entre alternativas. Raramente é escolher entre o certo e o errado. Quando muito, é uma escolha entre o quase certo e o provavelmente errado, mas, na maioria das vezes, é uma escolha entre dois rumos."[1]

Por questão de cultura, os executivos ocidentais, em geral, possuem forte tendência a responder a perguntas que lhes são feitas de forma rápida e precisa. O elemento importante na tomada de decisão é a solução do problema. Para a cultura oriental, a japonesa especificamente, o componente importante é a definição do problema, e depois a busca da solução. É por esse motivo que os orientais demoram a tomar uma decisão. Eles envolvem muitas pessoas no processo e procuram um senso comum. As pessoas que participam desse processo estão preparadas para a realização de ações necessárias quando da tomada de decisão. Isso implica dizer que, quando a decisão é tomada, não há quase situações de partidos, isto é, não há divisões de opiniões. Tanto a decisão quanto os riscos que possam surgir

---
1 DRUCKER, Peter Ferdinand. *Introdução à administração.* 3ª ed. São Paulo: Pioneira, 1998, p. 478.

são assumidos por todos e, nesse momento, já sabem como agir. Fica implícito, portanto, que as pessoas que fazem parte da tomada de decisão são previamente selecionadas, com perfis semelhantes, afinidades e os mesmos objetivos.

O perfil do executivo nipônico é oriundo de sua cultura. Não se pode simplesmente adotá-lo como forma eficaz, esperando o mesmo resultado. A comparação nos permite, contudo, refletir sobre como agir diante de situações de riscos, procurando esclarecer o problema e sua origem. Neste momento, vale uma pergunta: é mesmo necessário tomar uma decisão agora?

Como afirma Peter Drucker,[2] o processo de decisão é uma escolha entre alternativas, e uma delas é a de não fazer nada. Por um lado, a decisão deve ser tomada sempre que a situação piorar se, justamente, não se tomar nenhuma decisão. Por outro, se a situação se resolver por si só, sem uma tomada de decisão, o melhor será não interferir.

OPORTUNIDADES

O empreendedor está sempre atento às mudanças que acontecem no mercado para aproveitar as oportunidades.

Perfil do Empreendedor
- Ousado
- Decidido

- Você sabe transformar situações de risco em oportunidades?
- Sabe identificar tendências e oportunidades de futuro?

Além de conhecer o momento certo de tomar uma decisão, é preciso levar em consideração a oportunidade. Uma oportunidade é considerada boa quando ela se transforma em resultados reais. Mas como encontrá-la? Onde procurá-la?

As oportunidades surgem de muitas maneiras para aqueles que as procuram. Para Muzyka,[3] é muito raro que alguém identifique uma oportunidade do nada. Muitas vezes elas são encontradas em experiências passadas, ou seja, estão relacionadas à experiência profissional ao ambiente social. Outra forma de encontrar oportunidades é explorando ideias simples. "Existem algumas técnicas estabelecidas, como a *visualização,* o *brainstorming* e a *análise morfológica*, que podem ser usadas para gerar ideias."[4]

A *visualização* compreende o sonho. É o processo de sonhar acordado, visualizando o futuro com detalhes. É uma técnica que auxilia na determinação de objetivos de seu futuro.

O *brainstorming* é outra técnica que, se usada adequadamente, poderá criar um grande número de ideias. Caracteriza-se pela reunião de pessoas que conhecem

---

2 Idem. Ibidem.
3 MUZYKA, Daniel F. "Identificando oportunidades de mercado", p. 22. In: BIRLEY & MUZYKA. *Financial Times Mastering Enterprise*: dominando os desafios do empreendedor. São Paulo: Makron Books, 2001.
4 SAUNDERS, Peter. "A busca por uma boa ideia", p. 23, Imperial College Management School, Londres. In: BIRLEY & MUZYKA. *Financial Times Mastering Enterprise:* dominando os desafios do empreendedor. São Paulo: Makron Books, 2001, p. 25.

o assunto e outras tantas que desconhecem totalmente o tema da reunião. Outra característica é a ausência completa de críticas e de prejulgamentos ou ideias preconcebidas. Kaatz[5] descreve 11 pontos para a aplicação do *brainstorming*:

1. Escolha um local agradável e informal.
2. Tenha no ambiente bastante líquido e alimento.
3. Escolha uma pessoa para ser líder do grupo.
4. Defina o problema claramente no início da reunião.
5. Determine e cumpra uma pauta e um tempo para a reunião.
6. Faça com que todas as ideias sejam anotadas.
7. Não permita qualquer tipo de crítica ou reações negativas às ideias sugeridas.
8. Deixe que as ideias se misturem, que penetrem umas nas outras.
9. Mantenha todos os participantes ativos, envolvendo-os quando necessário.
10. Encoraje discussões e troca de ideias.
11. Quando a reunião terminar, faça sua análise como se fosse uma reunião qualquer.

A terceira técnica sugerida por Saunders é a *análise morfológica*. Na gramática, a análise morfológica permite compreender uma palavra complexa por meio de sua divisão – radical, afixos, sufixos etc. Por exemplo, o que significa a palavra *anidropodoteca*? Vamos dividi-la: *an*, prefixo de negação; *(h) idro*, água; *podo*, pé; e *teca*, lugar onde se guarda algo. Ora, o que é "um lugar onde se guarda o pé e não entra água?" Resposta: galocha. Na vida profissional, a análise morfológica tem a mesma função. Dividir um problema complexo em partes e estudar cada elemento que o compõe pode também gerar ótimas ideias.

CONHECIMENTO DO MERCADO

Conhecer o mercado é uma obrigação do empreendedor. Se o mercado é novo, ou não se tem vivência nele, será necessário buscar informações em cursos, livros, centros tecnológicos ou mesmo com empresários da área pretendida. Quanto mais conhecer o mercado, mais são as chances de sucesso.

- Você tem experiência profissional naquilo que almeja?
- Já administrou uma empresa?
- Já administrou alguma unidade empresarial? Foi bem-sucedido?
- Está sempre atualizado em relação às novidades empresariais?
- Acompanha as mudanças e tendências econômicas e políticas nacionais e internacionais?

Perfil do Empreendedor
- Ousado
- Decidido
- **Observador**
- **Curioso**

---

5 KAATZ, Ron. *Advertising & Marketing Checklist*. Lincolnwood, NTC Business Book, 1990.

Conhecer o mercado em que se pretende atuar é questão prioritária para um profissional ser bem-sucedido.

No século XXI, não é mais permitido pensar em mercados isolados. A globalização fincou suas raízes. Mesmo o pequeno empresário está à espreita para tirar proveito do mundo global, mas também está sujeito a ser engolido por ele se não conhecer bem o mercado.

Apesar das crises econômicas e políticas, das idas e vindas da recessão norte-americana, da ameaça de uma Terceira Guerra Mundial, da vulnerabilidade econômica nos países da América Latina e da instabilidade do Congresso Nacional, os investimentos publicitários ainda continuam.

Segundo a *Advertising Expenditure Forescasts*,[6] o Brasil investiu no ano 2000 cerca de 7 milhões de dólares em propaganda. Naquele ano, foi o sétimo país em investimentos publicitários, estando à sua frente somente as grandes potências.

País	US$ milhões
Estados Unidos	217,070
Japão	49,609
Alemanha	20,714
Reino Unido	16,537
França	10,705
Itália	8,394
Brasil	7,007
Coréia do Sul	6,366
Espanha	6,052
Canadá	5,206

Fonte: ZENITH Media: *Advertising Expenditure Forescasts*, dez./00. In: *Mídia Dados 2001*. São Paulo: Ed. Grupo de Mídia, 2001, p. 515.

Do total dos 7,007 milhões de dólares investidos em propaganda, 57,8% foram destinados à TV. O jornal detêve 21,5%, revista 10,6%, rádio 4,9%, *outdoor* 3,0% e os demais meios de comunicação 2,2%. Esses dados representam apenas parte do mercado publicitário e o empreendedor deve conhecê-los.

SABER ORGANIZAR

A organização faz parte das características de um empreendedor. Ter capacidade de utilizar os recursos humanos, materiais e financeiros de forma lógica e racional facilita o trabalho e economiza tempo e dinheiro.

- Você sabe planejar recursos de forma organizada, lógica e racional?

---

6   ZENITH Media: Advertising Expenditure Forescasts, dez./00. In: *Mídia Dados 2001*. São Paulo: Ed. Grupo de Mídia, 2001, p. 515.

- Sabe definir metas, garantir sua execução e corrigir problemas com agilidade?
- Sabe racionalizar o tempo de trabalho?

Há quem afirme que empresas organizadas não causam problemas. Isso não é verdade absoluta quando se analisa a grande quantidade de escalões administrativos de uma empresa. A regra básica é ter sempre um número pequeno de escalões e uma cadeia de comando o mais curta possível.[7] Quando o número de escalões é muito grande, é normal que haja interferências e surja o chamado ruído de comunicação. Um objetivo claro no primeiro escalão pode ser corrompido quando chegar ao quarto ou quinto escalão, comprometendo assim o desempenho da empresa.

Perfil do Empreendedor
- Ousado
- Decidido
- Observador
- Curioso
- **Organizado**

Outro obstáculo comum encontrado nas empresas é a repetição periódica de problemas. Esse fato é bastante comum no meio publicitário quanto à criação de campanhas. O pessoal da criação, que trabalha com as imagens, com o *layout* do anúncio, acredita que a campanha foi criada por eles, portanto, é "sua filha". O pessoal do planejamento, por sua vez, defenderá a tese de que o "filho é deles", pois todo o planejamento da campanha nasceu ali e foram eles que deram as diretrizes para a criação. Todos sabemos que ninguém trabalha sozinho e que o conjunto de seres pensantes só aumenta o bom desempenho da empresa.

Empresas que têm esse tipo de problema devem fazer uma análise criteriosa das contribuições de cada setor, das decisões e mesmo das relações humanas entre os que ali trabalham.

Fazer reuniões nas empresas foi sempre saudável, desde que não seja exagerado o número de pessoas nem o número de reuniões. Há empresas cujos executivos passam o dia em reunião e esquecem de trabalhar nas ações estabelecidas por elas. Dessa maneira, perde-se tempo e dinheiro. O negócio é organizar o trabalho. Como?

Todo trabalho pode ser organizado de acordo com as etapas do processo. As reuniões definem diretrizes. Em uma agência de publicidade, há trabalhos em que etapas diferentes podem andar paralelamente. É o caso do profissional de mídia, que seleciona os meios de comunicação da campanha e dos profissionais de criação no mercado publicitário. A partir das orientações do planejamento, cada qual poderá desenvolver seu trabalho independentemente, embora interligados. Há outros trabalhos que podem ser organizados por equipes. É o caso de uma filmagem: o diretor, o *cameraman*, os técnicos de som, luz... enfim, uma equipe.

---

7 DRUCKER, Peter Ferdinand. *Introdução à administração*. 3ª ed. São Paulo: Pioneira, 1998, p. 579.

SER LÍDER

Perfil do Empreendedor
- Ousado
- Decidido
- Observador
- Curioso
- Organizado
- **Líder**

Compete ao líder a definição dos objetivos, a exposição e a orientação dos rumos da empresa de forma clara e objetiva. As agências de propaganda estão trabalhando com células em que criação, mídia e atendimento desenvolvem um trabalho de equipe.

- Você sabe delegar responsabilidades?
- As pessoas aceitam suas determinações?
- Você se destaca em seus grupos sociais?
- Sabe valorizar um empregado?
- Você já foi líder de algum grupo por escolha democrática? Foi bem-sucedido?
- Sabe influenciar as pessoas em suas decisões, sem deixar resquícios emocionais?

Entre as habilidades do empreendedor, algumas se destacam: visão, energia, determinação e autoconfiança. De nada adiantam essas quatro características se não houver ação. Portanto, pensar e agir andam de mãos dadas. É preciso ser capaz de disseminar e vender as ideias a todos que convivem em um mesmo ambiente. É preciso ser flexível, aprendendo com o que se escuta. A estratégia do uso da flexibilidade e da paciência, por vezes, torna o caminho mais longo. São ótimas ferramentas para se alcançar o objetivo. Essa estratégia nos leva tanto a pensar quanto a agir, ou seja, operar em dois níveis: no plano estratégico e no plano operacional.[8]

Segundo Birley,[9] a nova empresa empreendedora pressupõe a presença de líderes que trabalhem com transformações que funcionem. Essas transformações devem:

- desenvolver novas capacidades de processo;
- encorajar a experimentação e recompensar o sucesso na busca de vantagens competitivas;
- aprender a trabalhar em dois rumos diferentes: fazer o que deve ser feito agora e, simultaneamente, fazer coisas novas;
- desenvolver capacidade de liderança com uma linguagem nova, propiciando a reflexão sobre o que precisa ser feito hoje e no futuro.

TER TALENTO

Ter talento não significa, necessariamente, criar várias campanhas.

- Você sabe se envolver com o trabalho de uma forma objetiva?

---

8 VANDERMERWE, Sadra. Imperial College Management School, Londres; & BIRLEY, Sue. Imperial College Management School, Londres. O chefe como uma força para mudança. In: BIRLEY & MUZYKA. *Financial Times Mastering Enterprise:* dominando os desafios do empreendedor. São Paulo: Makron Books, 2001, p. 279.

9 Idem, p. 280.

- Tem disposição para se dedicar ao trabalho com todo o entusiasmo?
- Você se dedica à empresa com motivação?

Perfil do Empreendedor
- Ousado
- Decidido
- Observador
- Curioso
- Organizado
- Líder
- **Talentoso**

É bastante difícil pensar que um publicitário terá atividades corriqueiras e de rotina constante. Administrar uma empresa requer certa dose de inconformismo diante de tais situações que fatalmente ocorrem. Administrar uma agência não é só criar belas campanhas, acompanhar a filmagem de um novo comercial ou ainda participar de um evento. Há situações puramente administrativas, tais como acertar detalhes contratuais, acompanhamento da contabilidade, administração dos recursos humanos, entre outras, principalmente se a empresa estiver no seu início de atividades.

SER INDEPENDENTE

Muitos acreditam que abrir uma empresa é livrar-se do chefe ou do patrão. Puro engano. Quando se abre um negócio próprio, ganham-se vários chefes, os clientes. Cada um quer uma coisa diferente.
- Você sabe lutar por suas ideias?
- Gosta de competir?
- Sabe perder e ganhar?

Perfil do Empreendedor
- Ousado
- Decidido
- Observador
- Curioso
- Organizado
- Líder
- Talentoso
- **Independente**

O empreendedor trabalhará com várias frentes, diversos mercados e com clientes de personalidades diferentes; por esses motivos terá de determinar seus próprios passos, abrir caminhos, criando certas regras que o tornem independente para realizar seus objetivos. Essa independência gera o gosto pela competição, mas é preciso saber perder e ganhar, pois ambos fazem parte da regra do jogo.

MANTER O OTIMISMO

A perseverança é outra característica do empreendedor. Quando se perde, é preciso analisar os motivos pelos quais tal fato aconteceu. Uma avaliação dos pontos positivos e negativos auxiliará o empreendedor a continuar de forma otimista.
- Você tem visão de sucesso?
- Sabe superar dificuldades com equilíbrio?
- Tem ambição em suas metas?
- Tem satisfação em suas conquistas e almeja outras?

Perfil do Empreendedor
- Ousado
- Decidido
- Observador
- Curioso
- Organizado
- Líder
- Talentoso
- Independente
- **Otimista**

Ser otimista é uma das qualidades mais belas do ser humano. O otimismo traz a persistência, a garra, a visão do conseguir.

Se ainda pretende abrir sua empresa, faça uma reflexão sobre os tópicos deste capítulo e responda qual deles mais o incomoda:

1. Correr riscos.
2. Não saber detectar as oportunidades.
3. Não ter conhecimento do ramo em que vai atuar.
4. Não ser organizado.
5. Não saber se você é ou não líder.
6. Ter ou não talento para administração.
7. Ter medo de não conseguir recursos para uma vida independente.

As respostas a essas perguntas podem levá-lo à inquietação, porém, muitos empresários de sucesso abriram seus negócios por falta de opção do mercado. Lembre-se de que a falta de opção também é uma alternativa e pode-se optar por ela.

Lembre-se também de que neste mundo existem três tipos de pessoas:

1. as que fazem acontecer;
2. as que veem acontecer; e
3. as que se perguntam o que aconteceu.

Onde você se enquadra?

Tipos de Empresas

O cidadão brasileiro que pretende abrir uma agência de publicidade está à mercê da legislação brasileira. Nossa legislação, no que diz respeito à área da publicidade, é bastante injusta. Qualquer pessoa que queira abrir seu próprio negócio pensa em começar com uma empresa pequena para depois crescer. Se uma pessoa quiser abrir uma agência de publicidade sozinho, denominada firma individual, não pode. Veja por quê.

Firma individual

É aquela constituída por uma única pessoa responsável ilimitada e individualmente pela empresa (ou pelos seus atos), em que o nome da firma será o do titular. Esse tipo de forma jurídica se aplica a atividades de indústria e/ou comércio, e o ativo e o passivo (estoques, máquinas, contas a pagar etc.) podem ser transferidos a outra pessoa jurídica, porém, a empresa em si, por ser firma individual, é intransferível. Cabe destacar, portanto, que a firma individual não pode ser vendida nem admite sócios.

A agência de publicidade não é uma indústria nem tampouco comercializa produtos. Ela é prestadora de serviços e, como tal, não pode existir como firma individual. Diante desse fato, pode-se pensar em abrir uma microempresa. Será?

A legislação brasileira também não permite abrir uma agência de propaganda enquadrada como microempresa, segundo a Lei nº 9.317, de 5/12/96.

Uma agência de publicidade, em seu início de atividades, só pode existir sob a forma de sociedade civil. Definida a forma legal, o próximo passo é dar um nome à empresa (veja Capítulo 1) e contratar um contador para que providencie o registro de sua empresa. Escolha um contador que conheça a área, afinal, ele fará a contabilidade de sua empresa. Enquanto sua agência está sendo registrada, dedique-se ao plano de negócios.

Caminhos para Um Plano de Negócios

O plano de negócios, também chamado *business plan*, é um documento que especifica o estudo e as alternativas de um negócio que se quer iniciar. Normalmente realizado por empreendedores, reúne informações de como deverá ser o negócio. Bem estruturado, é fundamental para o sucesso do novo empreendimento, porém muitos empreendedores fracassam por não terem feito, com a devida atenção, a lição de casa.

Não existe um modelo único e eficaz para ser seguido, mas, feito com a devida dedicação ajudará nos caminhos a serem seguidos no novo empreendimento. Ele deve ser simples e de fácil compreensão, não importando o número de informações que você levantou para fazê-lo. Na sequência, você encontrará dicas para seu estudo e só depois de terminar este estudo poderá montá-lo, com foi dito, de forma bastante simples.

Vamos dividir o estudo do plano de negócios em quatro fases: 1) Conceito do negócio; 2) Organização e estrutura; 3) Marketing, 4) Investimentos e Orçamentos.

> **Sociedade Civil**
> É a firma instituída por duas ou mais pessoas, tendo por objetivo apenas a prestação de serviços. As Sociedades Civis são regulamentadas pelo Código Civil. Não podem praticar atos de comércio e não estão sujeitas à falência.

Conceito do negócio

O conceito do negócio compreende uma série de estudos sobre o negócio a ser aberto. Para iniciar a conceituação do negócio, algumas perguntas devem ser respondidas, tais como: O que você pretende abrir como negócio? Uma agência de propaganda ou uma agência de comunicação? Uma produtora de rádio, TV e cinema ou um estúdio fotográfico? Uma agência de modelo ou uma assessoria de imprensa? Uma empresa de eventos?

Descreva os serviços que prestará. Lembre-se de que todo negócio a ser criado deve ter um diferencial dos demais concorrentes do mercado. Ser mais uma empresa, certamente não é o seu objetivo e, portanto, um diferencial deve ser estabelecido. Você deve também pensar em responsabilidade social, no meio ambiente, na comunidade.

> **Negócio**: Agência de Comunicação
>
> **Serviços**: criação de campanhas *on-line* e *off-line*, eventos e assessoria de imprensa.
>
> **Diferencial**: transparência e negociação
>
> **Responsabilidade social**: campanhas de serviço público

Definido o negócio, é preciso saber qual mercado você irá atuar, ou seja, que tipo de clientes / empresas você vai atender, qual setores vai escolher. Iniciar um negócio para atender grandes empresas, como por exemplo a Elma Chips ou uma Coca-Cola é bastante pretensioso, a não ser que você tenha um relacionamento com alguém que trabalhe nestas empresas. O melhor é começar definindo o setor e depois escolher as empresas. Dê preferência aos segmentos com pouca evidência no mercado. Escolha três setores em ordem de prioridade.

> **Setor 1**: farmacêutico
>
> **Setor 2**: construção civil
>
> **Setor 3**: agropecuária

Talvez você não conheça estes segmentos, mas são setores ótimos para trabalhar. O mercado farmacêutico, por exemplo, não possui uma mídia evidenciada nos grandes meios de comunicação, no entanto, há muita folheteria, muitos eventos e muito trabalho de assessoria de imprensa. O próximo passo é definir os concorrentes diretos. Exercite:

> **Concorrentes**
>
> Setor 1:
>
> Setor 2:
>
> Setor 3:

Analisar cada um dos concorrentes em termos de estrutura, tamanho e área de atuação é a próxima etapa. O que eles fazem? Como fazem? Quais são seus principais clientes?

> **Análise dos concorrentes: Setor 1**
>
> Qual é sua estrutura?
>
> Qual seu tamanho?
>
> Quais áreas atuam?
>
> Quem são seus principais concorrentes?
>
> Quanto estão investindo em comunicação?
>
> Quais são seus principais fornecedores?

Análise dos concorrentes: Setor 2

Qual é sua estrutura?

Qual seu tamanho?

Quais áreas atuam?

Quem são seus principais concorrentes?

Quanto estão investindo em comunicação?

Quais são seus principais fornecedores?

Análise dos concorrentes: Setor 3

Qual é sua estrutura?

Qual seu tamanho?

Quais áreas atuam?

Quem são seus principais concorrentes?

Quanto estão investindo em comunicação?

Quais são seus principais fornecedores?

Quais são os diferenciais mais significativos entre os concorrentes? Tendo conhecimento de quem são os clientes de seus possíveis concorrentes, é o momento de verificar se existem outros clientes que ainda não trabalham com comunicação e que eventualmente poderão trabalhar.

Uma relação dos *players* do mercado – clientes potenciais e clientes de seus concorrentes ajudará na definição dos clientes potenciais do mercado.

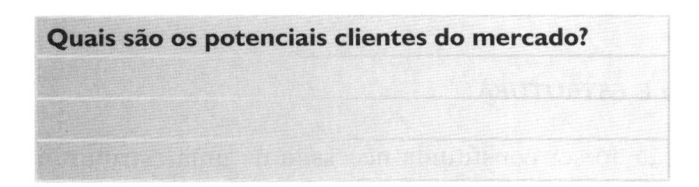

Quais são os potenciais clientes do mercado?

O levantamento feito até este momento permitirá a realização de uma análise de oportunidades e ameaças.

Ao observar o mercado e seus concorrentes é possível encontrar oportunidades que são detectadas pela identificação de tendências. Descreva-as:

Tendências

Assim como as tendências, é possível identificar as ameaças. Descreva-as.

Ameaças

Uma das estratégias de marketing é o *benchmark*, isto é, verificar como os concorrentes fazem, melhorar e aplicar em seu negócio. Assim você poderá aproveitar todos os itens considerados bons de seus concorrentes, aperfeiçoar e implantar na sua futura empresa.

Todas as informações que você levantou permitirão agora descrever o conceito de seu negócio, ou seja, que tipo de empresa você será, qual área de atuação, quais serviços que irá oferecer, quais serão seus fornecedores, que tipo de clientes vai buscar, quais são seus diferenciais, seu posicionamento, quais serão suas responsabilidades para com a sociedade.

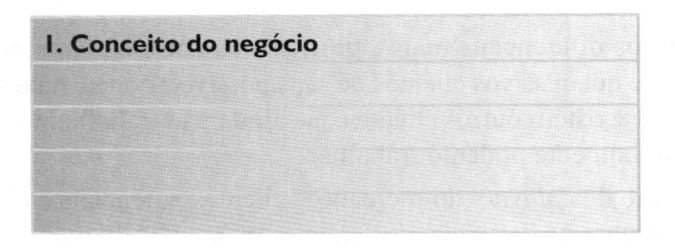

I. Conceito do negócio

ORGANIZAÇÃO E ESTRUTURA

Uma organização ao ser constituída necessita de uma estrutura legal. Para isso você precisa definir quem será(ão) seu(s) sócio(s), nome (marca), a razão social e o tipo de empresa que irão abrir. No Capítulo 1 você têm algumas orientações para definir sua marca. No caso de uma agência de comunicação, a empresa será uma Sociedade Civil Ltda.

Nome:
Logomarca:
Razão Social:
Sócios:

O próximo passo será definir um organograma, descrevendo os cargos, funções e responsabilidades. Ao iniciar um negócio é comum você ter poucos, ou nenhum funcionário, porém na definição do organograma, projete os cargos futuros e inclua-os no organograma de forma pontilhada.

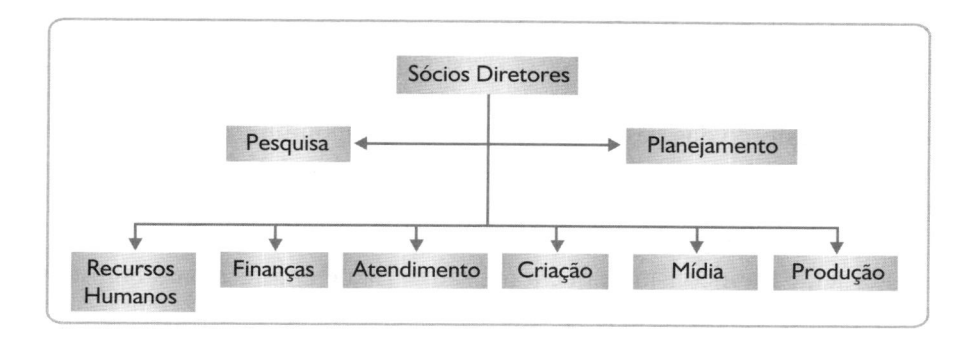

```
                        Sócios Diretores
                    ┌─────────┼─────────┐
                Pesquisa ←————————→ Planejamento
         ┌──────┬──────┬──────┬──────┬──────┐
      Recursos Finanças Atendimento Criação Mídia Produção
      Humanos
```

Descreva a seguir a remuneração de cada funcionário, inclusive a dos sócios, estimando os impostos devidos.

Quadro 7.1

Cargo	Quantidade	Salário (R$)	Encargo Social (R$)	Total (R$)
Total				

O objetivo de toda organização é crescer. Se você desenhou seu organograma com três ou quatro pessoas para iniciar seu negócio, analise agora os pontos potenciais de localização de seu negócio. Procure um local para instalar sua empresa projetando o crescimento dela. Defina também um *layout* para suas instalações. Aproveite para dimensionar os equipamentos que você precisará, tais como computadores, impressoras, xerox, fax, telefone, mesas, cadeiras, armários etc.

MARKETING

A ideia deste estudo de plano de negócios não é desenvolver um plano de marketing em sua íntegra, mas explorar seus principais pontos. O primeiro ponto de partida é a definição da missão e da visão de seu negócio.

Missão é a razão de ser da organização, ou seja, o porquê e para que a empresa está sendo aberta. Segundo Peter e Certo,[10] missão organizacional é a proposta ou a razão pela qual uma organização existe. É expressa por meio de uma decla-

---
10 CERTO, Samuel; PETER, J. Paul. *Administração estratégica*. São Paulo: Makron Books, 1993, p. 77.

ração. Essa declaração geralmente contém informações sobre o que a empresa pretende fazer quanto a produtos e serviços, como pretende agir com seus clientes, funcionários e comunidade, além de expressar seus valores. A missão ajuda a concentrar o esforço das pessoas para uma direção comum; ajuda a assegurar que a organização não persiga propósitos conflitantes; serve de base lógica geral para alocar recursos organizacionais; e estabelece áreas amplas de responsabilidade por tarefas dentro da organização. Partindo desse conceito e em uma rápida busca pela Internet, é fácil constatar que a missão varia de empresa para empresa. Veja o exemplo a seguir.

> Nossa missão é auxiliar as empresas na realização do planejamento e implantação do composto de comunicação, para que o resultado se transforme em valores agregados à empresa, proporcionando notoriedade à sua marca.

A visão de uma organização é representada por um sonho, ou seja, um objetivo a longo prazo. Veja a visão da Full Jazz e da McCann Erickson:

> Seremos a grande referência, no setor de comunicação, da convivência harmoniosa entre o espírito arrojado e inovador, a eficácia nos resultados e a postura ética.
>
> Explore mais em *http://www.fulljazz.com.br/*

> We have only one mission: to be, both in fact and in perception, the best in each market and in every discipline in which we operate.
>
> Explore mais em http://www.mccann.com/

Uma vez declarada a missão e a visão, fica muito mais fácil definir os objetivos.

Objetivos: Há vários autores que consideram os termos objetivo e meta como sinônimos. Outros os distinguem. O termo objetivo abrange os dados qualitativos, ou seja, aonde a empresa quer chegar. O termo meta refere-se a dados quantitativos, exprimindo tempo, unidades ou valores referentes ao objetivo. O importante é você não esquecer de quantificar os objetivos.

Para você que está iniciando seu negócio na área de comunicação, o importante é definir seus objetivos para os três primeiros anos. Você pode fazê-lo quantificando quantos clientes você terá nestes anos e de que porte, ou qual o faturamento quer ter no ano, com um número "x" de clientes.

Importante também é definir sua área de atuação. São Paulo, Rio de Janeiro, Minas Gerais, Mato Grosso do Sul, Porto Alegre, entre outras.

Quanto à remuneração de seu negócio, é preciso estabelecer algumas regras. É sabido que, no caso de uma agência de comunicação, a remuneração ocorre por percentuais da verba de comunicação do cliente e segue padrões estabelecidos por lei e pelo CENP. No entanto, uma assessoria de imprensa, uma produtora ou outros serviços prestados aos clientes devem seguir uma tabela referência. Estabeleça seus preços e até aonde você poderá chegar, no caso de descontos.

Reserve uma verba para a comunicação, não a tradicional, mas para frequentar associações de classe, eventos do meio, palestras etc.

INVESTIMENTOS E ORÇAMENTOS

Em umprimeiro momento você deve fazer um estudo sobre o quanto investirá no novo negócio. A tabela a seguir mostra um exemplo prático.

Quadro 7.2 Investimentos para a Implantação do Negócio.

Investimento	R$
Instalações	
Custo/aluguel	
Melhorias/reformas	
Outros	
Equipamentos	
Móveis	
Computadores e programas	
Outros	
Outros	
Total	

Em um segundo momento você deverá calcular as despesas/custos, os impostos e as comissões.

Quadro 7.3 Despesas/Custos.

	R$
Pró-labore dos sócios	
Encargos sociais sobre os pró-labore	
Salários	
Encargos sociais sobre os salários	
Seguros	
Despesas bancárias	
Juros	
	continua

Material de expediente	
Despesas de viagens	
Água	
Luz	
Telefone/Celular	
Manutenção e conservação	
Propaganda	
Depreciação	
Transporte	
Correios	
Financiamentos	
Provedores	
Outros	

Quadro 7.4 Impostos e Comissões.

	R$
ICMS	
ISS	
COFINS	
PIS	
Contribuição Social sobre o Lucro	
Imposto de Renda	
Comissões	

Finalizando, você deverá apresentar um quadro de projeções para, no mínimo, três anos.

Quadro 7.5 Projeção do Negócio.

Projeção do Negócio	(R$ mil)	(R$ mil)	(R$ mil)
Ano	2011	2012	2013
Receita bruta			
Despesas/custos			
Investimentos			

Este último quadro deve ser explicado. O que compreende a receita bruta? Aumento de clientes? Quantos? Aumento de faturamento com os mesmos clientes? O mesmo acontece com as despesas/custos e com os investimentos.

Só agora, com todos os dados que você levantou, será possível escrever seu plano de negócios. Se precisar de um plano mais completo, consulte a obra de Bernardi[11], um manual completo para você abrir sua empresa. Vamos tentar?

CAMINHOS PARA REALIZAR UM PLANO DE NEGÓCIOS

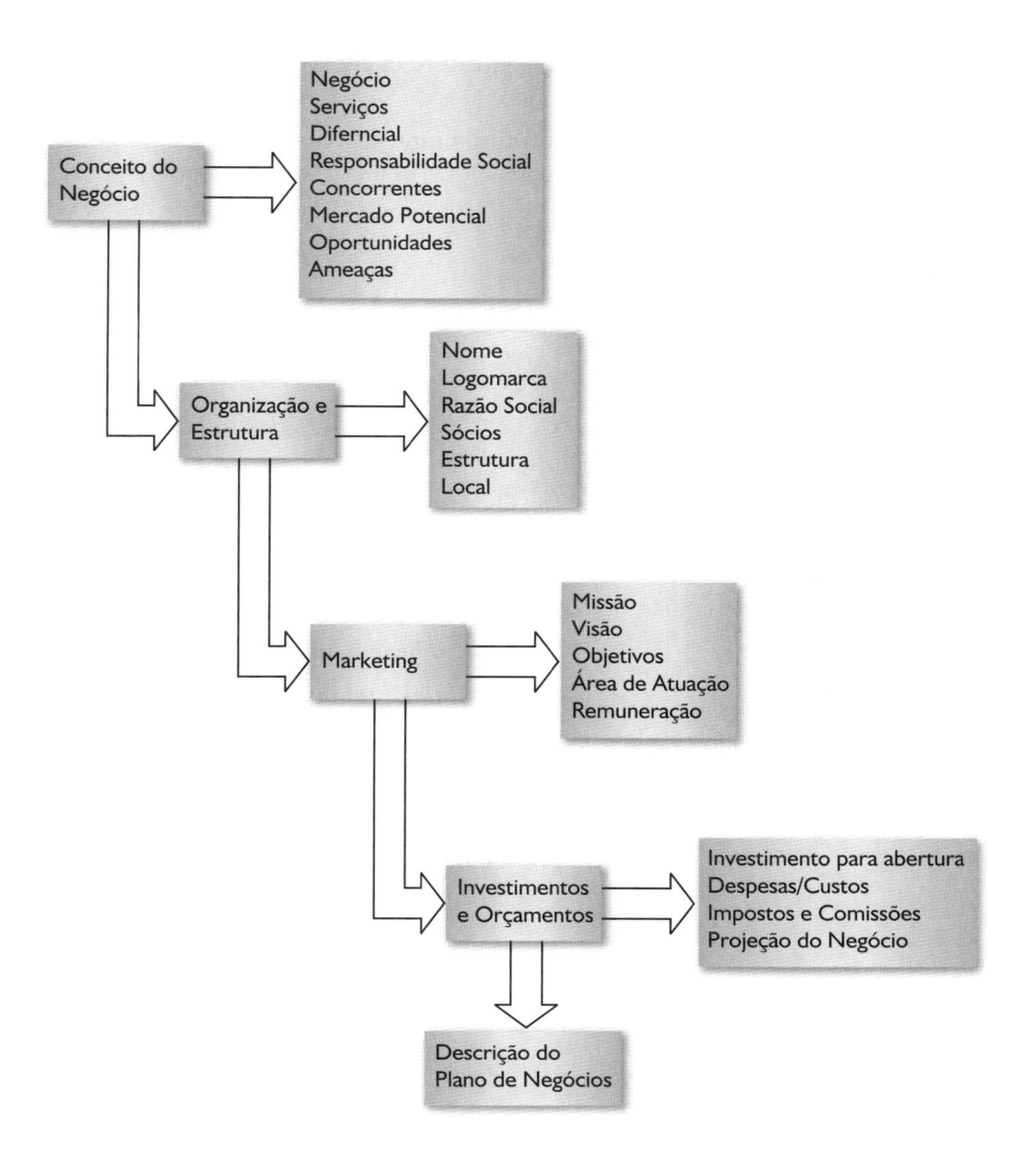

Conceito do Negócio →
- Negócio
- Serviços
- Diferncial
- Responsabilidade Social
- Concorrentes
- Mercado Potencial
- Oportunidades
- Ameaças

Organização e Estrutura →
- Nome
- Logomarca
- Razão Social
- Sócios
- Estrutura
- Local

Marketing →
- Missão
- Visão
- Objetivos
- Área de Atuação
- Remuneração

Investimentos e Orçamentos →
- Investimento para abertura
- Despesas/Custos
- Impostos e Comissões
- Projeção do Negócio

↓

Descrição do Plano de Negócios

---

11 BERNARDI, Luiz Antonio. *Manual de Plano de Negócios: Fundamentos, Processos e Estruturação*. São Paulo: Atlas, 2006.

QUESTÕES PARA REVISÃO E DISCUSSÃO

1. Escolha um amigo. Faça uma entrevista com ele e verifique se possui o perfil de um empreendedor. Justifique sua resposta.
2. Entre os tipos de empresas que a lei disponibiliza para a abertura de um negócio estão a firma individual, a microempresa e a pequena empresa ou sociedade civil. Qual tipo de empresa o publicitário deve escolher para iniciar sua agência? Explique por quê.
3. Por que a elaboração de um plano de negócios é importante?
4. Crie uma missão para uma agência de publicidade.
5. Defina três possíveis objetivos para sua futura agência e cinco estratégias respectivas no nível estratégico.
6. Faça um plano de negócio para sua futura empresa.

Navegando pela Internet

Os *sites* relacionados abaixo auxiliarão o futuro empreendedor a montar seu negócio e a conhecer melhor as associações que envolvem o meio publicitário.

www.sebrae.com.br

www.aba.com.br

www.abap.com.br

www.e-commerce.org.br/planos_de_negocios.php

www.advbfbm.org.br

Legislação

Objetivos

O Anexo 1 tem por objetivo proporcionar ao leitor o conhecimento da lei que regula a profissão do publicitário e estabelece o relacionamento entre agências, anunciantes e veículos de comunicação. Complementam a lei os Decretos nº 57.690 e nº 2.262.

LEI Nº 4.680, DE 18 JUNHO DE 1965

Dispõe sobre o exercício da profissão de publicitário e de agenciador de propaganda.

DECRETO Nº 57.690, DE 1º DE FEVEREIRO DE 1966

Regulamenta a execução da Lei nº 4.680.

DECRETO Nº 2.262, DE 26 DE JUNHO DE 1997

Altera o Regulamento aprovado pelo Decreto nº 57.690, de 1º de fevereiro de 1966.

INTERNET

Lei Nº 4.680, de 18 Junho de 1965

Dispõe sobre o exercício da profissão de publicitário e de agenciador de propaganda.

Capítulo I – Definição

Art. 1º – São Publicitários aqueles que, em caráter regular e permanente, exercem funções de natureza técnica da especialidade, nas Agências de Propaganda, nos Veículos de Divulgação, ou em quaisquer empresas nas quais se produza propaganda.

Art. 2º – Consideram-se Agenciadores de Propaganda os profissionais que, vinculados aos Veículos de Divulgação, a eles encaminhem propaganda por conta de terceiros.

Art. 3º – A Agência de Propaganda é pessoa jurídica e especializada na arte e técnica publicitárias que, através de especialistas, estuda, concebe, executa e distribui propaganda aos Veículos de Divulgação, por ordem e conta de Clientes Anunciantes, com o objetivo de promover a venda de produtos e serviços, difundir idéias ou instituições colocadas a serviço desse mesmo público.

Art. 4º – São Veículos de Divulgação, para os efeitos desta Lei, quaisquer meios de comunicação visual ou auditiva capazes de transmitir mensagens de propaganda ao público, desde que reconhecidos pelas entidades e órgãos da classe, assim consideradas as associações civis locais e regionais de propaganda, bem como os sindicatos de publicitários.

Art. 5º – Compreende-se por propaganda qualquer forma remunerada de difusão de idéias, mercadorias ou serviços, por parte de um anunciante identificado.

Capítulo II – Da profissão de Publicitário

Art. 6º – A designação profissional de publicitário será privativa dos que se enquadram nas disposições da presente lei.

§ 1º – Os auxiliares que, nas Agências de Propaganda e outras organizações de propaganda, não colaborarem, diretamente, no planejamento, execução, produção e distribuição da propaganda, terão a designação profissional correspondente às suas funções específicas.

§ 2º – Nos casos em que profissionais de outras categorias exerçam funções nas Agências de Propaganda, tais profissionais conservarão os privilégios que a lei lhes concede em suas respectivas categorias profissionais.

§ 3º – Para efeitos de recolhimento do Imposto Sindical, os jornalistas registrados como redatores, revisores e desenhistas, que exerçam suas funções em Agências de Propaganda e outras empresas nas quais se execute propaganda, poderão optar entre o recolhimento para o sindicato de sua categoria profissional ou para o Sindicato dos Publicitários.

Art. 7º – A remuneração dos publicitários não Agenciadores será baseada nas normas que regem os contratos comuns de trabalho, assegurando-se-lhes todos os benefícios de caráter social e previdenciário outorgados pelas Leis do Trabalho.

Art. 8º – O registro da profissão de Publicitário ficará instituído com a promulgação da presente Lei e tornar-se-á obrigatório no prazo de 120 (cento e vinte) dias para aqueles que já se encontram no exercício da profissão.

§ Único – Para o citado registro, o Serviço de Identificação Profissional do Ministério do Trabalho exigirá os seguintes documentos:

a) 1. diploma de uma escola ou curso de propaganda;
   2. ou atestado de freqüência, na qualidade de estudante;
   3. ou, ainda, atestado do empregador.

b) carteira profissional e prova de pagamento do Imposto Sindical, se já no exercício da profissão.

CAPÍTULO III – DA PROFISSÃO DO AGENCIADOR DE PROPAGANDA

Art. 9º – O exercício da profissão de Agenciador de Propaganda somente será facultado aos que estiverem devidamente identificados e inscritos nos serviços de identificação profissional do Departamento Nacional do Trabalho.

Art. 10 – Para o registro de que trata o artigo anterior, os interessados deverão apresentar:

a) prova de exercício efetivo da profissão, durante, pelo menos, doze meses, na forma de Carteira Profissional anotada pelo empregador, ou prova de recebimento de remuneração pela propaganda encaminhada a Veículos de Divulgação, durante igual período;

b) atestado de capacitação profissional, concedido por entidades da classe;

c) prova de pagamento do Imposto Sindical.

§ 1º – Para os fins da comprovação exigida pela alínea "a" deste artigo, será facultado aos Agenciadores de Propaganda ainda não registrados encaminharem propaganda aos veículos, desde que comprovem sua filiação ao sindicato da classe.

§ 2º – O Sindicato da classe manterá um registro dos Agenciadores de Propaganda, a que se refere o parágrafo anterior, para o fim de lhes permitir o exercício preparatório da profissão somente no decurso de doze meses improrrogáveis.

§ 3º – O registro da profissão de Agenciador de Propaganda tornar-se-á obrigatório no prazo de 120 (cento e vinte) dias para aqueles que já se encontram no exercício dessa atividade.

Capítulo IV – Das Comissões e Descontos Devidos aos Agenciadores e às Agências de Propaganda

Art. 11 – A comissão, que constitui a remuneração dos Agenciadores de Propaganda, bem como o desconto devido às Agências de Propaganda, será fixada pelos Veículos de Divulgação sobre os preços estabelecidos em tabela.

§ Único – Não será concedida nenhuma comissão ou desconto sobre a propaganda encaminhada diretamente aos Veículos de Divulgação por qualquer pessoa física ou jurídica que não se enquadre na classificação de Agenciador de Propaganda ou Agência de Propaganda, como definidos na presente Lei.

Art. 12 – Não será permitido aos Veículos de Divulgação descontarem da remuneração dos Agenciadores de Propaganda, no todo ou em parte, os débitos não saldados por anunciantes, desde que sua propaganda tenha sido formal e previamente aceita pela direção comercial do Veículo de Divulgação.

Art. 13 – Os Veículos de Divulgação poderão manter a seu serviço Representantes (Contatos) junto a anunciantes e Agências de Propaganda, mediante remuneração fixa.

§ Único – A função de Representantes (Contatos) poderá ser exercida por Agenciador de Propaganda, sem prejuízo de pagamento de comissões, se assim convier às partes.

Art. 14 – Ficam assegurados aos Agenciadores de Propaganda, registrados em qualquer Veículo de Divulgação, todos os benefícios de caráter social e previdenciário outorgados pelas Leis do Trabalho.

Capítulo V – Da Fiscalização e Penalidades

Art. 15 – A fiscalização dos dispositivos desta Lei será exercida pelo Departamento Nacional do Trabalho, Delegacias Regionais, assim como pelos sindicatos e associações de classe das categorias interessadas, que deverão representar às autoridades a respeito de quaisquer infrações.

Art. 16 – As infrações do disposto nesta Lei serão punidas pelo órgão fiscalizador com as seguintes penas, sem prejuízo das medidas judiciais adequadas e seus efeitos como de direito:

a) multa, nos casos de infração a qualquer dispositivo, a qual variará entre o valor da décima parte do salário mínimo vigente na região e o máximo correspondente a dez vezes o mesmo salário mínimo.

b) se a infração for a do parágrafo único do art. 11, serão multadas ambas as partes, à base de 10 (dez) a 50% (cinqüenta por cento) sobre o valor do negócio publicitário.

§ Único – Das penalidades aplicadas, caberá sempre recurso no prazo de 10 (dez) dias.

Capítulo VI – Disposições Gerais

Art. 17 – A atividade publicitária nacional será regida pelos princípios e normas do Código de Ética dos Profissionais da Propaganda, instituído pelo I Congresso Brasileiro de Propaganda, realizado em outubro de 1957, na cidade do Rio de Janeiro.

Art. 20 – A presente Lei, regulamentada pelo Ministério do Trabalho dentro de 30 (trinta) dias de sua publicação, entra em vigor na data dessa publicação.

Art. 21 – Revogam-se as disposições em contrário.

Decreto Nº 57.690, de 1º de Fevereiro de 1966

Regulamenta a execução da Lei nº 4.680.

Capítulo I – Dos Publicitários

Art. 1º – A profissão de Publicitário, criada pela Lei nº 4.680, de 18 de junho de 1965, e organizada na forma do presente Regulamento, compreende as atividades daqueles que, em caráter regular e permanente, exercem funções artísticas e técnicas através das quais estuda-se, concebe-se, executa-se e distribui-se propaganda.

Art. 2º – Considera-se propaganda qualquer forma remunerada de difusão de idéias, mercadorias, produtos ou serviços, por parte de um anunciante identificado.

Art. 3º – As atividades previstas no Art. 1º deste Regulamento serão exercidas nas Agências de Propaganda, nos Veículos de Divulgação ou em qualquer empresa nas quais se produz a propaganda.

§ 1º – Os auxiliares que, nas Agências de Propaganda e noutras organizações congêneres, não colaborarem, diretamente, no planejamento, execução, produção e distribuição da propaganda, terão a designação profissional correspondente às suas funções específicas.

§ 2º – Os profissionais de outras categorias, que exerçam funções nas Agências de Propaganda, conservarão os privilégios que a Lei lhes concede em suas respectivas categorias profissionais.

Art. 4º – Consideram-se atividades artísticas, para os efeitos deste Regulamento, as que se relacionam com trabalhos gráficos, plásticos e outros, também de expressões estéticas, destinados a exaltar e difundir pela imagem, pela palavra ou pelo som as qualidades e conveniências de uso ou de consumo das mercadorias, produtos e serviços a que visa a propaganda.

Art. 5º – São atividades técnicas, para os fins do presente Regulamento, as que promovam a combinação harmoniosa dos conhecimentos científicos com os artísticos, tendo em vista dar à mensagem publicitária o máximo de rendimento e impacto.

SEÇÃO 1ª – Da Agência de Propaganda

Art. 6º – Agência de Propaganda é a pessoa jurídica especializada nos métodos, na arte e na técnica publicitários, que, através de profissionais a seu serviço, estuda, concebe, executa e distribui propaganda aos Veículos de Divulgação, por ordem e conta de clientes anunciantes, com o objetivo de promover a venda de mercadorias, produtos e serviços, difundir idéias ou informar o público a respeito de organizações ou instituições a que servem.

Art. 7º – Os serviços de propaganda serão prestados pela Agência mediante contratação, verbal ou escrita, de honorários e reembolso das despesas previamente autorizadas (nova redação dada pelo Decreto nº 2.262, de 26/6/97).

Art. 8º – Considera-se Cliente ou Anunciante a entidade ou indivíduo que utiliza a propaganda.

Art. 9º – Nas relações entre a Agência e o Cliente serão observados os seguintes princípios básicos:

I – A Agência assegurará exclusividade ao Cliente, obrigando-se a não assumir encargo de propaganda de mercadoria, produto ou serviço concorrente, salvo por explícita concordância de seu Chefe.

II – A Agência não executará qualquer plano de propaganda que represente despesa para o Cliente sem que este lhe tenha dado sua prévia autorização.

III – A Agência obrigar-se-á a apresentar ao Cliente, nos primeiros dias de cada mês, uma demonstração dos dispêndios do mês anterior, acompanhada dos respectivos comprovantes, salvo atraso por parte dos Veículos de Divulgação, na sua remessa.

IV – O Cliente comprometer-se-á a liquidar à vista, ou no prazo máximo de trinta (30) dias, as notas de honorários e de despesas apresentadas pela Agência.

V – Para rescisão ou suspensão da propaganda, a parte interessada avisará a outra do seu propósito, com a antecedência mínima de sessenta (60) dias, sob pena de responder por perdas e danos, ficando o Cliente impedido de utilizar-se de quaisquer anúncios ou trabalhos criados pela Agência, e esta, por sua vez, proibida, durante sessenta (60) dias, de aceitar propaganda de mercadoria, produto ou serviço semelhantes à rescindida ou suspensa.

VI – Sempre que trabalhos ou anúncios criados pela Agência, com aprovação do Cliente, não sejam utilizados ou forem cancelados, após curto período de divulgação, embora sem rescisão ou suspensão do contrato, caberá à Agência uma remuneração especial, a título de ressarcimento das despesas que efetuou.

VII – Para dirimir as dúvidas surgidas na fixação do valor de honorários, de reembolso de despesas e indenizações por perdas e danos, poderão as partes instituir comissão de árbitros, a cargo de três profissionais, indicados de comum acordo, ou por associação de classe com existência legal.

VIII – A idéia utilizada na propaganda é, presumidamente, da Agência, não podendo ser explorada por outrem, sem que aquela, pela exploração, receba a remuneração justa, ressalvado o disposto no art. 454 da Consolidação das Leis do Trabalho.

IX – Nenhum elemento de pesquisa ou estilístico poderá ser deturpado pela Agência ou apresentado na forma capciosa, e sempre que for utilizado como fator fundamental de persuasão, será mencionada a fonte de sua procedência.

SEÇÃO 2ª – Do Veículo de Divulgação

Art. 10 – Veículo de Divulgação, para os efeitos deste Regulamento, é qualquer meio de divulgação visual, auditiva ou audiovisual ao público, desde que reconhecido pelas entidades sindicais ou associações civis representativas de classe, legalmente registradas.

Art. 11 – O Veículo de Divulgação fixará, em Tabela, a comissão devida aos Agenciadores, bem como o desconto atribuído às Agências de Propaganda.

§ 1º – Comissão é a retribuição, pelo Veículo de Divulgação, do trabalho profissional do Agenciador de Propaganda, sendo vedada sua transferência, mesmo parcial, para o anunciante (revogado pelo Decreto nº 2.262, de 26/6/97).

§ 2º – Desconto é o abatimento concedido pelo Veículo de Divulgação como estímulo à Agência de Propaganda, que dele não poderá utilizar-se para rebaixa dos preços de tabela (revogado pelo Decreto nº 2.262, de 26/6/97).

§ 3º – Nenhuma Comissão ou desconto será concedida sobre a propaganda encaminhada diretamente ao Veículo de Divulgação, por qualquer pessoa física ou jurídica que não se classifique como Agenciador de Propaganda ou Agência, definidos no presente Regulamento (revogado pelo Decreto nº 2.262, de 26/6/97).

Art. 12 – Ao veículo de Divulgação não será permitido descontar da remuneração dos Agenciadores de Propaganda, mesmo parcialmente, os débitos não liquidados por Anunciantes, desde que a propaganda tenha sido formal e previamente aceita por sua direção comercial.

Art. 13 – O Veículo de Divulgação poderá manter a seu serviço Representantes ("Contatos") junto aos Anunciantes e Agentes de Propaganda, mediante contrato de trabalho.

§ Único – A função de Representante só poderá ser exercida por Agenciador de Propaganda, sem prejuízo do pagamento das comissões a este devidas se assim convier às partes.

Art. 14 – O preço dos serviços prestados pelo Veículo de Divulgação será por este fixado em Tabela pública aplicável a todos os compradores, em igualdade de condições, incumbindo ao Veículo respeitá-la e fazer com que seja respeitada por seus Representantes.

Art. 15 – O faturamento da divulgação será feito em nome do Anunciante, devendo o Veículo de Divulgação remetê-lo à Agência responsável pela propaganda.

Art. 16 – O Veículo de Divulgação ficará obrigado, perante o Anunciante, a divulgar a matéria autorizada, no espaço ou no tempo contratado, de acordo com as especificações estabelecidas, não podendo o Anunciante, em qualquer caso, pretender influir na liberdade de sua opinião editorial.

SEÇÃO 3ª – Da Ética Profissional

Art. 17 – A Agência de Propaganda, o Veículo de Divulgação e o Publicitário em geral, sem prejuízo de outros deveres e proibições previstos neste Regulamento, ficam sujeitos, no que couber, aos seguintes preceitos, genericamente ditados pelo Código de Ética dos Profissionais da Propaganda a que se refere o art. 17, da Lei nº 4.680, de 18 de junho de 1965:

I – Não é permitido:

   a) publicar textos ou ilustrações que atentem contra a ordem pública, a moral e os bons costumes;

   b) divulgar informações confidenciais relativas a negócios ou planos de Clientes-Anunciantes;

   c) reproduzir temas publicitários, axiomas, marcas, músicas, ilustrações, enredos de rádio, televisão e cinema, salvo por consentimento prévio de seus proprietários ou autores;

   d) difamar concorrentes e depreciar seus méritos técnicos;

   e) atribuir defeitos ou falhas a mercadorias, produtos ou serviços concorrentes;

   f) contratar propaganda em condições antieconômicas ou que importem em concorrência desleal;

   g) utilizar pressão econômica, com o ânimo de influenciar os Veículos de Divulgação a alterarem tratamento, decisões e condições especiais para a propaganda;

II – É dever:

   a) fazer divulgar somente acontecimentos verídicos e qualidades ou testemunhos comprovados;

   b) atestar, apenas, procedências exatas e anunciar ou fazer anunciar preços e condições de pagamento verdadeiros;

   c) elaborar a matéria de propaganda sem qualquer alteração, gráfica ou literária, dos pormenores do produto, serviço ou mercadorias;

d) negar comissões ou quaisquer compensações a pessoas relacionadas, direta ou indiretamente, com o Cliente;

e) comprovar as despesas efetuadas;

f) envidar esforços para conseguir, em benefício do Cliente, as melhores condições de eficiência e economia para sua propaganda;

g) representar, perante a autoridade competente, contra os atos infringentes das disposições deste Regulamento.

SEÇÃO 4ª – Da Remuneração, do Registro da Profissão e do Recolhimento do Imposto Sindical

Art. 18 – Aplicam-se ao Publicitário as disposições da Legislação do Trabalho e da Previdência Social.

Art. 19 – Será obrigatório o registro da profissão de Publicitário perante o Serviço de Identificação Profissional, do Ministério do Trabalho e Previdência Social.

§ Único – Serão exigidos, para o registro, os seguintes documentos:

a) diploma ou atestado de freqüência (na qualidade de estudante), expedido por estabelecimento que ministre o ensino da propaganda, ou atestado de habilitação profissional fornecido por empregador publicitário;

b) carteira profissional e prova do pagamento do imposto sindical, se já no exercício da profissão.

Art. 20 – Para efeito de recolhimento do imposto sindical, os jornalistas registrados como redatores, revisores e desenhistas, que exerçam suas funções em Agências de Propaganda e outras empresas, nas quais executem propaganda, poderão optar pelo desconto para a entidade representativa de sua categoria profissional ou para a dos Publicitários.

CAPÍTULO II – DOS AGENCIADORES DE PROPAGANDA

Art. 21 – A profissão de Agenciador de Propaganda instituída pela Lei nº 4.680, de 18 de junho de 1965, e disciplinada pelas disposições deste Regulamento, abrange a atividade dos que, vinculados aos Veículos de Divulgação, a eles encaminham propaganda, por conta de terceiros.

Art. 22 – O exercício da profissão de Agenciador de Propaganda é privativo dos que estiverem, nesta categoria, inscritos e identificados no Serviço de Identificação Profissional do Ministério de Trabalho e Previdência Social.

Art. 23 – São exigidos para o registro referido no artigo anterior:

a) prova, através de anotações da carteira profissional, do exercício efetivo da profissão, durante doze (12) meses, no mínimo, ou do recebimento, mediante documento hábil, de remuneração por agendamento de propaganda, pelo mesmo período;

b) atestado de capacidade profissional fornecido por associação ou entidade de classe;

c) prova de pagamento do imposto sindical.

Art. 24 – Estendem-se ao Agenciador de Propaganda, registrado em qualquer Veículo de Divulgação, todos os direitos e vantagens assegurados nas leis trabalhistas e previdenciárias.

§ Único – Para os efeitos da legislação de Previdência Social, o Agente de Propaganda, sem subordinação empregatícia, será equiparado ao trabalhador autônomo.

Capítulo III – Disposições Gerais

SEÇÃO 1ª – Da Fiscalização

Art. 25 – A Fiscalização dos dispositivos da Lei nº 4.680, de 18 de junho de 1965, e do presente Regulamento será exercida pelo Departamento Nacional do Trabalho, pelas Delegacias Regionais do Ministério do Trabalho e Previdência Social, e pelas entidades sindicais e associações civis de classes representativas das categorias interessadas, que deverão denunciar às autoridades competentes as infrações verificadas.

SEÇÃO 2ª – Das Penalidades

Art. 26 – As infrações ao disposto na Lei nº 4.680, de 18 de junho de 1965, e no presente Regulamento, serão punidas com as penalidades abaixo, pelo Diretor Geral do Departamento Nacional do Trabalho ou pelos Delegados Regionais do Trabalho, e, se de natureza ética, em consonância com o art. 17 daquela Lei, por proposta do órgão disciplinar competente da associação de classe a que pertencer o infrator:

a) multa de um décimo do salário-mínimo vigente na região a dez vezes o seu valor;

b) multa, de dez a cinqüenta por cento do valor do negócio publicitário realizado, se a disposição violada for a do § 3º do art. 11 deste Regulamento.

Art. 27 – A graduação da multa atenderá à natureza da infração e às condições sociais e econômicas do infrator.

Art. 28 – Nenhuma pena será imposta sem que seja assegurada ampla defesa ao acusado.

Art. 29 – Poderá o infrator recorrer, dentro de dez (10) dias, a partir da intimação ou da publicação, no órgão oficial, do ato punitivo, para o Ministro do Trabalho e Previdência Social, ou para o Diretor Geral do Departamento Nacional do Trabalho, se a decisão foi proferida, respectivamente, por este último, ou por Delegado Regional do Trabalho.

Art. 30 – O recurso, em qualquer caso, terá somente efeito devolutivo.

Capítulo IV – Disposições Finais e Transitórias

Art. 31 – O registro dos Publicitários e Agenciadores de Propaganda, que já se encontrem no exercício de sua profissão, deverá ser obrigatoriamente efetuado dentro de 120 dias, contados da data da publicação do presente Regulamento.

Art. 32 – Para os fins de comprovação do exercício profissional, a que se refere a alínea a, do art. 25 do presente Regulamento, aos Agenciadores de Propaganda, ainda não registrados, será permitido encaminharem propaganda aos Veículos de Divulgação pelo prazo improrrogável de doze (12) meses, contado da publicação deste Regulamento, desde que provem sua filiação a entidade de classe sindical representativa.

§ Único – A entidade sindical manterá um registro especial para controle de estágio de doze (12) meses previsto neste artigo.

Art. 33 – O Ministro do Trabalho e Previdência Social elaborará e exigirá os modelos e instruções que se fizerem necessários à execução do presente Regulamento e dirimirá as dúvidas surgidas na sua aplicação.

Art. 34 – Este Regulamento entrará em vigor na data de sua publicação, revogadas as disposições em contrário.

Decreto nº 2.262, de 26 de Junho de 1997

Altera o Regulamento aprovado pelo Decreto nº 57.690, de 1º de fevereiro de 1966, para a execução da Lei nº 4.680, de 18 de junho de 1965.

Art. 1º – O art. 7º do Regulamento aprovado pelo Decreto nº 57.690, de 1º de fevereiro de 1966, passa a vigorar com a seguinte redação:

"Art. 7º – Os serviços de propaganda serão prestados pela Agência mediante contratação, verbal ou escrita, de honorários e reembolso das despesas previamente autorizadas."

Art. 2º – Os órgãos e entidades da Administração Pública Federal, direta e indireta, que mantenham contrato com Agência de Propaganda, deverão renegociar, em benefício da Administração, as cláusulas de remuneração da contratada, quando da renovação ou prorrogação do contrato.

Art. 3º – Este Decreto entra em vigor no dia 28 de julho de 1997.

Art. 4º – Ficam revogados os §§ 1º, 2º e 3º do art. 11 do Regulamento aprovado pelo Decreto nº 57.690, de 1º de fevereiro de 1966.

INTERNET

Por ser uma mídia recente, a Internet ainda está consolidando suas leis. Via de regra, as leis são basicamente as mesmas para os outros meios de comunicação. Uma campanha de promoção, por exemplo, com sorteios de prêmios pela Internet, tem como base a Lei nº 5.768, o mesmo acontecendo com a lei dos direitos autorais.

OUTRAS LEIS

É importante que o publicitário conheça as leis e os regulamentos que envolvem o meio. Estão relacionadas abaixo as mais importantes. O leitor poderá encontrá-las no site da ABAP (Associação Brasileira de Agências de Publicidade): *www.abap.com.br*

- Código de Ética – outubro de 1957
  Define os princípios éticos que devem nortear a publicidade.

- Direitos Autorais: Lei nº 9.610, de 19 de fevereiro de 1998
  Altera, atualiza e consolida a legislação sobre direitos autorais.

- Distribuição de Prêmios: Lei nº 5.768, de 20 de dezembro de 1971
  Altera a legislação sobre distribuição gratuita de prêmios, mediante sorteio, vale-brinde ou concurso, a título de propaganda.

- Decreto nº 70.951, de 9 de agosto de 1972
  Regulamenta a Lei nº 5.768, de 20 de dezembro de 1971.

- Normas-Padrão da Atividade Publicitária – CENP

- CONAR: Código Nacional de Auto-regulamentação Publicitária

Glossário

O bjetivos

Este glossário tem por finalidade reunir alguns termos utilizados na comunicação que permitirão ao leitor uma revisão de conceitos. Por vezes polêmicos, certos termos serão acompanhados de comentários.

Aba
Associação Brasileira de Anunciantes. Reúne as 300 maiores empresas anunciantes brasileiras.

Abap
Associação Brasileira das Agências de Publicidade. Representa os interesses das agências de publicidade associadas junto aos anunciantes, veículos de comunicação, poderes constituídos, mercado e sociedade.

Abert
Associação Brasileira das Emissoras de Rádio e Televisão.

Abipeme
Associação Brasileira dos Institutos de Pesquisa de Mercado. Congrega os institutos e empresas prestadoras de serviços de pesquisa de mercado e opinião pública brasileiros.

Abordagem
Ato realizado por um(a) demonstrador(a), geralmente acompanhado por um folheto ou amostra promocional.

Abre
Associação Brasileira dos Representantes de Veículos de Comunicação. Entidade cujo objetivo é o de prestar serviços, orientar e promover os representantes de veículos.

Abta
Associação Brasileira de Telecomunicações por Assinatura. Congrega as empresas de TV por assinatura.

AC Nielsen
Fornecedora de pesquisa, informação e análise de mercado para a indústria de bens e serviços.

Adesivo
Material plástico, autocolante, contendo mensagens publicitárias.

Administração de Marketing
Processo de análise das oportunidades de mercado, de pesquisa, de público-alvo, de desenvolvimento de estratégias mercadológicas, de elaboração de planejamentos de marketing, de organização, implementação e controle do esforço do *mix* de marketing.

Advertising
Publicidade ou propaganda comercial.

Agência de Comunicação
Empresa prestadora de serviços que tem por finalidade analisar mercados e suas oportunidades, oferecendo ao cliente planos e estratégias de comunicação, a fim de atingir seus objetivos mercadológicos. Realiza planos nas áreas de publicidade e propaganda, relações públicas, assessoria de imprensa, eventos, promoção e *merchandising*, além de peças publicitárias, anúncios, comerciais de TV, folhetos, *jingles*, *spots*, pôsteres, *outdoor* etc.

Aida

Acrônimo de Atenção, Interesse, Desejo e Ação de compra. É uma hierarquia de efeitos no processo de comunicação. O consumidor passa mentalmente por uma série de etapas. A primeira etapa é a tomada de consciência – Atenção; a segunda etapa é a do Interesse pelo produto; a terceira é a do Desejo de consumi-lo; e finalmente a quarta etapa, a da Ação de compra.

All Type

Termo utilizado na mídia impressa que consiste em anúncio sem ilustrações ou fotos, contendo somente texto.

AMA

American Marketing Association.

AMI

Associação de Mídia Interativa. Trata da veiculação de comunicação na Internet, estabelecendo, junto aos órgãos competentes, as normas de veiculação na mídia Internet.

Amostra

Distribuição de determinada quantia de um produto para experimentação. O objetivo da amostra é incentivar e aumentar vendas. Pode ser enviada por correio, porta a porta, distribuída em ponto-de-venda. Pode ser considerada, também, um brinde.

AMPRO

Associação de Marketing Promocional. Representa todos os segmentos de marketing promocional: agências de promoção e publicidade, clientes, veículos e fornecedores.

ANEP

Associação Nacional das Empresas de Pesquisa. Desenvolveu o Critério de Classificação Econômica Brasil, que segmenta a população em classes A, B, C, D e E.

ANER

Associação Nacional dos Editores de Revistas.

Anfavea

Associação Nacional dos Fabricantes de Veículos Automotores.

ANJ

Associação Nacional de Jornais. Constituída por 112 empresas jornalísticas de todo o País.

Anunciante

Empresa ou pessoa que solicita, aprova e autoriza peças publicitárias ou campanhas e por elas se responsabiliza.

Anúncio

Peça publicitária impressa, veiculada nos jornais, revistas e outros meios de comunicação impressos.

Assessoria de Imprensa

Normalmente confundida com o termo publicidade, nas traduções do inglês para o português, assessoria de imprensa é parte integrante do *mix* de comunicação. É a comunicação não paga de informações sobre a organização ou produto, geralmente por alguma forma de mídia. Por ser veiculada pela mídia como notícia, geralmente se beneficia do crédito e da confiança do público em geral.

Atendimento

Profissional de vendas, também conhecido como contato. É o elo entre a agência e o cliente, entre veículos e agências ou ainda entre produtora e fornecedores com agências e clientes.
Área da agência encarregada de administrar a conta publicitária do cliente.

Audiência

Número de ouvintes ou telespectadores de rádio ou TV. Para jornais e revistas, usa-se a expressão "número de leitores".

Backlight

É peça publicitária retroiluminada, contendo mensagens do produto ou empresa.

Balcão de Degustação

Estande que tem como objetivo dar a conhecer ou divulgar, de forma personalizada, um produto apresentado por um produtor ou demonstrador.

Banded-Pack

Acoplamento de brinde/prêmio a embalagens em que este é oferecido, instantânea e gratuitamente, ao consumidor, por ocasião do ato de compra.

Bandeirolas

Pequena bandeira utilizada nos pontos-de-venda contendo uma mensagem publicitária.

Banner

Bandeirola.
Bandeira estreita e comprida usada em sinalizações.
Tiras e faixas.
Uma das formas de comunicação na Internet expressa pelas estampas dos logotipos, marcas das empresas ou breve mensagem publicitária.

Benchmarking ou *Benchmark*

Comparação do desempenho de produtos e processos com o daqueles de empresas líderes. Arte de descobrir como e por que algumas empresas podem desempenhar muito mais tarefas que outras. O objetivo de uma organização realizar um procedimento de *benchmarking* é imitar e melhorar as ações de outras empresas.

Biombo

Elemento de três ou mais partes que cumpre a função de *display*.

Blimp

Inflável gigantesco reproduzindo, de forma ampliada, produtos, imagens e marcas de empresas.

Blister
Apresentação de um produto embalado entre um suporte de cartão e uma estrutura de plástico transparente, permitindo a sua visualização (produto cartelado).

Boneco
Projeto de material gráfico destinado a dar uma idéia do aspecto que terá a peça.

Box Pallet
Caixa utilizada para o transporte e a apresentação de mercadoria de grande volume nos PDVs – Pontos-de-Venda (supermercados, hipermercados e atacadistas).

Brainstorm
Em inglês, tempestade cerebral. Reunião descontraída que consiste em propor e relacionar qualquer tipo de associações que vem à cabeça, livre de críticas. *Brainstorming*: técnicas utilizadas para geração de idéias. Método de trabalho criativo introduzido por A. F. Osborn que consiste em reunir várias pessoas, de diferentes especialidades ou hierarquia da agência, que contribuirão livremente com idéias, meios, *slogans* ou soluções práticas, referentes a todos os problemas que surgem na elaboração de um planejamento de campanha e na produção da comunicação. O autor definiu alguns princípios básicos que essas reuniões devem seguir: 1. Nenhuma crítica às idéias apresentadas. 2. Livre curso à imaginação. 3. Grande número de idéias. 4. Aperfeiçoamento das idéias apresentadas.

Briefing
Levantamento de informações contendo as diversas instruções que o cliente fornece à agência para orientar o seu trabalho de planejamento. É o somatório de conhecimentos que abrange a situação de mercado, produto, serviços e empresa anunciante.

Brinde
Instrumento utilizado para marcar a imagem da empresa ou produto e para incentivar vendas.

Broadside
Peça publicitária contendo informações de todos os esforços de comunicação publicitária e promocional, assim como dos produtos, por ocasião de seus lançamentos, relançamentos ou outras ações. Normalmente dirigida ao revendedor, o *broadside* serve para motivar e influenciar toda a cadeia de vendas envolvida na ação e, especialmente, para auxiliar a equipe na argumentação e apresentação de seu trabalho de vendas junto às áreas de compras.

Budget
Orçamento.
Budget publicitário é o valor de orçamento destinado à campanha de comunicação.

Busdoor
Painel publicitário externo aplicado na carroceria dos ônibus.

Business to Business (B2B)
Termo utilizado para designar organizações que produzem e vendem bens que serão consumidos por outras empresas.

Button/PIN

Peça publicitária em formato de botão, alfinete, broche ou peça assemelhada. É usada normalmente em lapelas e contém imagens de marcas de produtos ou empresas, além de *slogans*.

B.V.

Bonificação por volume: termo utilizado no meio publicitário para designar um desconto, em função da quantidade de compras. Também conhecido como bonificação de agência e plano de incentivos.

Caixa Alta / Caixa Baixa / Caixa Alta e Baixa

Letras maiúsculas / minúsculas / maiúsculas e minúsculas.

Calhau

Texto ou anúncio utilizado para preencher espaços não comercializados em revistas ou jornais.

Campanha

Conjunto de ações de comunicação composto de duas ou mais peças publicitárias criadas a partir de um planejamento prévio, com a finalidade de atender os objetivos de comunicação do anunciante.

Case

É o mesmo que caso. Exemplifica a história de um caso de propaganda ou marketing, passo a passo.

Catálogo

Publicação não periódica, contendo várias páginas, com informações abrangentes sobre uma empresa e/ou produtos.

CENP

Conselho Executivo das Normas-Padrão. Esforço conjunto das principais entidades da indústria da comunicação do país, para aplicar e administrar as normas-padrão da atividade publicitária.

Central de *Outdoor*

Fundada a partir da necessidade de agências anunciantes em ter uma padronização na operação com o meio, em função das várias configurações anteriormente existentes (cartazes em vários formatos e mesmo peças sobrepostas umas às outras). Promove a união das empresas afiliadas, estipula a padronização das tabuletas e empreende estudos e pesquisas.

Checking

Trabalho de conferência da efetividade da veiculação das mensagens autorizadas, incluindo a qualidade de impressão ou transmissão e a precisão do horário ou posição.

Checklist

É a relação de itens a serem observados e verificados na realização de um evento, de uma promoção ou de qualquer outra atividade publicitária.

Cliente

É a forma pela qual são denominados as empresas ou os empresários usuários da publicidade.

Profissional que trabalha no anunciante e é responsável pela publicidade.

Clipping

Coleção de material impresso, de rádio ou de televisão, com informações a respeito de determinado assunto, empresa, pessoa, marca e comunicação em geral.

CMYK

Refere-se às quatro cores básicas utilizadas em materiais impressos: *cian* (azul), *magenta* (vermelho), *yellow* (amarelo) e preto, este representado pela letra K para não se confundir *black* (preto) com *blue* (azul).

Coletiva

Entrevista para um grupo de jornalistas. Daí o nome usual "coletiva de imprensa".

Comercial

Peça publicitária para televisão e cinema.

Comunicação

É um processo recíproco realizado por meio de signos ou símbolos que envolvem o emissor (que emite a mensagem), o codificador (que codifica em símbolos a mensagem), o meio (que veicula a mensagem), o receptor (que recebe a mensagem) e o decodificador (que decodifica, interpretando a mensagem).

Conar

Acrônimo que designa o Conselho de Autorregulamentação Publicitária. Entidade formada por anunciantes, veículos e agências de comunicação que administra o cumprimento do Código Brasileiro de Autorregulamentação Publicitária.

Conceito

Ação de formular uma idéia por meio de palavras, imagens ou ambas. Em publicidade, os termos conceito e tema são sinônimos. O tema ou conceito em uma campanha não precisa, necessariamente, estar explícito, podendo ser deduzido indiretamente do próprio conteúdo.

É uma ideia abstrata que explica uma realidade e tem significado amplo. É a ideia central sobre a qual deve trabalhar a campanha.

Concurso

Técnica utilizada em promoção para captar atenção e provocar entusiasmo.

Evento de comunicação que dá aos consumidores a chance de ganhar algo, por sorte ou por meio de um esforço extra. Por exemplo: recorte o código de barras, envie para caixa postal "x" e concorra a um prêmio.

Consumidor

É aquele que consome, independentemente de ser ou não o alvo da empresa.

Copião
Negativo de um filme com todas as cenas filmadas. Serve como guia de trabalho para seleção das imagens que farão parte do filme.

Corpo (de letra)
Refere-se ao tamanho da letra utilizada.

CPC – Custo Por Clique
É um padrão de custo na Internet, que leva em conta a expectativa de cliques recebidos em uma campanha. O mídia/anunciante e o site/veículo concordam que o site exibirá o *banner* ou outra peça publicitária até que determinado número de cliques tenha sido realizado. Variantes: CPV (custo por venda), CPA (custo por ação).

CPM – Custo por Mil
O custo por mil define o valor obtido na divisão do montante investido em determinada ação publicitária pelo número de pessoas que presumidamente foram atingidas.

Cromo
Fotografias positivas e transparentes.

Cross-Media
É a utilização combinada de mídia *on-line* e *off-line* para ampla divulgação de uma marca, dentro de uma mesma campanha.

Cross Sampling
Técnica de comunicação de amostragem cruzada em que um produto de grande penetração dá "carona" a outro, funcionando como veículo e facilitando sua aceitação. O novo produto a ser divulgado utiliza e capitaliza a penetração do produto mais forte junto ao mercado.

CTP
Computer to plate: método de impressão que dispensa o fotolito. A impressão é programada diretamente do computador para a impressora.

Cupom
Pequeno papel impresso, muitas vezes numerado, que permite ao cliente ou consumidor a participação em determinado evento de comunicação ou a solicitação de algum produto ou serviço.
Peça distribuída aos consumidores, oferecendo vantagens (descontos, sorteios, brindes e outros) na aquisição de determinado produto.

Dados Primários
Informação coletada para propósitos específicos e que não está disponível em um primeiro momento. Informação original colhida para um estudo específico de pesquisa de mercado.

Dados Secundários
Informação que foi colhida para outras finalidades e já se acha publicada, podendo ser utilizada como dado para uma tomada de decisão.

Datafolha
Departamento de pesquisas do Grupo Folha da Manhã. Realiza pesquisas de opinião pública e eleitoral. Efetua também pesquisas de mercado e de mídia, além de levantamentos estatísticos.

Decupar
Marcar cenas em um roteiro de filmagem para TV ou cinema.

Degustação
Atividade promocional que visa oferecer oportunidade ao consumidor de experimentar/degustar um produto alimentício.

Demonstrador(a)
Profissional designado(a) para demonstrar os atributos do produto ao consumidor e impulsionar vendas.

Display
Peça publicitária ou material de exibição e exposição de produtos, normalmente utilizada em pontos-de-venda. Nela, pode-se inserir o produto, tornando-o mais atraente para o consumidor.

Domínio
Nome à esquerda do símbolo @ em um endereço eletrônico.

E-Commerce
Consiste em, basicamente, realizar transações de compra on-line, executando os processos de escolha, ordem de compra e pagamento em forma eletrônica.

Embalagem *Display*
Embalagem de transporte que também funciona como *display* no ponto de venda.

Embalagem Promocional
Embalagem produzida para utilização específica em uma determinada promoção (datas comemorativas, "leve 3 pague 2", inclusão de brindes e bônus em volume).

Encalhe
Números de exemplares de determinada publicação que não foram vendidos e foram devolvidos ao editor.

Encargos Sociais
Responsabilidade da organização no exercício da atividade empresarial. Compreende impostos, taxas, obrigações para com os funcionários e benefícios.

Encarte
Peça publicitária gráfica, normalmente encartada em jornais e revistas. Enquanto encartado, funciona como anúncio. Quando separado, como folheto convencional.

Estande
Espaço construído especialmente para receber clientes e expor produtos em feiras, congressos e eventos afins.

Evento
É toda atividade humana, esportiva, cultural, social e econômica com o objetivo de promover a empresa, o produto ou serviço. O papel do evento é auxiliar na comunicação e na divulgação de marcas. Existem vários tipos de eventos: congresso, convenção empresarial, convenção política, exposição, feira, lançamento, patrocínio, seminário etc.

Faixa de Gôndola
Peça produzida em diversos materiais para ser colocada na parte frontal das prateleiras das gôndolas, servindo como delimitador de espaços dos produtos e/ou como aparador das embalagens podendo conter mensagens e/ou imagens.

Fee
É uma das formas de remuneração de uma agência de comunicação. Ocorre nas relações anunciante-agência, baseado em um valor fixo mensal ou estabelecido por um *job*, ou seja, por um trabalho a ser executado.

Fenapro
Federação Nacional das Agências de Propaganda.

Folder
Da tradução literal do inglês, retrata um envoltório, pasta de papéis e folheto dobrado. É também peça publicitária impressa em uma só folha, com diversas dobras em forma de sanfona. Cada lâmina do folder possui um determinado assunto. O objetivo de cada lâmina ser independente se justifica pela eventual necessidade de impressão desse assunto isoladamente.

Folheto
Peça publicitária gráfica, podendo ser impressa frente e verso, com dobras ou não e nos mais diversos formatos. Contém informações pertinentes à empresa, aos produtos e serviços. Quando inserida em jornais e revistas, torna-se encarte.

Fotolito
Filme que apresenta a peça publicitária pronta para a reprodução em chapa (para a impressão *off-set*) dividido individualmente por cores de impressão. *Veja CTP*.

Freelance
É o serviço prestado por um profissional (*freelancer*) temporariamente, sem vínculo empregatício.

Frontlight
Peça que apresenta mensagem ou imagem com iluminação externa frontal.

Gancheira
Expositor especial para colocação de produtos em *blisters* ou saquinhos.

Gargaleira
Elemento de promoção colocado nas embalagens que têm formato de garrafa (gravata de papel para gargalo da garrafa).

Gift-Pack
Embalagem com brinde previamente desenvolvido pelo fabricante e acoplado para ser oferecido grátis ao consumidor.

Gimmick
É truque ou atrativo com efeito visual ou sonoro para chamar a atenção e despertar interesse em determinado anúncio, comercial, produto ou serviço. É uma gíria americana que sugere artimanha.

Gôndola
Prateleiras utilizadas para exposição de produtos no ponto de venda.

GPR
Grupo de Profissionais de Rádio. Conscientiza e valoriza a importância do meio rádio.

GRP
Abreviação de *Gross Rating Point* – pontos brutos de audiência. Trata-se de uma técnica de mídia que permite medir com segurança qual o total do público-alvo que se está atingindo e com que frequência isto se verifica. É a soma dos índices de audiência de determinado período. É estabelecido, tendo em vista a cobertura – a *quantas pessoas* se deseja falar – e a frequência da mensagem – *quantas vezes* o anunciante pretende falar. Considera-se GRP a soma de audiências em porcentagem. Um (1) GRP significa 1% da audiência, ou seja, GRP 1 significa que a mensagem teria sido vista por 1% dos lares com TV.

Grupo de Mídia
Congrega os profissionais da área de mídia.

Guelta
Termo utilizado entre lojistas e promotores de vendas para designar o dinheiro dado aos balconistas para maior destaque na apresentação de um produto quando em exposição.

Heavy User
É um grupo de consumidores mais frequentes e fiéis a um produto ou serviço.

Home Page
Literalmente, significa "página casa". Designa a página de abertura do site.

House Agency
É uma agência publicitária montada pelo anunciante, com o objetivo de realizar a comunicação de sua empresa. Pode, eventualmente, atender a outro anunciante.

House Organ
Qualquer publicação periódica de uma empresa destinada a seus funcionários e, eventualmente, a consumidores, distribuidores e varejistas. Contém informações sobre a empresa, seus produtos, seus funcionários e suas ações. A linguagem dos *house organs* é sempre jornalística.

Ibope
Instituto Brasileiro de Opinião Pública e Estatística.

Identidade Visual

É um conjunto de simbologia que identifica uma empresa, diversos locais de um determinado evento ou estabelecimentos privados ou públicos. Exemplos: logotipo, marca, logomarca, alfabeto, papelaria, pintura de frota, sinalização etc.

Inflável

Peça feita em material plástico flexível e hermético, cheio de ar, na qual são impressas ou pintadas mensagens ou imagens.

Informecial ou Infomercial

Informação e comerciais que permitem explicar os produtos com maior profundidade, com duração de meia hora ou mais.

Informe Publicitário

Matéria paga. É uma mensagem publicitária sem as características habituais de um anúncio ou comercial. Geralmente imita o estilo editorial – jornalístico – do veículo em que está sendo veiculada.

INPI

Instituto Nacional de Propriedade Industrial. Registra marcas e patentes.

IVC

Instituto Verificador de Circulação. É uma entidade mantida por anunciantes, agências e veículos com o objetivo de auditar a tiragem e circulação de jornais e revistas.

Jingle

Peça publicitária para rádio ou veículo semelhante. É uma canção ou música com uma mensagem publicitária.

Job

Nome de todos os trabalhos feitos pela agência para o anunciante. Conhecido também como PIT (Pedido Interno de Trabalho).

Layout

Esboço que mostra a posição relativa das fotos, títulos e texto de uma peça publicitária. De modo simplificado, um projeto de anúncio, um rascunho bem-acabado que permite uma visão exata do que vai ser o anúncio.

Licenciamento

Do inglês *licensing*, é a obtenção de autorização e licenciamento para o uso de determinado personagem, marca ou produto, com ou sem exclusividade.

Light User

Consumidores que usam determinado produto ou marca com pouca frequência, ao contrário dos *heavy users*.

Link

Ligação em inglês. Linkar: termo utilizado para expressar uma ligação temática ou formal entre as peças de uma campanha publicitária.

Logotipo
Letras especialmente desenhadas ou adaptadas, utilizadas para compor o nome de marcas ou empresas. Exemplo: IBM, Coca-Cola.

Luminoso
Cartazes iluminados com características permanentes, que podem receber luz de uma fonte interna ou externa. Dele se originam os *backlights*, os *frontlights* e os painéis eletrônicos.

Mailing-list
É a relação de nomes, endereços e dados adicionais de consumidores e *prospects*.

Mala Direta
Mensagem publicitária que se envia pelo correio.

Marca
É o símbolo gráfico identificador de uma empresa, produto ou serviço.

Marketing
Marketing significa atender às necessidades e desejos dos clientes, de forma lucrativa, visando ao relacionamento em longo prazo.

Markup
É um valor absoluto ou porcentagem-padrão acrescido ao custo do produto a fim de chegar a um preço de venda.

Marplan
Realiza pesquisas de mercado e de mídia.

Mercado
Um mercado consiste em todos os consumidores potenciais que compartilham de uma necessidade e/ou desejo específicos, dispostos e habilitados a fazer uma troca que satisfaça essa necessidade ou desejo.

Mercado-Alvo
É um conjunto de consumidores potenciais que possuem características e necessidades comuns, para o qual a empresa se dispõe a vender esses produtos.

Mercado Teste
É o mercado escolhido para avaliar a real potencialidade de um novo produto ou de uma nova campanha publicitária.
Cidade ou região escolhida para avaliar como um novo produto ou serviço será recebido pela população.

Merchandising
Termo polêmico na sua definição. É um conjunto de ações que visam construir um cenário favorável para a compra do produto no ponto-de-venda, podendo ou não ser fortalecido por aparições da marca, de forma casual, em programas de TV, espetáculos teatrais, shows etc.

Mídia
Departamento especializado de uma agência.
Profissional especializado nas técnicas de mídia.
Técnica publicitária que estuda e indica os melhores meios e veículos, formato e posições para veicular as mensagens publicitárias.

Móbile
Peça promocional aérea sustentada por fios.

Mockup
Boneco de um produto ou embalagem em qualquer escala, geralmente utilizado para produção fotográfica.

Multimídia
Combinação de diferentes meios e veículos dentro de um plano de comunicação.

Newsletter
Boletim informativo destinado a clientes e fornecedores.

Ombudsman
Ouvinte de reclamação ou de sugestão.

Orçamento Publicitário
Destinação da verba que a empresa anunciante estabelece para as atividades de comunicação. Grande parte dessa verba é administrada pela agência de comunicação, que decide como reparti-la entre as várias atividades.

Outdoor
É um cartaz publicitário de grandes proporções. Pode-se ou não utilizar o aplique. Aplique é a continuação do outdoor que excede os limites do painel, com o objetivo de proporcionar maior impacto.

P&B
Designação publicitária para as cores preta e branca.

Packshot
Tomada exclusiva em *close* do produto usado na produção da mídia eletrônica.

Painel
O painel possui as mesmas características do *outdoor*, com a diferença de que é permanente. É pintado sobre chapas metálicas ou outros tipos de material.

Painel Eletrônico
Imensos telões afixados em pontos estratégicos que veiculam mensagens publicitárias e/ou notícias e informações.

Panfleto
Material impresso destinado à divulgação de campanhas políticas ou religiosas.

Pantone
Catálogo internacional de referência de cores.

PAY TV
TV por assinatura.

Peça Publicitária
É qualquer elemento individual da publicidade. Duas ou mais peças com um único conceito ou tema constituem uma campanha.

Pesquisa de Marketing
Coleta, registro, análise e interpretação, de modo sistemático, de informações relevantes para aferir aspectos ligados ao produto, consumidores, vendas, distribuição e comunicação.

PIT
Pedido interno de trabalho.

Política de Comunicação
Regras determinadas pela empresa que devem ser seguidas no trabalho de planejamento de comunicação. Exemplos: a empresa não se envolve com patrocínios ligados a esportes radicais; a veiculação de anúncios em veículos oficiais será negociada diretamente pela empresa anunciante, sem intermediação da agência; contratos de painéis e luminosos serão efetuados diretamente pela empresa anunciante.

Política de Propaganda
Regras determinadas pela empresa, que devem ser seguidas no trabalho de criação, mídia, produção etc. Exemplos: a utilização de logotipia segue certas regras que devem ser cumpridas rigorosamente; nos anúncios impressos, os preços dos produtos não devem aparecer; nas campanhas em que monstram automóveis com motoristas, estes devem sempre utilizar o cinto de segurança.

Ponta de Gôndola
Espaço nobre localizado nas extremidades dos corredores de supermercados muito utilizado para promover e aumentar o giro dos produtos.

Pop-Up
Tipo de espaço publicitário em que uma pequena janela, como uma espécie de página web, abre-se automaticamente após uma ação direta ou indireta do visitante.

Portfólio
É um conjunto de marcas, produtos e serviços de uma empresa.
Conjunto de contas de uma agência.
Trabalhos já realizados por uma agência, produtora, fornecedor ou profissional.
Conjunto dos títulos de uma editora e de programas de uma emissora de rádio e TV.

Posicionamento
Estratégia de comunicação que objetiva conceituar uma marca na mente do consumidor. É aquilo que as pessoas retêm em suas mentes a respeito de determinada empresa, produto ou pessoa.

Pós-Teste
Tipo de pesquisa, qualitativa e/ou quantitativa, realizada após a veiculação de comerciais, anúncios ou campanhas, com o objetivo de conhecer o nível de eficiência da mensagem.

Potencial de Mercado
Mensuração das possibilidades de venda de determinado produto ou serviço em um segmento de mercado ou região.

Pré-Teste
Tipo de pesquisa, qualitativa e/ou quantitativa, realizada antes da produção e veiculação de comerciais, anúncios ou campanhas, com o objetivo de conhecer as perspectivas da mensagem e analisar como o público-alvo percebe o seu conteúdo e abordagem criativa.

Press-Kit
É um conjunto de informações, textos, ilustrações, fotos e até amostras de produtos entregues à imprensa nos trabalhos de assessoria de imprensa.

Press-Release
Textos e informações que são enviados aos veículos pelas empresas e/ou assessoria de imprensa.

Propaganda Cooperada
Peça publicitária cujo custo é rateado entre os participantes, normalmente fabricante e revendedor.

Propagandista
Profissional que divulga, pessoalmente, um produto, serviço e empresa, ligado à área médica.

Prospect
Pessoa ou empresa não consumidora de determinado produto ou serviço que tem potencial de vir a se tornar um consumidor. Também chamado cliente potencial.

Público-Alvo
Componentes de um segmento de consumidores que se quer atingir. É o alvo da empresa. É para ele que a empresa cria o produto.

Quadricromia
Impressão realizada com o uso das quatro cores primárias.

Quinzena
Espaço-padrão de tempo para comercialização do *outdoor*.

Rabicho
Espaço de filme publicitário ou *spot* destinado à colocação de dados de filiais, distribuidores, representantes etc.

Recall
Lembrança ou recordação. Informação ou percepção que fica junto ao público-alvo após seus integrantes terem visto, ouvido ou lido alguma peça de uma campanha publicitária.

Reprint
Reprodução, na íntegra, de textos, reportagens ou depoimentos, colhidos de publicações, revistas ou periódicos, citando a fonte e o nome do autor.

Rough
Em inglês, rascunho. É o primeiro rascunho de uma peça publicitária. Sua evolução resulta no *layout*.

RTV (C)
Também grafado como RTVC, significa o departamento de rádio, TV e cinema de uma agência.

SAC
Serviço de Atendimento ao Consumidor.

Sales Kit
Normalmente utilizado em lançamentos de produto ou campanha. É composto de brinde, amostras do novo produto e *broadside*.

Sampling (Amostra Grátis)
Amostragem. Processo de distribuir gratuitamente no mercado um novo produto ou relançamentos com novos formatos, sabores etc. O *sampling* pode ser feito via sachês ou pequenas amostras para estimular a experimentação e a compra do produto.

Schrink-Pack
Embalagem feita em filme encolhível, a vapor, normalmente usada para agregar brindes/prêmios ou outras ações promocionais.

Self Liquidated
Do inglês, autopagável. Tipo de promoção em que o brinde tem seu custo pago pelos consumidores. Este valor é sempre mais acessível que no mercado. O brinde só pode ser obtido pela participação na promoção.

Share of Market
Participação de mercado. Porcentagem do mercado total ou de um segmento que uma marca ou empresa detenha.

Share of Mind
Nível de conhecimento de determinado produto, marca ou serviço, campanha publicitária etc., que tem como base de cálculo o total das marcas citadas em primeiro lugar. Porcentual de participação da marca na mente do consumidor.

Share of Voice
Participação no volume total de publicidade veiculada.
Porcentagem de toda comunicação com o mercado ou segmento que uma empresa ou marca detenha.

Shelf Talk
Minicartaz que destaca a presença de um produto na gôndola, e chama a atenção do consumidor para as promoções e lançamentos entre outras ações.

Shop in Shop
Espaço de comercialização de um grupo de produtos, dentro de um ponto-de-venda, com atendimento e *checkouts* (caixas) próprios.

Splash
Chamada promocional vibrante, atrativa, muito usada em embalagens, envoltórios, cintas etc., com mensagens ao consumidor.

Spot
Peça publicitária para rádio ou veículo semelhante. É uma locução simples ou mista (duas ou mais vozes), com ou sem efeitos sonoros ou música de fundo.

Suspende
Peça publicitária em diferentes formatos, presa ao teto por um fio.

Sticker
Pequeno adesivo publicitário.

Stopper
Peça publicitária que sobressai perpendicularmente à prateleira ou gôndola.

Story Board
Roteiro especial para produção de um filme publicitário; de um lado estão as cenas (o vídeo) e de outro está o texto correspondente (áudio). Desenham-se quadros que darão uma ideia das cenas do filme.
Esquema ilustrado do roteiro de um comercial definindo algumas cenas principais, de modo a facilitar sua análise, aprovação e produção.

Tablóide
Formato especial de jornal. O tablóide equivale à metade de um jornal comum e possui normalmente 28 cm de largura por 38 cm de altura.

Tabuleta
Termo comumente utilizado para definir o *outdoor*.

Tag-Line
Expressão ou frase de efeito que se coloca ao final de um anúncio ou mesmo de um programa de rádio ou TV, com a intenção de marcá-lo e identificá-lo.

Take One
Expositor de mesa ou balcão para folhetos no qual o consumidor se serve.

Target
O mesmo que público-alvo.

Teaser

É uma mensagem curta que antecede uma campanha publicitária, gerando expectativa para ela. Pode ou não ser identificada.

É uma estratégia de predispor o público-alvo antes mesmo do lançamento de um produto, ideia ou serviço, por meio do envio de mensagens não assinadas pelo promotor, de modo a facilitar sua aceitação posterior quando ocorrer a descoberta dos motivos reais de seu envio antecipado. Há *teasers* assinados pelo promotor, mas sempre acobertando os motivos reais a fim de despertar curiosidade.

Telemarketing

É um tipo de marketing direto feito pelo telefone, podendo ser ativo – quando as pessoas são procuradas; ou receptivo – os clientes ligam para a empresa, movidos por uma peça de comunicação.

Totem

Peça sinalizadora vertical e longilínea.

Top of Mind

Marca de produto, serviço ou empresa mais lembrado ou conhecido entre todas as marcas citadas espontaneamente. O mais citado pelo consumidor, ou seja, o primeiro na mente do entrevistado.

Travelling

Deslocamento da câmera, em qualquer direção ou sentido para aproximar-se, afastar-se ou acompanhar o objeto, cena ou pessoa que está sendo filmada ou gravada.

Trilha Sonora

Música incidental ou de fundo de um comercial, combinada ou não com ruídos descritivos.

Veiculação

Colocação, inserção de peças publicitárias na mídia impressa e eletrônica.

Veículos de Comunicação

Título de jornal ou revista, emissora de rádio e TV ou qualquer outro instrumento de comunicação física. Exemplo: TV Globo, Canal 21, Rádio Jovem Pan, revista *Veja*, *Jornal da Tarde*.

Vinheta

Cena animada bem rápida para lembrar um tema, empresa, comercial ou marca, na televisão.

Mensagem sonora musical rápida para lembrar um tema, empresa, comercial ou marca, no rádio.

Bibliografia

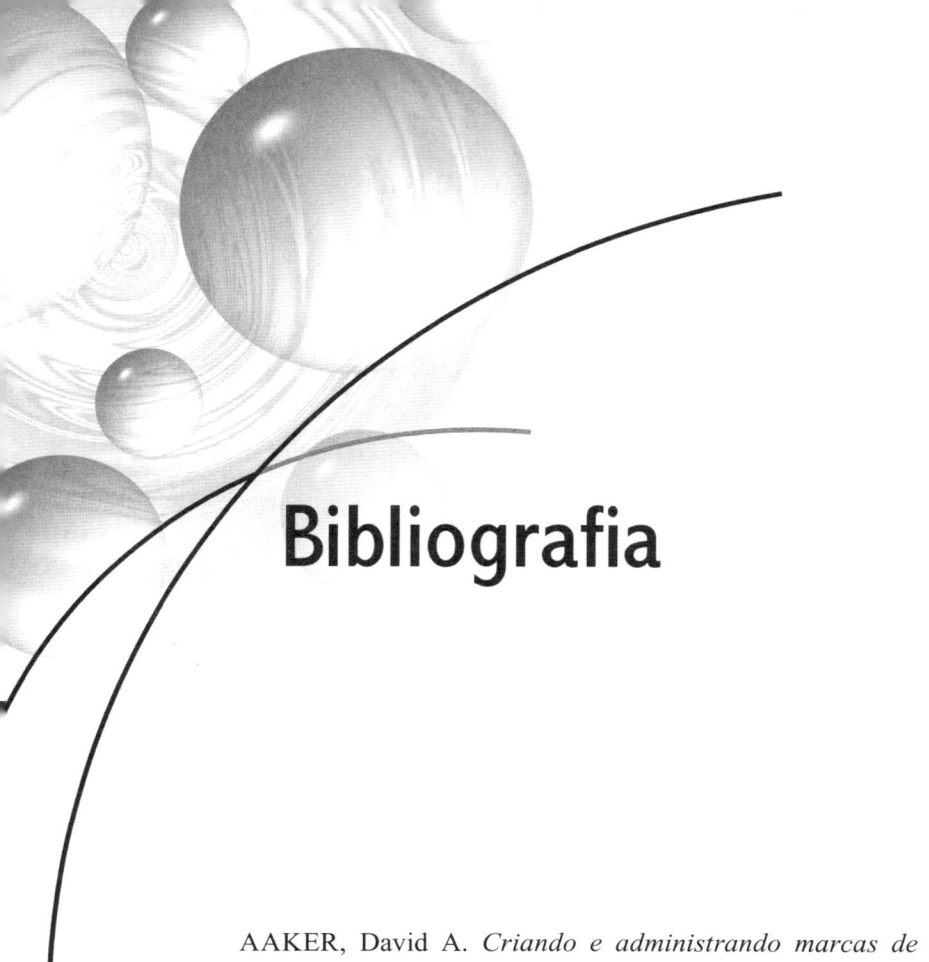

AAKER, David A. *Criando e administrando marcas de sucesso*. São Paulo: Futura, 1996.

ACKOFF, Russell L. *Planejamento empresarial*. Rio de Janeiro: LTC, 1982.

AMA – American Marketing Association, Committee on definition. *Marketing Definitions*: *a Glossary of Marketing Terms*. Chicago: AMA, 1960.

BENETTI, Edison. Mídia. In: RIBEIRO, Júlio et al. *Tudo que você queria saber sobre propaganda e ninguém teve paciência para explicar*. 3ª ed. São Paulo: Atlas, 1989.

BERNARDI, Luiz Antonio. *Manual de plano de negócios: fundamentos, processos e estruturação*. São Paulo: Atlas, 2006.

BLESSA, Regina. *Merchandising no ponto de venda*. São Paulo: Atlas, 2001.

BOONE, Louis E.; KURTZ, David L. *Marketing contemporâneo*. 8ª ed. Rio de Janeiro: LTCP, 1995.

BRONDMO, Hans Peter. *Fidelização:* como conquistar e manter clientes na era da Internet. São Paulo: Futura, 2001.

BROWN, Arch. Editores Automobilísticos da Consumer Guide. *Jeep, the unstoppable legend*. EUA: Publications International Ltd., 1994.

CADENA, Nelson Varón. *Brasil* – 100 anos de propaganda. São Paulo: Edições Referência, 2001.

CARRASCOZA, João A. *A evolução do texto publicitário:* a associação de palavras como elemento de sedução na publicidade. São Paulo: Futura, 1999.

CERTO, Samuel; PETER, J. Paul. *Administração estratégica.* São Paulo: Makron Books, 1993.

CESAR, Newton. *Direção de arte em propaganda.* São Paulo: Futura, 2000.

CHURCHILL, Gilbert A.; PETER, Paul. *Marketing:* criando valor para o cliente. São Paulo: Saraiva, 2000.

CLARKE, Greg. *Marketing de serviços e resultados.* São Paulo: Futura, 2001.

COBRA, Marcos. *Marketing Essencial:* conceitos, estratégias e controle. São Paulo: Atlas, 1986.

CREPALDI, Lideli. *O universo das cores na propaganda.* Artigo GT 5 Publicidade e Propaganda: Intercom: Sociedade Brasileira de Estudos Interdisciplinares da Comunicação. XXIII Congresso Brasileiro da Ciência da Comunicação: Manaus, 2000.

DRUCKER, Peter Ferdinand. *Introdução à administração.* 3ª ed. São Paulo: Pioneira, 1998.

FERRACCIÙ, João de Simoni Soderini. *Promoção de vendas.* São Paulo: Makron Books, 1997.

FRAZÃO Neto, Ângelo. Mídia – Função básica. In: PREDEBON, José (organizador). *Propaganda:* profissionais ensinam como se faz. São Paulo: Atlas, 2000.

GIBSON, Clare. *Signs & symbols:* an illustrated guide to their meaning and origins. New York: Barnes & Noble, 1996.

HSM MANAGEMENT. 28 setembro-outubro 2001.

KAATZ, Ron. *Advertising & Marketing Checkliat.* Illinois: NTC Business Book, 1990.

KOTLER, Philip; Armstrong, Gary. *Princípios de marketing.* 7ª ed. Rio de Janeiro: Prentice-Hall, 1995.

LAS CASAS, Alexandre Luzzi. *Marketing de serviços.* 2ª ed. São Paulo: Atlas, 2000.

LIEBER, Ron. O primeiro emprego não é brincadeira de criança. Revista Fast Company In: *HSM Management,* nº 19, ano 4, São Paulo: Savana, março/abril 2000.

LUPETTI, Marcélia. *Planejamento de comunicação.* 3ª ed. São Paulo: Futura, 2000.

MALANGA, Eugênio. *Publicidade, uma introdução.* São Paulo: Edima, 1987.

MENEZES, Lindeberg Jr. Artigo: Jeep: uma marca bem cuidada. São Paulo, maio de 2002. [s.e.]

MÍDIA DADOS 2001. São Paulo: Ed. Grupo de Mídia, 2001.

MUZYKA, Daniel F. Identificando oportunidades de mercado. In: BIRLEY, S.; MUZYKA, D. F. *Financial Times Mastering Enterprise:* Dominando os desafios do empreendedor. São Paulo: Makron Books, 2001.

NIELSEN, Jacob. Designing for Desaster. Business 2.0. Dez. 1999. In: SEMENIK, Richard Jr. *Promotion and integrated marketing comunication.* Canadá: Thomson Learning, 2002.

NOSSO TEMPO. Publicado por Turner Publishing, Inc. Edição brasileira produzida e adaptada por Klick Editora, São Paulo, 1995.

PANCRAZIO, Paulino Da San. *Promoção de vendas*. São Paulo: Futura, 2000.

PEPPERS, Don; ROGERS, Marta. *Marketing um a um:* marketing individualizado na era do cliente. Rio de Janeiro: Campus, 1996.

PINHO, José Benedito. *Publicidade e vendas na Internet: técnicas e estratégias*. São Paulo: Summus Editorial, 2000.

PORTER, Michael. *Competitive strategy*. Nova York: FreePress, 1980.

RABAÇA, Carlos; BARBOZA, Gustavo. *Dicionário de comunicação*. São Paulo: Ática, 1987.

REBOUL, Olivier. *O slogan*. São Paulo: Cultrix, 1975.

RESOR, Stanley. The spirit of emulation. Printer's Ink, abril de 1929. In: TROUT, Jack; RIVKIN, Steve. *Diferenciar ou morrer*. São Paulo: Futura, 2000.

RIBEIRO, Osni Moura. *Contabilidade Básica Fácil*. 23ª ed. São Paulo: Saraiva, 1999.

RIES, Al; TROUT, Jack. *A batalha pela sua mente*. 6ª ed. São Paulo: Pioneira, 1996.

SAMPAIO, Rafael. *Propaganda de A a Z:* como usar a propaganda para construir marcas e empresas de sucesso. Rio de Janeiro: Campus, 1995.

SANT'ANNA, Armando. *Propaganda:* teoria, técnica e prática. 6ª ed. São Paulo: Pioneira, 1996.

SAUNDERS, Peter. A busca por uma boa idéia. Imperial College Management School, Londres. In: BIRLEY; MUZYKA, D.F. *Financial Times Mastering Enterprise*: Dominando os desafios do empreendedor. São Paulo: Makron Books, 2001.

SCHERMERHORN, John R. Jr. *Administração*. 5ª ed. Rio de Janeiro: LTC, 1999.

SCHIMITT, Bernd; SIMONSON, Alex. *A estética do marketing*. São Paulo: Nobel, 2000.

SCHWARTZ, Evan. In: *O «.com» não vai escapar à selecção natural*. Baseada no livro *Digital Darwinism*. Site: www.janelanaweb.com/livros/darwinism.html

SEMENIK, Richard J. *Princípios de marketing:* uma perspectiva global. São Paulo: Makron Books, 1995.

SEMENIK, Richard Jr. *Promotion and integrated marketing comunication*. Canadá: Thomson Learning, 2002.

SILVA, José Pereira. *Análise financeira das empresas*. 4ª ed. São Paulo: Atlas, 1999.

SISSORS, Jack Aanville; BUMBA, Lincoln. *Planejamento de mídia*. São Paulo: Nobel, 2001.

SOUZA, Marcos Gouvêa de; NEMER, Artur. *Marca & Distribuição*. São Paulo: Makron Books, 1993.

STALIMIH, Vieira. Vamos preparar o terreno? In: PREDEBON, José. *Propaganda*: profissionais ensinam como se faz. São Paulo: Atlas, 2000.

TAVARES, Mauro C. *A força da marca*: como construir e manter marcas fortes. São Paulo: Harbra,1998.

THROCKMORTON, Joan. *Propaganda de resposta direta altamente vendedora*. São Paulo: Makron Books, 1994.

TORQUATO, Gaudêncio. *Tratado de comunicação organizacional e política*. São Paulo: Pioneira Thomson Learning, 2002.

TROUT, Jack; RIVKIN, Steve. *O novo posicionamento*. São Paulo: Makron Books, 1996.

VANDERMERWE, Sadra. O chefe como uma força para mudança. Imperial College Management School, Londres; BIRLEY, Sue. Imperial College Management School, Londres. In: BIRLEY, S.; MUZYKA, D. F. *Financial Times Mastering Enterprise*: dominando os desafios do empreendedor. São Paulo: Makron Books, 2001.

ZENITH Media: Advertising Expenditure Forescasts, Dezembro de 2000. In: *Mídia Dados 2001*. São Paulo: Ed. Grupo de Mídia, 2001.

WEBGRAFIA

www.ama.org

www.anj.org.br

www.carsale.uol.com.br

www.cenp.com.br

www.fulljazz.com.br

www.gm.org.br

www.heraldica.com.br

www.historianet.com.br

www.ibope.com.br.

www.inpi.gov.br

www.intercom.org.br

www.marketingpower.com

www.mct.com.br

www.microsoft.com

www.talent.com.br

www.santos.sp.gov.br

www.fundep.ufmg.br

www.feiraecia.com.br

www.escoladecomunicacao.com.br

www.mccann.com.br

www.aids.gov.br

www.vesoloski.eti.br

www.revistafator.com.br

www.universia.com.br

www.fulano.com.br

http://bullet.updateordie.com

http://paulinhomoreira.wordpress.com

http://clickaqui.agenciaclick.com.br/

www.shutterstock.com/

www.fotosearch.com.br/

www.bancodeimagem.com.br

www.pgfn.fazenda.gov.br

Sites Consultados

Associações/Institutos

ABIPEME	www.abipeme.org.br
ABNT	www.abnt.org.br
AC Nilsen	www.acnilsen.com.br
American Marketing Association	www.ama.org
ANEP	www.anep.org.br
Associação Brasileira de Agências de Publicidade	www.abap.com.br
Associação Brasileira de Anunciantes	www.aba.com.br
Associação Brasileira de Emissoras de Rádio e TV	www.abert.org.br
Associação Brasileira de Representantes de Veículos de Comunicação	www.abre.inf.br
Associação Brasileira de Telecomunicações por Assinatura	www.abta.com.br
Associação de Marketing Promocional	www.ampro.com.br
Associação de Mídia Interativa	www.ami.org.br
Associação dos Dirigentes de Vendas e Marketing do Brasil	www.advbfbm.org.br
Associação dos Profissionais de Propaganda	www.appnet.com.br
Associação Nacional de Jornais	www.anj.org.br
CENP – Conselho Executivo de Normas-Padrão	www.cenp.com.br
CONAR	www.conar.org.br
Conselho Federal de Contabilidade	www.cfc.org.br
DataFolha	www.uol.com.br/folha/datafolha
Federação Nacional de Propaganda	www.fenapro.com.br
Grupo de Mídia	www.gm.org.br
Grupo de Profissionais de Rádio	www.gpradio.com.br
IBGE	www.ibge.gov.br
Ibope	www.ibope.com.br
INPI	www.inpi.gov.br

InterMeios	www.intermeios.com.br
IVC (Instituto Verificador de Circulação)	www.ivc.org.br
Marplan	www.ipsos-marplan.com.br
OAB – São Paulo	www.oabsp.org.br
Portal de Relações Públicas	www.rp.portal.com.br
Sebrae	www.sebrae.com.br
Sindicato das Agências de Propaganda do Estado de São Paulo	www.sapesp.org.br
União Brasileira dos Promotores de Feiras	www.ubraf.com.br
Vox Populi	www.voxpopuli.com.br
Web Leis	www.webleis.com.br

Agências de Comunicação

Agnelo Pacheco	www.agnelopacheco.com.br
Almap/BBDO	www.almapbbdo.com.br
Bates Brasil	www.newcommbates.com.br
Carillo Pastore	www.carillopastore.com.br
Colucci & Associados	www.colucci.com.br
DM9	www.dm9.com.br
DPZ	www.dpz.com.br
F/Nazca	www.fnazca.com.br
Fischer & América	www.fischeramerica.com.br
Full Jazz	www.fulljazz.com.br
Giacometti	www.giacometti.com.br
Grottera	www.grottera.com.br
J. W. Thompson	www.thompson.com.br
Lage & Magy	www.lagemagy.com.br
Leo Burnett	www.leoburnett.com.br
Lowe, Lara	www.lowelintas.com
Link Comunicação	www.linkpropaganda.com.br
Loducca	www.loducca.com.br

LVBA	www.lvba.com.br
McCann-Erickson	www.mccann.com.br
Ogilvy & Mather	www.ogilvy.com
Portfolio Arte	www.portfolioarte.com.br
Publicis Norton	www.norton.com.br
Salles D'Arcy	www.salles.com.br
Talent	www.talent.com.br
W/Brasil	www.wbrasil.com.br
Young Rubicam	www.youngrubicam.com.br

PRODUTORAS DE SOM E IMAGEM

A Voz do Brasil	www.avozdobrasil.com.br
Academia de Filmes	www.academiadefilmes.com.br
Daniel Messias Animação	www.danmess.com
Disco Voador	www.discovoador.com.br
Dueto Filmes	www.duetofilmes.com.br
Image Bank	www.imagebank.com
In Sonoris	www.insonoris.com.br
J.R. Duran	www.jrduran.com.br
J.X. Plural	www.jxplural.com.br
Jodaf	www.jodaf.com.br
Maianga	www.maianga.com.br
Mister Magoo Filmes	www.mrmagoo.com.br
O2 Filme	www.o2filme.com.br
SP Tele Film	www.sptelefilm.com.br
Stock Photos	www.stockphotos.com.br
Super Sônica	www.supersonica.com.br
Tec Cine	www.teccine.com.br
Timbre	www.timbre.com.br
TV 1	www.tv1.com.br

Twister Studio	www.twisterstudio.com.br
Zero Filmes	www.zerofilmes.com.br

SERVIÇOS GRÁFICOS

Gráfica Pancrom	www.pancrom.com.br
Gráficos Burti	www.burti.com.br

MÍDIA EXTERNA

Alphavision	www.alphavision.com.br
Bandeirantes Outdoor	www.bandeirantes-outdoor.com.br
Central de Outdoor	www.outdoor.com.br
LGM Digital	www.lgmdigital.com.br
Novelli	www.novelli.com.br
Rede Outlight	www.redeoutlight.com.br

OUTROS

Brasões/Heráldica	www.heraldica.com.br
Cases de Merchandising	www.cases.com.br
Meio e Mensagem	www.meioemensagem.com.br
Meio e Mensagem on line	www.mmonline.com.br
Microfone	www.microfone.jor.br
Ministério da Comunicação e Tecnologia	www.mct.com.br
Ministério do Esporte e Turismo	www.met.gov.br
Propaganda 10	www.propaganda10.com.br
Propaganda e Marketing	www.propmark.com.br
Revista About	www.about.com.br
Revista Embalagem Marca	www.embalagemmarca.com.br

Marcélia Lupetti

Autora de *Administração em Publicidade:*

A Verdadeira Alma do Negócio,

publicitária e professora universitária.

Impressão e Acabamento
Bartira
Gráfica
(011) 4393-2911